2026
A 데이터 분석
DsP
자격검정 실전문제

데이터 분석 전문교육 기업
에이아이 에듀

머리말

오늘날 넘쳐나는 데이터는 종종 보석에 비유됩니다. 값비싼 보석도 처음에는 거친 원석으로 존재하며, 발굴과 가공을 통해 비로소 빛을 발하게 됩니다. 데이터 역시 적절한 분석과 처리 과정을 거쳐야 비로소 가치 있는 정보로 재탄생합니다. 최근 공공기관과 기업은 다양한 채널을 통해 방대한 데이터를 확보하게 되었고, 이를 전문적으로 분석·활용할 인력에 대한 수요 또한 꾸준히 증가하고 있습니다.

그러나 이러한 사회적 요구에도 불구하고, 데이터를 실무에 적용할 수 있도록 돕는 교육과정이나 관련 자격제도는 아직 충분하지 않습니다. 특히 비전공자들은 여러 교재를 참고하더라도 명확한 이해와 실질적인 답을 얻기 어려운 경우가 많습니다. 저자 또한 이러한 어려움을 잘 알고 있기에, 데이터 분석 기법 전반에 대한 지식과 더불어 국가공인 자격시험인 데이터 분석 (준)전문가 준비에 실질적인 도움이 될 수 있도록 이 책을 집필하였습니다.

이 도서는 기업 실무자뿐만 아니라 해당 분야로 진출하고자 하는 대학생·대학원생, 취업준비생이 단기간 내 데이터 활용 역량을 강화하고 자격증을 취득할 수 있도록 구성되었습니다. 특히 비전공자의 이해를 돕기 위해 **'확대경', '용어 정리' 코너, 문제와 해설을 별도로 수록**하였으며, 자율 학습 시 약 1개월 안에 데이터 분석 전반을 학습할 수 있도록 체계적으로 분량을 조정하였습니다. 또한 학습 효율성을 높이기 위해 **이론, 요약, 문제 풀이를 명확히 구분하여 배치**하였습니다.

이 책을 활용하는 데 있어 몇 가지 학습 조언을 드립니다.

첫째, 1과목(데이터 이해)과 2과목(데이터 분석 기획)은 데이터 분석 개론에 해당합니다. 출제 범위가 비교적 정형화되어 있지만 변별력을 위해 지엽적인 문제가 종종 출제되므로, 이론 학습과 문제 풀이를 병행해야 합니다.

둘째, 3과목(데이터 분석)에서는 R 통계 패키지가 다소 낯설게 느껴질 수 있습니다. 이에 따라 교재에서는 R 함수와 스크립트를 상세히 설명하여 독학이 가능하게 하였으며, 예비 분석 전문가라면 반드시 R 활용 능력을 익힐 것을 권장합니다. 또한 학습자의 이해를 돕기 위해 별도의 R 기초과정 영상을 무료로 제공하여, 처음 접하는 분들도 단계별로 쉽게 따라올 수 있도록 지원하였습니다.

셋째, 지난 수년간 출제된 총 2,500문항의 기출문제를 체계적으로 분석하여 출제경향과 주요 개념을 정리하였으며, 단순한 문제 나열이 아니라 문제별 중요도와 난이도를 세분화하여 수험생들이 반드시 학습해야 할 핵심 내용을 한눈에 파악할 수 있도록 구성하였습니다.

이를 통해 수험생은 제한된 학습 시간 속에서도 효율성을 극대화할 수 있으며, 불필요한 학습 부담을 줄이고 실제 시험에서 높은 적중률을 기대할 수 있습니다. 또한 각 단원은 기출문제 해설뿐 아니라 관련 이론과 핵심 개념을 간결하고 명확하게 정리하여, 기초가 부족한 학습자도 쉽게 이해하고 응용할 수 있도록 하였습니다.

따라서 본 교재는 단순한 문제 풀이집을 넘어, 체계적인 학습 가이드이자 핵심 요약집으로서 수험생 여러분의 든든한 동반자가 될 것입니다. 출제 문제에 대한 깊이 있는 분석과 철저한 정리를 통해, 시험 합격은 물론이고 실제 데이터 분석 실무에서도 적용할 수 있는 사고력과 문제 해결 능력을 기를 수 있기를 바랍니다.

이번 교재가 세상에 나오기까지 많은 분의 도움과 성원이 있었습니다. 특히 (사)한국 오픈소스협회 김택완 대표님, 심호성 상근 부회장님, 김학준 팀장님, 신희준 책임 연구원께 깊은 감사를 드립니다. 한국오픈소스협회는 AI와 첨단 과학기술을 바탕으로 국방 디지털 인재 양성에 앞장서며, 미래를 준비하는 데 누구보다도 헌신적인 노력을 기울이고 있습니다. 세 분께서는 맡은 바 책임을 열정적으로 수행하시며 본 교재가 기획·집필되는 과정에서 큰 힘과 영감을 주셨습니다.

이 자리를 빌려 다시 한번 진심 어린 감사의 말씀을 드립니다.

김계철 드림

데이터 분석 준전문가(ADsP) 개요와 필요성

1. ADsP의 정의

- 데이터 분석 준전문가(ADsP: Advanced Data Analytics Semi-Professional)는 데이터 이해, 분석 기획, 데이터 분석 등 기본 직무를 수행할 수 있는 실무형 전문가를 말한다.

2. 데이터 분석의 중요성

- 데이터 활용은 생산성 향상, 고부가가치 창출, 고용 확대 등 국가 경제의 핵심 동력으로 부상하고 있다.
- 과학적 의사결정의 기반이 되는 데이터 분석은 기업의 수익 증대뿐 아니라 공공 부문에서도 사회적·경제적 파급 효과가 크다.

3. 글로벌 동향

- 미국, 유럽을 비롯한 주요 선진국들은 데이터 분석 시장의 주도권을 확보하기 위해 전문 인력의 확보와 양성에 국가 차원의 투자를 확대하고 있다.
- 특히, AI·빅데이터·클라우드 기술과 결합한 데이터 분석 역량을 국가 경쟁력의 핵심으로 보고 있으며, 국제 표준화와 윤리·보안 규범 정립에도 적극적이다.
- 2025년 현재, 글로벌 기업들은 데이터 분석 전문가를 AI·자동화 도구와 협업할 수 있는 고급 인재로 정의하며, 단순 분석 역량을 넘어 의사결정·전략 수립 능력을 요구하고 있다.

4. 국내 현황과 과제

- 우리나라는 여전히 데이터 전문가 양성 체계의 구조적 한계가 지적되고 있다. 대학 및 직업교육 과정에서 데이터 분석 실무 역량을 충분히 확보하기 어려워, 산업 현장의 수요와 인재 공급 간 미스매치가 발생하고 있다.

- 2025년 현재, 정부와 민간은 데이터 분석 인재 양성을 위한 다양한 정책과 자격제도를 마련했으나, 여전히 전문가 수준의 실무형 인재 부족이 산업계 전반의 디지털 전환 속도를 저해하는 요인으로 작용하고 있다.

- 따라서, 공공·민간 분야 모두에서 객관적이고 표준화된 데이터 분석 능력 검증 체계가 절실하다. 특히, AI 윤리, 데이터 보안, 프라이버시 보호 등 새로운 요구를 반영한 인재 양성이 핵심 과제로 대두되고 있다.

- 나아가, 데이터 분석 전문가는 단순 분석 역량을 넘어 AI 기반 의사결정 지원, 산업별 맞춤형 데이터 활용 전략 수립까지 수행할 수 있어야 하며, 이는 국가 경쟁력 확보와 직결된다.

ADsP CorePrep(코어프렙) 활용방법

1. **범위·우선순위·난이도까지, 한 번에 맞춤 학습**
   - 도서의 각 단원과 연계되어, 원하는 파트만 선택해 집중 학습이 가능
   - AI 기반 토픽 모델링(군집화)을 통해 2000여 개의 기출문제를 주제별로 자동 분류하여, 단순 나열이 아닌 출제경향 맥락 속에서 학습

2. **ADsP 수험생을 위한 쪽집게 강의 제공**
   - 대상: 시험 직전 막판 정리 수험생
   - 목적: 출제 빈도가 높은 개념과 기출 포인트만 집중 학습
   - 형식: 짧고 압축된 요약 강의

3. 요약 강의 · 요약 PDF 제공
   - 2025년 시험 출제 포인트를 반영한 요약 강의를 통해 가장 최근 출제 경향을 빠르게 학습
   - 방대한 교재 내용을 모두 다시 보는 대신, 중요도 높은 개념과 빈출 영역만 압축 정리하여 단시간에 학습 효과를 극대화

4. 2026년 기출문제 제공
   - 수험생이 최신 기출문제를 확인하기 위해 별도의 도서를 추가 구매할 필요가 없음
   - 교재와 연계된 앱을 통해 최신 기출까지 제공하므로, 학습자는 이 도서 하나만으로 체계적 학습과 최신 경향 파악이 가능

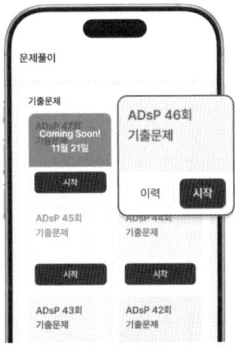

차례

문제편

1과목　데이터 이해　13

2과목　데이터의 분석기획　57

3과목　데이터 분석　103

해설편

1과목　데이터 이해　281

2과목　데이터의 분석기획　299

3과목　데이터 분석　317

MEMO

2026 ADsP 데이터 분석 자격검정 실전문제

문제편

1과목 데이터 이해
2과목 데이터의 분석 기획
3과목 데이터 분석

데이터 이해

1과목

01 다음 중 데이터베이스 설계 순서로 올바른 것은?

① 요구사항 분석 → 개념적 설계 → 논리적 설계 → 물리적 설계
② 개념적 설계 → 요구사항 분석 → 논리적 설계 → 물리적 설계
③ 요구사항 분석 → 개념적 설계 → 물리적 설계 → 논리적 설계
④ 물리적 설계 → 개념적 설계 → 논리적 설계 → 요구사항 분석

02 다음 중 데이터베이스 구성 요소에 대한 설명으로 올바르지 않은 것은?

① 메타데이터는 데이터를 설명하는 정보로, 데이터 구조나 속성에 대한 정보를 포함한다.
② 인덱스는 데이터 검색 속도를 향상시키며, 레코드 접근과 정렬의 효율성을 높인다.
③ 데이터 사전(Data Dictionary)은 데이터베이스의 구조, 제약 조건 등 메타데이터를 저장한 시스템 테이블이다.
④ 어트리뷰트(Attribute)는 테이블의 행(row)을 나타내며, 각 튜플의 고윳값을 의미한다.

03 DIKW 계층(데이터-정보-지식-지혜) 단계에 대한 설명 중 성격이 다른 것은?

① 오늘 날씨는 33도이다.
② 수능 점수가 100점이다.
③ 저기압으로 인해 강수량이 많다고 예측한다.
④ 삼겹살 가격이 100g에 2,300원이다.

04 DIKW 피라미드 계층 구조에서, 데이터를 가공하고 상관관계를 이해하여 의미를 부여한 데이터를 무엇이라 하는가?

① 데이터 (Data)
② 정보 (Information)
③ 지식 (Knowledge)
④ 지혜 (Wisdom)

05 DIKW 피라미드(Data → Information → Knowledge → Wisdom)에 대한 설명으로 옳게 짝지어진 것은?

- A 마트는 100원에, B마트는 300원에 연필을 판매한다.
- A 마트의 연필이 B마트보다 싸다.
- 상대적으로 저렴한 A 마트에서 연필을 사야겠다.
- 다른 상품들도 A 마트가 B마트보다 저렴할 것으로 판단된다.

① 데이터, 정보, 지식, 지혜
② 정보, 데이터, 지식, 지혜
③ 데이터, 지식, 정보, 지혜
④ 데이터, 정보, 지혜, 지식

06 일반적으로 데이터는 암묵지와 형식지의 상호작용에 있어 중요한 역할을 한다. 다음 중 암묵지와 형식지의 상호 순환 작용과 관련이 없는 것은?

① 공통화
② 연결화
③ 내면화
④ 추상화

07 데이터의 특징 중 가장 올바르지 않은 것은?

① 암묵지는 시행착오와 오랜 경험을 통해 개인에게 습득된 무형의 지식이다.
② 데이터는 존재론적 특징과 함께 당위적 특징의 성격을 가지고 있다.
③ 데이터는 개별 데이터 자체로는 의미가 중요하지 않은 객관적인 사실을 의미한다.
④ 객관적 사실로서 데이터는 암묵지와 형식지로 구분된다.

08 다음은 용어와 의미를 서로 연결한 설명이다. 잘못 연결된 것을 모두 고르면?

- OLTP – 다차원 데이터를 대화식으로 분석하기 위한 소프트웨어
- BI(Business Intelligence) – 경영 의사결정을 위한 통계적이고 수학적인 분석에 초점을 둔 기법
- Data Mining – 대용량 데이터로부터 의미 있는 관계, 규칙, 패턴을 찾는 과정
- BA (Business Analytics) – 데이터 기반 의사결정을 지원하기 위한 리포트 중심의 도구

① OLTP
② OLTP, BI
③ OLTP, BI, BA
④ OLTP, BI, BA, Data Mining

09 다음 중 기업 내부 데이터베이스 관련 설명으로 올바른 것은?

가. OLTP: 대화식 처리로 주로 거래·입력·수정·조회 업무에 사용된다.
나. ETL: 데이터 추출(Extract), 변환(Transform), 적재(Load) 과정을 거쳐 데이터웨어하우스로 이관한다.
다. 데이터 마이닝: 대량의 데이터에서 패턴·규칙을 발견하여 의사결정에 활용한다.

① 가, 나
② 나, 다
③ 가, 다
④ 가, 나, 다

10 다음 중 복잡한 데이터 구조를 표현하고, 비정형 및 복합 정보를 모델링하는 데 적합한 데이터베이스 관리 시스템(DBMS)은?

① 객체지향 DBMS
② 관계형 DBMS
③ 계층형 DBMS
④ 네트워크형 DBMS

11 사용자의 의사결정을 지원하기 위해, 기간 시스템의 데이터베이스에 축적된 데이터를 공통된 형식으로 변환하여 통합·관리하는 데이터베이스를 무엇이라고 하는가?

① 데이터웨어하우스
② 데이터베이스
③ ETL
④ RDBMS

12 데이터 의사결정을 지원하기 위한 리포트 중심의 도구를 무엇이라 하는가?

① 시뮬레이션 도구
② 예측분석 도구
③ 비즈니스 인텔리전스(BI)
④ 최적화 도구

13 고객별 구매 이력 데이터베이스를 분석하여 고객에 대한 이해를 돕고, 이를 바탕으로 다양한 마케팅 전략에 활용되는 데이터베이스 솔루션은 무엇인가?

① ITS
② SCM
③ CRM
④ NEIS

14 빅데이터의 활용 기법 중, 우유 구매자가 기저귀를 함께 구매하는지를 분석하는 방법은 무엇인가?

① 연관 규칙 학습
② 유형 분석
③ 유전 알고리즘
④ 기계학습

15 다음 중 데이터 유형이 나머지와 다른 하나는?

① 센서에서 생성된 JSON 형태의 로그 데이터
② 이메일
③ 음성 데이터
④ 영상 데이터

16 사회 기반 데이터베이스 솔루션에 대한 설명 중 올바른 것은?

① NGIS는 교통정보를 활용하기 위한 데이터베이스 솔루션이다.
② ITS는 물류 부문을 위한 종합 물류망 서비스 솔루션이다.
③ NEIS는 교육행정정보시스템으로, 16개 시·도 교육청의 행정 및 인사업무를 처리하기 위한 솔루션이다.
④ 기업 기반 데이터베이스 솔루션에 비해 사회 기반 데이터베이스 솔루션의 발전은 아직 사회 전반에 기반 인프라로 자리매김하지 못하고 있다.

17 구글에서 대용량 데이터를 분산 병렬 컴퓨팅 방식으로 처리하기 위해 제작하여 2004년에 발표한 소프트웨어 프레임워크는 무엇인가?

① Hadoop
② Spark
③ MapReduce
④ Flink

18 네트워크에 참여하는 모든 사용자가 거래 내역 등의 데이터를 분석하고 저장하는 기술로, 공공 거래 장부 또는 분산 거래 장부라고도 불리는 이 기술은 무엇인가?

① 메타버스
② 블록체인
③ 사물인터넷
④ 빅데이터

19 데이터베이스의 일반적인 특징에 대한 설명 중 가장 부적절한 것은?

① 통합된 데이터(Integrated Data)
② 저장된 데이터(Stored Data)
③ 공유 가능한 데이터(Shared Data)
④ 변하지 않는 데이터(Unchanged Data)

20 데이터베이스의 특성에 대한 설명으로 옳은 것은?

① 통합된 데이터: 동일 데이터는 중복되어 있지 않다.
② 저장된 데이터: 컴퓨터로 접근할 수 없는 저장 매체에 보관된다.
③ 공용 데이터: 동일 사용자에게만 공유된다.
④ 변화하는 데이터: 과거 이력을 항상 보존해야 한다.

21 데이터베이스의 특징과 관계가 없는 것은?

① 응용 프로그램의 종속성
② 데이터의 무결성
③ 프로그래밍의 생산성 향상
④ 데이터 중복성 최소화

22 다음 중 정보의 축적 및 전달 측면에 대한 설명으로 옳지 않은 것은?

① 대량의 정보를 기계가 읽고 쓸 수 있는 가독성을 갖는다.
② 필요한 정보를 검색할 수 있는 검색 가능성을 갖는다.
③ 원격지에서도 온라인으로 이용할 수 있는 원격 조작성을 갖는다.
④ 데이터베이스는 정보처리, 검색, 관리 소프트웨어 등 네트워크 발전 기술을 견인할 수 있다.

23 조직이나 기업의 인적 자원이 축적한 개별적인 지식을 체계화하여 공유함으로써, 경쟁력을 향상하기 위한 기업 정보 시스템은 무엇인가?

① 전사적 자원관리 시스템 (ERP)
② 고객 관계 관리 시스템 (CRM)
③ 경영 정보 시스템 (MIS)
④ 지식 관리 시스템 (KMS)

24 다음 중 SQL 명령어 중 나머지와 성격이 다른 것은 무엇인가?

① Create
② Select
③ Update
④ Insert

25 아래 SQL 명령 중 DML (Data Manipulation Language)에 해당하는 항목을 모두 나열한 것은?

(A) DELETE
(B) INSERT
(C) SELECT
(D) UPDATE
(E) CREATE

① (A), (B)
② (A), (B), (C)
③ (A), (B), (C), (D)
④ (A), (B), (C), (D), (E)

26 아래는 고객과 상품 간의 대응 관계를 도식한 것이다. 대응비(Cardinality Ratio)의 관점에서 이들 간의 관계를 가장 잘 표현한 것은?

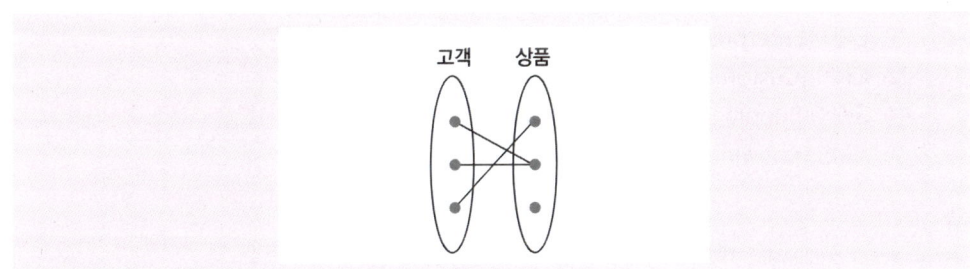

① 1 : 1
② 1 : N
③ N : 1
④ N : N

27 아래 보기가 설명하는 기업 내부 데이터베이스 솔루션을 무엇이라 하는가?

> - 조직의 회계, 구매, 프로젝트 관리, 리스크 관리, 규정 준수 및 공급망 운영 같은 일상적인 비즈니스 활동을 관리하는 데 사용하는 소프트웨어 유형을 의미한다.
> - 다양한 비즈니스 분야에서 생산, 구매, 재고, 주문, 공급자와의 거래, 고객 서비스 제공 등 주요 프로세스 관리를 돕는 통합 어플리케이션이다.

① ERP
② CRM
③ SCM
④ KMS

28 아래 보기가 설명하는 기업 내부 데이터베이스 솔루션은?

> - 물류, 유통업체 등 유통 공급망에 참여하는 모든 업체가 협력을 바탕으로 정보기술(Information Technology)을 활용하여 재고를 최적화하기 위한 솔루션이다.

① ERP (Enterprise Resource Planning)
② CRM (Customer Relationship Management)
③ SCM (Supply Chain Management)
④ KMS (Knowledge Management System)

29 다음 중 NoSQL 저장 방식이 아닌 것은 무엇인가?

① MySQL
② MongoDB
③ HBase
④ Redis

30 다음 중 데이터베이스의 일반적인 특징이 아닌 것은?

① 데이터베이스는 새로운 데이터의 삽입, 기존 데이터의 삭제, 갱신으로 항상 변화하면서도 항상 현재의 정확한 데이터를 유지한다.
② 데이터베이스에서 동일한 내용의 데이터가 중복되어 있지 않다는 것을 의미한다.
③ 여러 사용자가 서로 다른 목적으로 데이터베이스의 데이터를 공동으로 이용한다.
④ 데이터베이스는 컴퓨터가 접근할 수 있는 저장 매체에 정형화된 데이터만을 저장한다.

31 기업의 의사결정을 지원할 수 있는 분석 정보를 제공하는 데이터베이스로, 데이터의 주제 지향성, 통합성, 시계열성, 비휘발성을 특징으로 하는 데이터베이스는 무엇인가?

① 데이터웨어하우스 (Data Warehouse)
② 관계형 데이터베이스 (Relational Database)
③ 실시간 데이터베이스 (Real-time Database)
④ NoSQL 데이터베이스 (NoSQL Database)

32 데이터베이스 관리 시스템(DBMS)에 대한 설명으로 옳지 않은 것은?

① 데이터베이스 관리를 통해 모든 데이터 관련 문제를 완전히 해결할 수 있다.
② 우리나라에서는 주로 관계형 데이터베이스가 사용된다.
③ 응용 프로그램 개발 비용이 절감된다.
④ 데이터를 동시에 공유할 수 있다.

33 데이터베이스 활용에 대한 설명 중 틀린 것은?

① 데이터웨어하우스는 저장 수단이고, 데이터 마트는 일부 선택된 사용자에게 데이터를 제공한다.
② 데이터 마트는 조직이나 부서뿐만 아니라 모든 사람이 볼 수 있고 사용할 수 있다.
③ 데이터웨어하우스의 데이터들은 전사적 차원에서 일관된 형식으로 정의된다.
④ 데이터웨어하우스에서는 특정 주제에 따라 데이터들이 분류, 저장, 관리된다.

34 사용자와 데이터베이스 사이에서 사용자의 요구에 따라 정보를 처리해 주고, 데이터베이스를 관리해 주는 소프트웨어는?

① DBMS
② Data Dictionary
③ SQL
④ ERD

35 다음 중 데이터베이스와의 통신을 위해 고안된 언어로 가장 적절한 것은?

① Java
② R
③ Python
④ SQL

36 「문자, 기호, 음성, 화상, 영상 등 상호 관련된 다수의 콘텐츠를 정보 정리 및 정보통신기기에 의하여 체계적으로 수집·축적하여 다양한 용도와 방법으로 이용할 수 있도록 정리한 정보의 집합체」를 무엇이라 하는가?

① 데이터
② 정보
③ 멀티미디어
④ 데이터베이스

37 데이터웨어하우스(Data Warehouse)에 대한 설명으로 옳지 않은 것은?

① 데이터웨어하우스에서는 관리하는 데이터들이 시간의 흐름에 따라 변화하는 값을 가진다.
② 데이터웨어하우스에서는 특정 주제에 따라 데이터들이 분류, 저장, 관리된다.
③ 데이터웨어하우스는 전사적으로 일관된 형식이 아닌 조직마다 다른 형식으로 정의된다.
④ 데이터웨어하우스는 데이터베이스와 달리 검색 작업만 수행되는 읽기 전용 데이터를 유지한다.

38 데이터베이스에 관한 설명으로 옳지 않은 것은?

① 여러 사용자가 서로 다른 목적으로 데이터베이스의 데이터를 공동으로 이용하는 데이터이다.
② DBMS는 데이터베이스를 구축하는 틀을 제공하고, 효율적으로 데이터를 검색 및 저장하는 기능을 제공한다.
③ 데이터베이스는 저작물로 인정된다.
④ 데이터베이스의 모든 데이터는 2차원 테이블 형태로 표현 및 저장된다.

39 암묵적 지식을 데이터로 변환하여 문서로 만드는 것을 무엇이라 하는가?

① 공통화(Socialization)
② 표출화(Externalization)
③ 연결화(Combination)
④ 내면화(Internalization)

40 데이터에 대한 설명으로 옳지 않은 것은?

① 데이터는 객관적 사실이다.
② 개별 데이터 그 자체로 중요한 의미가 있다.
③ 데이터는 추론, 예측, 전망, 추정을 위한 당위적 특성을 가진다.
④ 데이터는 암묵지와 형식지의 상호작용에 있어 중요한 역할을 한다.

41 데이터에 대한 설명으로 옳은 것을 고르시오.

① 온도·강우량 등 수치로 표현되는 데이터는 정성적 데이터이다.
② 정성적 데이터는 정량적 데이터에 비해 저장, 분석, 처리에 있어 더 많은 비용과 기술을 수반한다.
③ 오디오, 비디오, 이미지는 반정형 데이터이다.
④ 데이터는 주관적 사실이라는 존재적 특성과, 추론·예측의 근거라는 당위적 특성을 가진다.

42 다음 데이터에 대한 설명 중 옳지 않은 것은?

① 비정형 데이터는 데이터 내부에 메타데이터를 가지고 있으며 일반적으로 파일 형태로 저장된다.
② 대부분의 관계형 데이터베이스는 정형 데이터를 다루기 위해 설계되었다.
③ 정형 데이터가 비정형 데이터와 비교할 때 차이점은 데이터의 스키마 지원이다.
④ 비정형 데이터는 구조가 고정되어 있지 않으며, 텍스트, 이미지, 오디오, 비디오 등 다양한 형식으로 표현된다.

43 데이터웨어하우스(Data Warehouse)에 관한 설명으로 옳지 않은 것은?

① 데이터 마트(Data Mart)는 특정 부서나 특정 주제에 중점을 둔 작은 규모의 데이터 저장소이다.
② 데이터웨어하우스는 광범위한 주제 및 여러 부서에서 사용되는 데이터를 통합한다.
③ 데이터 마트(Data Mart)는 기업의 원천(Source) 데이터를 가진 큰 규모의 데이터웨어하우스이다.
④ 데이터 마트(Data Mart)는 특정 사용자 그룹을 위한 데이터 제공을 목적으로 한다.

44 다음 중 데이터베이스(Database)가 아닌 것은?

① Oracle
② DB2
③ MySQL
④ Tableau

45 암묵지와 형식지의 상호작용에 대한 연결 중 가장 적절한 것은?

【용어】
가. 공통화 (Socialization)
나. 표출화 (Externalization)
다. 연결화 (Combination)
라. 내면화 (Internalization)

【설명】
A. 현장 경험을 통해 개인에게 지식 축적
B. 개인에게 축적된 지식을 조직의 지식으로 만듦
C. 개인의 암묵지를 언어나 기호, 숫자 등의 형태로 만듦
D. 다른 개인이 또 다른 개인의 지식 습득

① 가-A, 나-B, 다-C, 라-D
② 가-B, 나-C, 다-D, 라-A
③ 가-C, 나-A, 다-B, 라-D
④ 가-D, 나-B, 다-A, 라-C

46 기업 내부 데이터베이스가 아닌 것은?

① CRM (Customer Relationship Management)
② ERP (Enterprise Resource Planning)
③ KMS (Knowledge Management System)
④ ITS (Intelligent Transportation System)

47 데이터에 대한 설명으로 옳지 않은 것은?

① 바이트(Byte)는 데이터의 최소 단위이며, 이진수(0 또는 1)로 이루어진다.
② 데이터는 예측, 추정, 추론 등에 활용된다.
③ 데이터는 가공하기 전의 순수한 수치나 기호로 구성된다.
④ 수치형 데이터는 일반적으로 텍스트 데이터보다 저장 공간이 적게 차지한다.

48 음성, 문자 등으로 구조화되지 않은 데이터 종류를 무엇이라 하는가?

① Structured data
② Semi-structured data
③ Unstructured data
④ Streamed data

49 DIKW의 의미 중 옳지 않은 것은?

① Data : 가공하지 않은 그대로의 객관적인 사실을 말한다.
② Insight : 데이터 간 연관관계 속에서 의미를 부여한다.
③ Knowledge : 상호 연결된 정보 패턴을 인식하고 의미를 부여한다.
④ Wisdom : 지식의 실제 경험을 바탕으로 창의적 아이디어를 도출한다.

50 아래에서 설명하는 정보나 자료의 집합을 무엇이라 하는가?

> 다양한 전달 매체에 의한 데이터, 지식 등 인식이 가능한 자료

① 암묵지
② 형식지
③ 데이터베이스
④ 콘텐츠

51 데이터의 특성이 다른 하나는?

① 풍량
② 강수량
③ 기상특보
④ 습도

52 데이터베이스의 특징을 순서대로 올바르게 연결한 것은?

- ( ) 데이터는 동일한 내용이 중복되지 않게 한다.
- ( ) 데이터는 컴퓨터가 접근할 수 있는 매체에 저장되는 것을 의미한다.
- ( ) 데이터는 여러 사용자가 서로 다른 목적으로 데이터베이스의 데이터를 공동 이용한다.
- ( ) 데이터는 항상 변화해도 현재의 정확한 데이터를 유지해야 함을 의미한다.

① 공용 – 저장 – 통합 – 변화되는
② 저장 – 통합 – 공용 – 변화되는
③ 통합된 – 저장 – 공용 – 변화되는
④ 통합된 – 공용 – 변화되는 – 저장

53 정보 관리 측면에서의 빅데이터 활용법에 대한 설명으로 올바른 것은?

① 정보 관리 목적으로 기계 가독성과 검색 가능성이 있다.
② 정보 관리 측면에서 방대한 양의 정보를 체계적으로 축적하고 새로운 내용을 추가하거나 갱신할 수 있다.
③ 정보 관리 측면에서 이용자의 정보 요구에 따라 다양한 정보를 신속하게 획득한다.
④ 정보 관리 측면에서 정보 전송을 위한 네트워크 기술 등의 발전을 견인한다.

54 비정형 데이터(Unstructured Data)가 아닌 것은?

① 관측소에서 측정한 온도
② 스마트폰으로 촬영한 사진
③ 드론으로 촬영한 영상
④ 페이스북 게시글

55 이용자가 원하는 데이터를 정확하고 신속하게 획득할 수 있도록 하기 위해 고려해야 할 데이터베이스의 특성으로 가장 적절한 것은?

① 정보 이용 측면
② 정보 관리 측면
③ 정보기술 발전 측면
④ 사회경제적 측면

56 다음 중 데이터에 대한 설명으로 옳지 않은 것은?

① 정형, 비정형, 반정형으로 구분할 수 있다.
② 이미지, 동영상은 비정형 데이터이다.
③ HTML은 정형 데이터의 예이다.
④ 데이터에 따라 분석 방법이 달라질 수 있다.

57 다음 중 데이터 마트에 대한 설명으로 옳지 않은 것은?

① 마케팅에서 상점의 위치를 선정하는 데 활용될 수 있다.
② 모든 데이터에 공동으로 적용할 수 있어 재활용이 가능하다.
③ 특정 비즈니스 영역(마케팅, 영업, 재무 등)에 특화된 데이터 저장소이다.
④ 데이터웨어하우스보다 규모가 작고 특정 목적에 맞게 설계된다.

58 다음 중 데이터베이스에 대한 설명으로 틀린 것은?

① 데이터를 이용하는 사람들은 모두 동일한 목적을 가지고 데이터를 사용한다.
② 데이터는 중복을 최소화하여 저장된다.
③ 여러 사용자가 동시에 데이터를 공유하고 활용할 수 있다.
④ 데이터베이스 관리 시스템(DBMS)은 데이터의 무결성과 일관성을 유지한다.

59 데이터의 일관성과 정확성을 유지하고 이를 검증하는 데이터베이스 관리 시스템(DBMS)의 특징은 무엇인가?

① 데이터의 가용성
② 데이터의 무결성
③ 데이터의 효율성
④ 데이터의 기밀성

60 다음 중 빅데이터 활용 테크닉과 설명이 올바르게 짝지어진 것은?

- 회귀분석: 분석가는 독립변수를 조작하고, 종속변수의 변화를 관찰하여 변수 간 관계를 파악한다.
- 유형 분석: 새로운 사례가 어떤 범주에 속하는지를 예측하는 기법이다.
- 유전 알고리즘: 변수들 간의 상관관계를 찾는 기법이다.
- 감정 분석: 고객 간의 소셜 관계를 파악하는 분석이다.

① 회귀분석, 유형 분석
② 유형 분석, 유전 알고리즘
③ 감정 분석, 회귀분석
④ 회귀분석, 유전 알고리즘

61 빅데이터의 위기 요인 중 '사생활 침해'에 대한 포괄적인 해결책으로 가장 적절한 것은?

① 알고리즘 접근 허용
② 결과 기반 책임 원칙
③ 정보 사용자의 책임 강화
④ 데이터 사이언티스트의 육성

62 다음 중 빅데이터 시대의 본질적인 변화가 아닌 것은?

① 표본조사, 인과 관계
② 상관관계, 전수조사
③ 사후 처리, 데이터의 양적 크기
④ 상관관계, 사후 처리

63 빅데이터가 만들어 낸 변화로 올바른 것은?

① 전수조사에서 표본조사로 변화하였다.
② 질 중심에서 양 중심으로 변화하였다.
③ 상관관계 중심에서 인과 관계 중심으로 변화하였다.
④ 사후 처리 중심에서 사전 처리 중심으로 변화하였다.

64 다음 보기에서 설명하는 빅데이터 활용 기법을 무엇이라 하는가?

- 대출 상환을 잘하는 집단에 속하는지 그렇지 않은 집단에 속하는지 문제를 해결하려 할 때 사용한다.
- 문서를 분류하거나 조직을 그룹으로 나눌 때 사용한다.

① 군집분석 (Clustering)
② 예측분석 (Prediction)
③ 연관분석 (Association Analysis)
④ 유형분석 (Classification)

65 빅데이터의 처리비용을 낮춘 측면에서 결정적 기술로 가장 적절한 것은?

① 클라우드 컴퓨팅
② 텍스트 마이닝
③ 저장 장치 비용의 지속적인 하락
④ 스마트폰의 급속한 확산

66 다음 중 비식별 조치 방법에 대한 설명으로 올바른 것은?

① 총계 처리는 주민등록번호를 90년대생으로 변경한다.
② 데이터 범주화는 식별할 수 없도록 ○○로 처리한다.
③ 가명 처리는 '홍길동, 35세'를 '임꺽정, 30대'로 처리한다.
④ 데이터 마스킹은 '홍길동'을 '홍**'로 처리한다.

67 다음 중 데이터의 특성에 대한 설명으로 적절하지 않은 것은?

① 재사용이나 재조합, 다목적용 데이터 개발 등이 일반화되면서 특정 데이터를 언제·어디서·누가 활용할지 알 수 있다.
② 빅데이터 시대에는 데이터가 기존에 없던 가치를 창출함에 따라 그 가치를 측정하기 어렵다.
③ 구글, 페이스북의 사례처럼 데이터는 기존 사업자에게 경쟁우위를 제공하기도 한다.
④ 새로운 분석 기술의 발달도 데이터의 가치에 영향을 준다.

68 빅데이터 비즈니스 측면에서 "공동 활용의 목적으로 구축된 유·무형의 구조물"을 의미하는 빅데이터 기능은 무엇인가?

① 데이터 마트
② 데이터웨어하우스
③ 플랫폼
④ 데이터 레이크

69 기업의 성과 분석 현황에 대한 설명 중 적절하지 못한 것은?

① 성과가 높은 기업과 성과가 낮은 기업이 큰 차이를 보이는 부분은 분석에 대한 태도와 분석의 응용 부분이다.
② 성과가 높은 기업들도 가치 분석적 통찰력을 갖췄다고 대답한 비율이 낮다는 것이다.
③ 성과가 높은 기업도 분석 역량을 활용하지 못하고 있다.
④ 전략적 통찰력이 없는 최적화가 비즈니스 모델에서 마이너스가 될 수 있다.

70 빅데이터가 만들어 내는 본질적인 변화에 대한 설명 중 적절하지 않은 것은?

① 사전 처리에서 사후 처리 시대로의 변화
② 표본조사에서 전수조사로의 변화
③ 질보다 양을 강조하는 변화
④ 상관관계에서 인과관계로의 변화

71 다음 중 빅데이터 활용 기술에 대한 설명으로 가장 적절하지 않은 것은?

① 택배 차량을 어떻게 배치하는 것이 비용적으로 효율적인가: 유형 분석
② 응급실에서 의사를 어떻게 배치하는 것이 가장 효율적인가: 유전 알고리즘
③ 우유 구매자가 기저귀를 더 많이 구매하는지 확인하는 분석: 연관분석
④ 사용자의 만족도가 충성도에 미치는 영향을 분석하는 기법: 회귀분석

72 다음 중 빈칸 ①, ②에 공통으로 들어갈 가장 적절한 용어의 조합은?

> 빅데이터 환경에서는 논리적인 (①) 분석뿐만 아니라 (②) 또는 연관분석을 통하여 다양한 문제 해결에 도움을 받을 수 있다.
> 즉 (①)로부터 (②) 분석으로의 이동이 빅데이터 분석의 주요 변화라고 할 수 있다.

① 인과관계 - 상관관계
② 상관관계 - 인과관계
③ 최적화 - 분류
④ 분류 - 군집화

73 다음 중 빅데이터 출현 배경에 해당하는 것을 모두 고른 것은?

> 가. 기업과 기관에서 발생하는 데이터가 지속적으로 축적되어 데이터의 양이 폭발적으로 증가하였다.
> 나. 클라우드 컴퓨팅, 네트워크 속도, 저장 기술 등 기술적 진보가 이루어졌다.
> 다. 아날로그 정보가 디지털화되면서 데이터 수집·저장이 쉬워졌다.

① 가·나
② 나·다
③ 가·다
④ 가·나·다

74 빅데이터의 특성에 대한 설명 중 틀린 것은?

① 항상 많은 정보가 더 많은 가치를 창출할 수 있는 것은 아니다.
② 비즈니스의 핵심에 대해 보다 객관적이고 종합적인 통찰력을 제공할 수 있는 데이터를 찾는 것이 중요하다.
③ 빅데이터 과제와 관련된 걸림돌은 비용적인 측면이 아니다.
④ 데이터의 크기가 크고 분석을 많이 수행하는 것이 중요하다.

75 다음 중 데이터의 단위가 작은 것부터 큰 것 순서대로 올바르게 배열한 것은?

① PB(페타바이트) - EB(엑사바이트) - ZB(제타바이트) - YB(요타바이트)
② ZB(제타바이트) - YB(요타바이트) - PB(페타바이트) - EB(엑사바이트)
③ EB(엑사바이트) - ZB(제타바이트) - YB(요타바이트) - PB(페타바이트)
④ EB(엑사바이트) - ZB(제타바이트) - YB(요타바이트) - PB(페타바이트)

76 다음 중 빅데이터 위기 요인 중 '책임 훼손'(Responsibility Undermining)의 사례로 적절한 것은?

① 범죄 예측 프로그램을 통해 범죄 전 체포
② 데이터의 본래 목적 외에 가공 처리되어 사생활이 침해되는 경우
③ 잘못된 지표를 사용하는 경우
④ 미국 NSA가 매일 17억 개의 이메일, 전화 통화 내역을 수집·저장하는 경우

77 다음 중 '행태 정보'에 해당하지 않는 것은?

① 연중 정당별 선호도 변화
② 특정 웹사이트의 구매 이력
③ 앱 사용 이력
④ 사이트를 통한 구매 및 검색 이력

78 구글의 자동번역 시스템은 빅데이터의 어떤 속성에 해당하는가?

① Variety
② Volume
③ Velocity
④ Value

79 빅데이터의 활용 기법 중, 고객의 성별·연령·구매 행동 등을 기준으로 집단을 구분하여 특성을 파악하는 방법은 무엇인가?

① 연관 규칙 학습
② 유형 분석
③ 유전 알고리즘
④ 기계학습

80 다음 중 빅데이터의 가치 산정이 어려운 이유로 가장 적절한 것은?

① 분석 기술의 발전이 한계에 도달했기 때문에
② 데이터의 활용 목적이 제한되기 때문에
③ 데이터가 기존에 없던 새로운 가치를 창출하기 때문에
④ 단순히 빅데이터가 등장했기 때문에

81 다음 중 미래 사회의 특성과 이에 대응하는 빅데이터의 역할에 대한 설명으로 가장 적절하지 않은 것은?

① 불확실성 – 예측
② 단순화 – 경쟁력
③ 융합 – 창조력
④ 리스크 – 대응력

82 다음 중 빅데이터가 만들어 내는 변화에 해당하지 않는 것은?

① 데이터의 질보다는 양에 더 비중을 둔다.
② 데이터의 사전 처리보다는 사후 처리에 비중을 둔다.
③ 비정형 데이터보다 정형 데이터에 더 비중을 둔다.
④ 표본조사보다 전수조사에 비중을 둔다.

83 다음 중 정부의 빅데이터 활용 사례로서 적절하지 않은 것은?

① 실시간 교통정보 수집
② 소방 서비스를 위한 모니터링
③ 기후 정보 모니터링
④ 데이터 수집 및 저장

84 인터넷의 진화는 수많은 센서가 인터넷으로 연결되는 사물인터넷(IoT) 시대로 나아가고 있다. 미래의 빅데이터 관점에서 볼 때, 사물인터넷과 가장 관련이 깊은 개념은 무엇인가?

① 인공지능(AI)
② 데이터화(Datafication)
③ 스마트 데이터(Smart Data)
④ 지능형 서비스(Intelligent Service)

85 일차적인 분석 애플리케이션 사례와의 연결 중 적절하지 않은 것은?

① 마케팅 관리 – 상권 위치 선정
② 공급 체인망 – 적정 재고량 관리
③ 인력 채용 관리 – 인력 수요 예측
④ 재무 관리 – 거래처 선정

86 빅데이터의 위기 요인과 통제 방안에 대한 설명으로 적절한 것을 모두 고르시오.

> 가. 사생활 침해 문제는 데이터 익명화 기술을 근본적으로 차단할 수 있다.
> 나. 빅데이터는 과거에 일어난 일에 대한 데이터에 의존하며, 이를 기반으로 한 예측은 일정 수준의 정확도를 가질 수 있으나 항상 정확할 수는 없다.
> 다. 사생활 침해의 통제 방안으로 책임제를 동의제로 전환하자는 아이디어가 대두되고 있다.
> 라. 범죄자들의 성향을 파악하여, 범죄 예측 알고리즘을 통해 강력 범죄를 사전에 감소시킬 수 있다.
> 마. 데이터의 오용 피해를 구제하기 위한 알고리즈미스트(algorithmist)의 역할이 점차 중요해지고 있다.

① 가, 다
② 나, 다
③ 가, 라
④ 나, 마

87 인공지능(AI)의 하위 범주 중 하나로, 컴퓨터가 특정한 프로그래밍 없이도 스스로 패턴을 학습하고, 데이터를 기반으로 예측하여 작업을 수행할 수 있는 능력을 의미하는 용어는 무엇인가?

① 전문가 시스템 (Expert System)
② 신경망 (Neural Network)
③ 머신러닝 (Machine Learning)
④ 로보틱스 (Robotics)

88 데이터를 관리·운영하는 개념 중 가장 적절한 것은?

① SQL
② OLAP
③ OLTP
④ DBMS

89 인터넷으로 연결된 기계마다 통신 장치를 갖추고 있는 환경에서 사람 또는 기계끼리 자동으로 통신하는 기술로써, 사물과 사람, 사물과 사물 간의 정보를 상호 소통하는 방식을 무엇이라 하는가?

① 사물인터넷(IoT, Internet of Things)
② 클라우드 컴퓨팅(Cloud Computing)
③ 빅데이터(Big Data)
④ 인공지능(AI, Artificial Intelligence)

90 다음 중 빅데이터가 가져온 변화로 보기 어려운 것은?

① 서비스 산업이 확장되고 제조업이 축소된다.
② 생산공정에서 원가와 비용을 절감할 수 있다.
③ 기업에 혁신과 경쟁력을 가져다준다.
④ 투명성 제고로 연구 개발 및 관리 효율성 제고

91 빅데이터의 위기 요인과 통제 방안이 바르게 연결되지 않은 것은?

> 가. 사생활 침해 – 정보 사용자의 동의제에서 책임제로 변환
> 나. 결과 기반 책임 원칙 훼손 – 알고리즘에 대한 접근권 제공
> 다. 데이터 오용 – 데이터의 선택적 공개

① 가, 나
② 가, 다
③ 나, 다
④ 가, 나, 다

92 다음 중 빅데이터의 위기 요인이 아닌 것은?

① 사생활 침해
② 데이터 오·남용
③ 기업 경쟁력 약화
④ 책임 원칙 훼손

93 빅데이터의 특징으로 볼 수 없는 것은?

① 데이터의 저장 및 분석 비용 절감으로 데이터의 사후 처리(Post-processing)가 가능하다.
② 데이터양이 많기 때문에 일부 오류는 분석 결과에 큰 영향을 주지 않는다.
③ 데이터의 복잡성이 증가함에 따라 표본조사의 중요성이 높아졌다.
④ 데이터의 품질 향상보다는, 대량의 데이터에서 인사이트를 도출하는 역량이 중요시된다.

94 빅데이터의 가치 측정이 어려운 이유가 아닌 것은?

① 데이터 재사용이 일반화되어 특정 데이터를 언제 누가 사용하였는지 알 수 없게 되었다.
② 빅데이터는 기존에 존재하지 않던 가치를 창출해 낸다.
③ 데이터 분석 기술의 발전으로 과거에는 분석할 수 없었던 데이터도 분석할 수 있게 되었다.
④ 데이터 분석 전문 인력의 증가로 다양한 분야에서 빅데이터가 활용되고 있다.

95 빅데이터 시대의 위기 요인과 사례의 연결 중 올바르지 않은 것은?

① 사생활 침해 – 개인정보를 동의 없이 수집하여 맞춤형 광고에 활용한 경우
② 책임 원칙 훼손 – 특정 집단에 속해 있다는 이유만으로 부당하게 해고된 경우
③ 책임 원칙 훼손 – 특정 성향의 직원에 대해 채용을 거부한 경우
④ 데이터 오용 – 상업적 목적으로 데이터를 크롤링하여 개인정보를 수집한 경우

96 빅데이터 전략으로 옳지 않은 것은?

① 1차 분석으로는 해당 부서 및 업무에 효과가 없다.
② 빅데이터의 걸림돌은 분석적 방법과 성과에 대한 이해 부족이다.
③ 빅데이터의 가치를 추출해야 하면 빠를수록 효과적이다.
④ 비즈니스 핵심에 대해 더 객관적이고 종합적인 통찰을 줄 수 있는 데이터를 확보해야 한다.

97 빅데이터의 위기 요인 중 사생활 침해 방지 기술에 해당하는 것은?

① 익명화
② 정규화
③ 일반화
④ 표준화

98 빅데이터가 미치는 영향에 대해 올바르지 않은 것은?

① 정치인은 선거 승리를 위해 사회관계망 분석을 통해 유세 지역을 선정하고 해당 지역의 유권자에게 영향을 줄 수 있는 내용을 선전해 효과적인 선거 활용을 펼친다.
② 인과 관계 규명 없이 상관관계의 분석 결과만으로도 인사이트를 얻고 이를 바탕으로 수익을 창출할 기회가 늘어나고 있다.
③ 산업과 경제 구조 변화 동향 등 거시적인 흐름을 토대로 분석 기회를 도출한다.
④ 사물인터넷의 발달로 인해 사람이 최대로 개입하게 되었다.

99 빅데이터의 기술 활용에 대한 설명으로 옳지 않은 것은?

① 구글은 사용자의 로그 데이터를 활용하면서 기존의 페이지랭크(PageRank) 알고리즘을 혁신하였다.
② 정부는 실시간 교통정보, 기후 정보 등을 수집하여 실시간 모니터링을 한다.
③ 정부의 이익을 위해 개인의 정보를 활용한다.
④ 가수들은 팬들의 음악 청취 기록을 분석해 공연에 활용한다.

100 다음 중 분류분석의 적용 사례로 옳지 않은 것은?

① 신용등급
② 당뇨병 예측
③ 집의 위치와 면적을 통해 집값 예측
④ 통신사 이탈 예측

101 다음 아래 보기에서 설명하는 빅데이터 분석 기법은 무엇인가?

- 존 홀랜드가 다윈의 진화론인 '적자생존'에 기반하여 개발한 최적화 연산 방법이다.
- 최대의 시청률을 얻으려면 어떤 프로그램을 어떤 시간대에 방송해야 하는가와 같은 최적화 메커니즘을 찾아내는 분석 기법이다.
- 어떤 미지의 함수 y=f(x)를 최적화하는 해 X를 찾기 위해, 진화를 모방한 탐색 알고리즘이다.

① 의사결정나무
② 신경망 알고리즘
③ 유전 알고리즘
④ 연관 규칙 분석

102 빅데이터의 영향에 대한 설명으로 옳은 것은?

① 빅데이터는 기업 활동의 투명성 제고가 악화하였다.
② 빅데이터는 현재의 가치에만 집중한다.
③ 빅데이터가 시간과 비용의 절약을 가져와 생활 전반이 편해졌다.
④ 빅데이터를 활용해 비즈니스 모델을 혁신하거나 가치 창출을 만들기에는 부족하다.

103 빅데이터가 기업, 정부, 개인에 미치는 영향에 대한 설명 중 옳지 않은 것은?

① 기업에서는 빅데이터를 활용해 소비자의 행동을 분석하고 시장 변동을 예측해 비즈니스 모델을 혁신하거나 신사업을 발굴할 수 있다.
② 정부는 기상, 인구 이동, 각종 통계, 법제 데이터 등을 수집해 사회 변화를 추정하고 각종 재해 관련 정보를 추출할 수 있다.
③ 기업에서는 빅데이터를 원가 절감, 제품 차별화, 기업 활동의 투명성 제고 등에 활용하기도 한다.
④ 개인은 아직 데이터를 활용할 수 없다.

104 빅데이터의 출현 배경으로 옳지 않은 것은?

① 중앙집중 처리의 확산
② 하둡(Hadoop) 등 분산처리 기술의 확산
③ 다양한 사업 데이터의 확장
④ SNS, IoT 발전

105 전략적 가치 기반 분석을 위해 고려해야 할 요소가 아닌 것은?

① 핵심적인 비즈니스 이슈에 답을 주는 것이 가치가 있다.
② 반드시 복잡한 모델만이 가치 기반에서 좋은 결과를 가져오는 것은 아니다.
③ 전략적 분석과 통찰력은 빅데이터 분석에서 핵심적 역할을 한다.
④ 기존의 성과를 유지하는 것이 가장 중요한 목표이다.

106 빅데이터 활용 기법에 관한 설명으로 옳지 않은 것은?

① 군집분석은 개인 신용평가에 활용될 수 있다.
② 기계학습은 사용자의 기호를 학습하여 추천 서비스를 제공할 때 활용된다.
③ 한국어는 언어 특성상 감정을 정확히 분석하는데 어려움이 있을 수 있다.
④ 소셜 네트워크 분석을 통해 개인 맞춤형 광고를 추천하는 것은 가능하다.

107 빅데이터의 가치 산정이 어려운 이유로 적절하지 않은 것은?

① 폐쇄적 데이터 활용 방식
② 데이터가 기존에 없던 가치를 창출
③ 분석 기술의 발전
④ 데이터의 활용 방식

108 빅데이터가 미치는 영향이 아닌 것은?

① 고객에게 획일화된 서비스 제공
② 원가 절감 및 제품 차별화 기여
③ 소비자의 행동을 분석하고 시장 변동을 예측
④ 기업 활동의 투명성 제고

109 빅데이터의 '사생활 침해' 해결 방법에 대한 설명으로 옳은 것은?

① 제공자 동의에서 사용자 책임으로 전환한다.
② 알고리즘에 대한 접근권을 보장한다.
③ 기존의 책임 원칙을 보강하고 강화한다.
④ 예측 알고리즘의 활용을 높인다.

110 다음 중 빅데이터의 등장 요인으로 적합하지 않은 것은?

① 정형 데이터의 폭발적 증가
② 하둡(Hadoop)과 같은 기술의 발전
③ SNS(Social Networking Service)의 급속한 성장
④ 분석 알고리즘과 머신러닝 기술의 발전

111 다음 중 빅데이터의 출현 배경으로 적절한 항목을 모두 고르시오.

> 가. 대량의 데이터 축적
> 나. 휴대폰 및 클라우드의 발전
> 다. 분석 처리 기술의 발전

① 가, 나
② 가, 다
③ 나, 다
④ 가, 나, 다

112 빅데이터 활용에 대한 설명으로 틀린 것은?

① 고객의 구매 패턴을 분석하여 맞춤형 마케팅을 제공한다.
② 신용카드 거래 데이터를 분석하여 이상 거래를 탐지한다.
③ 센서 데이터를 활용하여 기계의 이상 징후를 사전에 감지한다.
④ 택배 차량 배치에 요인분석을 사용한다.

113 개인정보 보호법에 관한 내용 중 틀린 것은?

① 개발 단계에서부터 개인정보 보호 방안을 적용한다.
② 개인에게 알고리즘 소유권을 제공한다.
③ 개인에게 정보 접근권을 부여한다.
④ 개인에게 선택 옵션을 부여한다.

114 1제타바이트(ZB)와 동일한 양을 가진 데이터는?

① 1024EB
② 1024YB
③ 1024PB
④ 1024TB

115 일차원적 분석만으로도 효과가 기대되는 업무 영역 중, 분석 사례의 연결이 가장 부적절한 것을 고르시오.

① 마케팅 관리: 상점의 위치를 선정한다.
② 재무 관리: 거래처를 선정한다.
③ 공급망 관리: 적정 재고량을 결정한다.
④ 인력 관리: 이직 인력을 예측한다.

116 다음 중 "커피를 많이 구매한 사람이 탄산음료도 많이 구매하는지"를 알아보기 위한 분석 방법으로 가장 적절한 것은?

① 연관분석
② 감정분석
③ 회귀분석
④ 군집분석

117 계절에 따른 특정 제품의 판매량 데이터를 분석한 후, 향후 특정 시점의 해당 제품 판매량을 예측하고자 한다. 이러한 예측을 위해 가장 적절하게 사용할 수 있는 분석 방법은?

① 회귀, 연관
② 시계열, 회귀
③ 군집, 분류
④ 분류, 연관

118 다음 중 빅데이터의 가치 산정이 어려운 이유로 적절하지 않은 것은?

① 데이터 재사용이 일반화되어 특정 데이터를 누가, 언제, 어디서 활용할지 알기 어렵기 때문이다.
② 분석 기술의 발전으로 과거에는 분석할 수 없었던 데이터를 분석할 수 있게 되었기 때문이다.
③ 빅데이터는 기존에 존재하지 않던 새로운 가치를 창출하기 때문이다.
④ 빅데이터 전문 인력의 증가로 다양한 분야에서 빅데이터가 활용되고 있기 때문이다.

119 다음 중 빅데이터에 대한 설명으로 틀린 것은?

① 개인 맞춤형 서비스 제공이 불가능하다.
② Volume, Variety, Velocity를 특징으로 한다.
③ 정형, 비정형, 반정형 데이터를 모두 포함한다.
④ 실시간 분석과 의사결정에 활용될 수 있다.

120 원자재와 엔지니어링 요소 간의 최적의 조합을 찾아 최적의 결과를 도출하기 위해 가장 적합한 분석기법은 무엇인가?

① 연관분석
② 회귀분석
③ 유전자 알고리즘
④ 분류분석

121 다음 중 개인정보 보호 방법에 대한 설명으로 틀린 것은?

① 가명처리: 개인정보를 식별할 수 없는 정보로 대체하는 것
② 마스킹: 개인정보를 삭제하는 것
③ 총계처리: 전체 데이터의 총합이나 평균 등으로 제공하는 것
④ 범주화: 특정한 값이 아닌 구간(범위)으로 정보를 제공하는 것

122 다음 중 빅데이터 활용 과정에서 발생할 수 있는 위기 요인을 해결하는 방안으로 부적절한 것은?

① 개인정보 활용 동의를 강화한다.
② 개인정보 사용자의 책임을 강화한다.
③ 결과 기반 책임 원칙을 강화한다.
④ 알고리즘에 대한 접근권을 허용한다.

123 다음 중 빅데이터 정보 활용 방법으로 적절하지 않은 것은?

① 개인정보를 대규모로 공유한다.
② 데이터 분석을 통해 숨겨진 패턴이나 트렌드를 발견한다.
③ 익명 처리된 데이터를 활용하여 서비스 품질을 향상한다.
④ 공공데이터를 개방하여 다양한 사회 문제 해결에 활용한다.

124 다음 중 빅데이터의 활용 방식으로 보기 어려운 것은?

① 소비자 행동 데이터를 분석하여 마케팅 전략을 수립한다.
② 교통 데이터를 활용해 실시간 경로를 추천한다.
③ 공공데이터를 분석하여 사회적 문제를 예측한다.
④ 전문가와의 심층 면담을 통해 업무 절차를 개선한다.

125 다음 중 '통찰(Insight)'과 관련된 핵심 질문이 아닌 것은?

① 권고
② 최적화
③ 실험 설계
④ 경고

126 다음 중 딥러닝(Deep Learning)과 가장 관련 없는 분석 기법은?

① LSTM
② Autoencoder
③ K-NN
④ RNN

127 데이터 사이언티스트의 요구 역량에 해당하는 소프트 스킬(Soft Skill)에 대한 설명 중 가장 적절하지 않은 것은?

① 통찰력 있는 분석
② 설득력 있는 전달
③ 다분야 간 협력
④ 빅데이터에 대한 이론적 지식

128 데이터 사이언스에 대한 설명 중 적절하지 않은 것은?

① 정형화된 실험 데이터만을 분석 대상으로 한다.
② 전문 지식을 종합한 학문으로 정의한다.
③ 데이터 사이언스는 총체적 접근법을 사용한다.
④ 데이터 분석뿐만 아니라 효과적으로 전달하는 과정까지 포함된 포괄적 개념이다.

129 데이터 사이언티스트가 갖춰야 할 역량 중 성격이 다른 것은?

① Machine Learning
② Statistics Modeling
③ Data Visualization
④ Distributed Computing

130 데이터 분석에 기반한 가치 창출과 관련된 설명 중 가장 부적절한 것은?

① 핵심적인 비즈니스 이슈에 답을 주는 분석은 기업의 경쟁 전략과 밀접하게 연관된다.
② 복잡하고 다양한 데이터를 최적화하는 능력이 최고의 가치를 창출하는 가장 중요한 기준이다.
③ 전략적 분석과 통찰력의 창출은 빅데이터 프로젝트에서 핵심적인 역할을 한다.
④ 기존 성과를 유지하고 업계를 따라잡는 것은 전략적 가치 기반 분석의 가장 중요한 목표는 아니다.

131 다음 중 데이터 분석가에게 요구되는 역량으로 가장 적절하지 않은 것은?

① 천재적인 직관력
② 통찰력
③ 창의적 사고
④ 논리적 비판 능력

132 다음 설명 중 옳지 않은 것은?

① 강력한 호기심은 데이터 사이언티스트의 중요한 특징이다.
② 과학적 분석 과정에는 가정과 인간의 해석이 개입하지 않는다.
③ 뛰어난 분석적 리더들은 의사결정에서 과학과 직관을 혼합한다.
④ 분석은 미세한 관점에서 접근할 때 큰 효과를 보기 어렵다.

133 빅데이터 활용에 필요한 세 가지 핵심 요소로 가장 적절한 것은?

① 데이터, 기술, 인력
② 프로세스, 기술, 인력
③ 데이터, 프로세스, 인력
④ 인력, 데이터, 알고리즘

134 인문학 열풍의 외부 환경적 요인이 아닌 것은?

① 단순한 세계화에서 복잡한 세계화로의 전환
② 비즈니스 중심의 제품 생산에서 서비스 중심으로의 이동
③ 경제와 산업의 논리가 생산 중심에서 시장 창출 중심으로의 변화
④ 빅데이터 분석 기법에 대한 이해와 분석 방법론의 확산

135 데이터로부터 의미 있는 정보를 추출하는 학문으로, 정형화된 데이터를 주로 다루는 통계학에 비해 다양한 유형의 데이터를 총체적으로 접근하는 학문을 무엇이라 하는가?

① 정보 보안학
② 인공지능학
③ 데이터 과학
④ 경영 정보학

136 데이터 사이언스에 대한 설명으로 적절하지 않은 것은?

① 데이터에서 의미 있는 정보를 찾는 학문이다.
② 주로 분석의 정확성에 초점을 맞춰 수행한다.
③ 정형 데이터뿐만 아니라 다양한 유형의 데이터를 활용한다.
④ 기존의 통계학과는 달리 총체적 접근법을 사용한다.

137 빅데이터 전략으로 옳지 않은 것은?

① 1차 분석으로는 해당 부서 및 업무에 효과가 없다.
② 빅데이터의 걸림돌은 분석적 방법과 성과에 대한 이해 부족이다.
③ 빅데이터의 가치를 추출해야 하면 빠를수록 효과적이다.
④ 비즈니스 핵심에 대해 더 객관적이고 종합적인 통찰을 줄 수 있는 데이터를 확보해야 한다.

138 데이터 분석가, 인공지능 전문가 등이 만들어 낸 알고리즘으로 인해 부당한 피해를 방지하기 위해 등장한 인력을 무엇이라 하는가?

① 애널리스트
② 데이터 관리자
③ 빅데이터 전문가
④ 알고리즈미스트

139 데이터 사이언스에 대한 설명으로 옳지 않은 것은?

① 데이터로부터 의미 있는 정보를 추출하는 학문이다.
② 정형 데이터만을 대상으로 한다.
③ 분석뿐만 아니라 효과적으로 구현하고 전달하는 과정까지 포함한 포괄적 개념이다.
④ 총체적(Holistic) 접근법을 사용한다.

140 데이터 사이언티스트의 특징 중 옳지 않은 것은?

① 데이터를 다각적으로 분석하여 인사이트를 도출한다.
② 알고리즘에 의해 부당하게 피해를 본 사람을 구제한다.
③ 빅데이터에 대한 이론적 지식과 숙련된 분석 기술을 갖춘다.
④ 데이터를 시각화하고 설득력 있게 전달한다.

141 빅데이터 3요소에 대한 설명으로 옳지 않은 것은?

① 데이터: M2M, IoT 등의 발달로 모든 것이 데이터화되었다.
② 기술: 최신 기술의 발전으로 추천 알고리즘 등이 사용된다.
③ 인력: 데이터 사이언티스트와 알고리즈미스트의 역할이 증대된다.
④ 프로세스: 데이터를 활용하는 데 필요한 다양한 프로세스가 개발되었다.

142 빅데이터의 가치 패러다임의 변화 순서로 옳은 것은?

① Digitalization → Agency → Connection
② Digitalization → Connection → Agency
③ Agency → Connection → Digitalization
④ Connection → Agency → Digitalization

143 데이터 사이언티스트에게 필요한 역량으로 가장 적합한 것은?

① 하드 스킬(Hard Skills)로 문제 해결의 창의적 사고
② 소프트 스킬(Soft Skills)로 빅데이터에 대한 이론적 지식
③ 소프트 스킬(Soft Skills)로 통찰력 있는 분석 능력
④ 하드 스킬(Hard Skills)로 타 분야 간 협력

144 데이터 사이언티스트에 대한 설명으로 가장 적절하지 않은 것은?

① 컴퓨터 사이언스 및 수학, 통계학에 대한 역량이 필요하다.
② 데이터 사이언스를 적용하려는 도메인 분야에 대한 전문성이 필요하다.
③ 데이터 사이언티스트는 개인으로 활동하는 경우가 많아 커뮤니케이션 기술이 중요하지 않다.
④ 데이터 사이언티스트에게 시각화 능력은 매우 중요하다.

145 가트너(Gartner)가 바라본 데이터 사이언티스트의 역량이 아닌 것은?

① 비즈니스 분석
② 분석 모델링
③ 데이터 관리
④ 조직관리

146 통찰력 있는 분석을 하기 위해 분석자가 갖춰야 할 역량이 아닌 것은?

① 창의적 사고
② 논리적 비판
③ 연구 윤리
④ 호기심

147 빅데이터를 빠르고 정확하게 처리해, 개인과 기기와 사물들이 맺고 있는 연결을 효과적이고 효율적으로 관리해 주기 위한 가치 패러다임을 무엇이라 하는가?

① 디지털화(Digitalization)
② 연결(Connection)
③ 에이전시(Agency)
④ 알고리즘(Algorithm)

148 데이터 사이언스에 대한 설명 중 잘못된 것은?

① 총체적 접근법을 사용한다.
② 분석의 정확도가 가장 우선시된다.
③ 데이터로부터 의미 있는 정보를 추출하는 학문이다.
④ IT 영역, 분석적 영역, 비즈니스 컨설팅 영역 등을 포함한다.

149 다음 중 데이터 사이언스에 대한 설명으로 옳지 않은 것은?

① 데이터를 활용하여 정보와 인사이트를 창출한다.
② 생성된 데이터를 바탕으로 데이터베이스를 구축한다.
③ 분석부터 설명 및 결과 전달까지 수행한다.
④ 통계학, 데이터마이닝, 기계학습 등의 기법을 활용한다.

150 다음 중 데이터 분석가에 대한 설명으로 가장 적절하지 않은 것은?

① 분석가는 비즈니스의 맥락과 요구사항을 이해해야 한다.
② 분석가는 프로그램 관리 업무와 함께 겸업할 수 없다.
③ 분석가는 비즈니스 분석의 조정자 임무를 수행할 수 있다.
④ 분석가는 데이터 기반 의사결정을 지원하며, 다양한 부서와 협업할 수 있다.

데이터 분석 기획

2과목

01 다음 중 분석 대상과 분석 방법의 관계에 따른 4가지 유형 설명 중 올바른 것은?

① Optimization: 분석 대상과 분석 방법을 모두 이해하고, 현 문제를 최적화 형태로 수행한다.
② Solution: 분석 대상이 불분명하고, 분석 방법을 알고 있는 경우 솔루션을 찾는다.
③ Insight: 분석 대상은 명확하지만, 분석 방법을 알지 못하는 경우 인사이트를 도출한다.
④ Discovery: 분석 대상과 분석 방법을 모두 알고 있는 경우, 발견을 통해 분석 대상을 새롭게 도출한다.

02 다음 중 CRISP-DM의 모델링(Modeling) 단계의 작업(Task)으로 올바르지 않은 것은?

① 모델링 기법 선택
② 모델 테스트 계획 설계
③ 모델 작성
④ 모델 적용성 평가

03 다음 중 '분석 과제 정의서'에 대한 설명으로 옳지 않은 것은?

① 분석 과제 정의서는 소스 데이터, 데이터 입수 및 분석의 난이도, 분석 방법 등에 대한 항목이 포함되어야 한다.
② 분석 과제 정의서는 프로젝트를 수행하는 이해관계자가 프로젝트의 방향을 설정하고 성공 여부를 판단할 수 있는 자료이다.
③ 분석 과제 정의서는 프로젝트 계획서를 작성하기 위한 중간 결과로서 구성 항목으로 도출할 필요가 없다.
④ 분석 과제 정의서는 분석모델에 적용될 알고리즘과 분석모델의 기반이 되는 Feature가 포함될 필요는 없다.

04 빅데이터 분석 방법론에서 단계 간 피드백이 반복적으로 많이 발생하는 구간은?

① 분석 기획 ~ 데이터 준비
② 데이터 준비 ~ 데이터 분석
③ 시스템 구현 ~ 평가 및 전개
④ 데이터 분석 ~ 시스템 구현

05 다음 중 데이터 유형 중 정형 → 반정형 → 비정형의 순서로 올바르게 연결된 것은?

① Demand Forecasts – Competitor Pricing – Email Record
② Twitter Feeds – ERP Transaction Data – Web Logs
③ Blog and News – CRM Transaction – Email Record
④ Call Center Logs – RFID – Weather Data

06 프로토타이핑(Prototyping)에 관한 설명으로 옳은 것은?

① 신속하게 해결책 모형 제시, 상향식 접근방법에 활용한다.
② 빠른 결과보다 모델의 정확성에 중점을 둔 기법이다.
③ 워터폴 방식처럼 전체적인 플랜을 짜고 문서를 통해 개발한다.
④ 대표적인 하향식 접근 방식이라 할 수 있다.

07 합리적인 의사결정을 방해하는 요소로써, 문제의 표현 방식에 따라 동일한 사건이나 상황임에도 불구하고 개인의 판단이나 선택이 달라질 수 있는 현상을 무엇이라 하는가?

① 편향된 사고 (Biased Thinking)
② 고정관념 (Stereotype)
③ 프레이밍 효과 (Framing Effect)
④ 후광 효과 (Halo Effect)

08 분석 프로젝트 관리에 대한 설명 중 가장 적절하지 않은 것은?

① 분석 프로젝트는 도출된 결과의 재해석을 통한 지속적인 반복이 수행되는 경우가 많다.
② 분석 프로젝트는 일반 프로젝트와는 다르게 유의해야 할 요소가 많다.
③ 분석 과제 정의서를 기반으로 분석 프로젝트는 진행하게 된다.
④ 분석 프로젝트는 지속적인 변경으로 인해 일정을 제한하는 계획은 적절하지 못하다.

09 빅데이터 분석 방법론에 대한 설명 중 올바르지 않은 것은?

① 시스템 구현 단계에서는 정보보안은 중요한 문제가 아니다.
② 모델링 태스크에서는 모델의 과적합과 일반화를 위하여 데이터를 나눈다.
③ 단순한 데이터 분석이나 데이터 마이닝을 통한 분석 보고서 작성으로 프로젝트가 종료될 때는 시스템 구현 단계를 수행할 필요가 없다.
④ 프로젝트 위험 계획 수립에 대한 대응으로 회피, 전이, 완화, 수용이 있다.

10 분석 과제 발굴을 위한 접근방식에 대한 설명 중 가장 적절하지 않은 것은?

① 문제의 정의 자체가 명확한 경우 데이터를 기반으로 문제 해결을 탐색하는 접근방식을 상향식 접근방식이라 한다.
② 디자인 씽킹은 상향식 접근과 하향식 접근이 반복적으로 수행된다.
③ 하향식 접근방식은 문제가 주어진 상태에서 답을 구하는 방식이다.
④ 일반적으로 상향식 접근방식은 비지도 학습 방법으로 수행된다.

11 경쟁자 확대 관점의 영역이 아닌 것은?

① 대체재 영역
② 경쟁자 영역
③ 신규 진입자 영역
④ 채널 영역

12 CRISP-DM 분석 절차에서 "위대한 실패(Greatest Failure)"가 발생하는 구간은?

① Evaluation – Business Understanding
② Modeling – Data Preparation
③ Data Preparation – Data Understanding
④ Evaluation – Deployment

13 분석 기획 시 고려해야 할 장애 요소에 대한 설명 중 가장 부적절한 것은?

① 데이터의 유형에 따라 적용할 수 있는 솔루션과 분석 기법이 다르므로, 이에 대한 선행 분석이 필요하다.
② 유사한 분석 시나리오나 기존 솔루션이 있는 경우 이를 적극 활용하는 것이 중요하다.
③ 장애 요소에 대비한 사전 계획 수립이 요구된다.
④ 이해하기 쉬운 모델보다는 복잡하고 정교한 모델이 항상 더 효과적이다.

14 CRISP-DM 분석 방법론에서 '데이터 준비' 단계의 작업(Task)이 아닌 것은?

① 데이터 정제
② 데이터 통합
③ 데이터 탐색
④ 분석용 데이터 세트 선택

15 다음 빈칸 ( )에 들어갈 가장 알맞은 용어는?

> 식별된 비즈니스 문제를 데이터 문제로 변환하여 정의하는 단계이다. 앞서 수행한 문제 탐색 단계가 '무엇을, 어떤 목적으로 수행할 것인가'에 대한 관점이었다면, ( ) 단계에서는 이를 달성하는데 필요한 데이터 및 분석 기법을 정의하며, 비즈니스 문제를 데이터 분석 문제로 전환하는 과정을 수행한다.

① Problem Discovery
② Problem Definition
③ Solution Search
④ Feasibility Study

16 다음 설명은 데이터 분석 단계(Phase)의 어떤 Task에 해당하는가?

> - 분석용 데이터를 활용하여 가설을 설정하고, 통계 모델을 구축하거나 기계학습(Machine Learning)을 통해 데이터의 분류, 예측, 군집화 등을 수행하는 과정이다.
> - 이 단계는 데이터의 특성, 구조, 관계, 패턴 등을 파악하고, 이를 기반으로 예측 및 분류를 수행하는 것을 목적으로 한다.

① 데이터 준비 (Data Preparation)
② 모델링 (Modeling)
③ 평가 (Evaluation)
④ 비즈니스 이해 (Business Understanding)

17 하향식 접근방법의 문제 탐색에 대한 설명 중 올바르지 않은 것은?

① 문제 탐색은 유스케이스 활용보다는 새로운 이슈 탐색이 우선이다.
② 역량의 재해석 관점은 내부 역량과 파트너와 네트워크로 구분된다.
③ 식별된 비즈니스 문제를 데이터의 문제로 변환하여 정의하는 단계를 문제 정의 단계라고 한다.
④ 타당성 검토에서는 경제적 타당도와 기술적·데이터 타당도로 구분한다.

18 하향식 접근법의 프로세스 단계로 가장 적절한 것은?

① Problem Discovery → Problem Definition → Solution Search → Feasibility Study
② Problem Definition → Problem Discovery → Solution Search → Feasibility Study
③ Feasibility Study → Problem Discovery → Problem Definition → Solution Search
④ Solution Search → Problem Definition → Problem Discovery → Feasibility Study

19 KDD 분석 방법론의 프로세스 중, 다음 설명에 해당하는 단계는?

> 분석 목적에 맞는 변수를 선택하거나 데이터의 차원을 축소하여 데이터 마이닝이 효율적으로 적용될 수 있도록 데이터 세트를 변경하는 과정을 수행한다.

① 데이터 전처리
② 데이터 변환
③ 데이터 마이닝
④ 데이터 세트 선택

20 프로젝트 위험 계획 수립 시, 예상되는 위험의 대응 방법이 아닌 것은?

① 회피(Avoid)
② 전이(Transfer)
③ 실행(Execution)
④ 완화(Mitigate)

21 분석 프로젝트의 관리 방안에 대한 설명 중 올바르지 않은 것은?

① Accuracy는 모델과 실제값 사이의 차이가 작다는 점에서 '정확도'를 의미한다.
② Precision은 모델을 지속적으로 반복했을 때 결과의 편차 수준, 즉 일관적으로 동일한 결과를 제시한다는 것을 의미한다.
③ 분석의 활용 측면에서는 Precision이, 안정성 측면에서는 Accuracy가 중요하다.
④ Accuracy와 Precision은 트레이드오프 관계인 경우가 많으므로, 모델의 해석 및 적용 시 사전에 고려해야 한다.

22 빅데이터의 7V 속성으로 올바르게 나열된 것은?

① Volume, Variety, Velocity, Veracity, Validity, Volatility, Value
② Visualization, Variety, Velocity, Veracity, Validity, Volatility, Value
③ Visualization, Variety, Velocity, Veracity, Validity, Volatility, Voltage
④ Visualization, Variety, Velocity, Vortex, Validity, Volatility, Value

23 분석 기획 시 고려 사항에 대한 설명 중 올바른 것은?

① 가용할 수 있는 데이터를 확보하는 것이 중요하다.
② 적절한 유스케이스 탐색보다 새로운 탐색을 하는 것이 핵심이다.
③ 분석 과제를 수행하기 위한 장애 요소는 프로젝트 진행 중에 별도로 계획을 수립한다.
④ 일회성 분석이 조직의 분석 역량 강화에 효과적이다.

24 문제의 정의 자체가 어려운 경우, 데이터 기반으로 문제를 재정의하고, 해결 방안을 탐색하며 점진적으로 개선하는 분석 과제 접근방법은?

① 상향식 접근법
② 하향식 접근법
③ 유연적 접근법
④ 반복적 접근법

25 분석 과제를 발굴하기 위한 상향식 접근법(Bottom-Up Approach)에 대한 설명으로 가장 적절한 것은?

① 일반적으로 상향식 접근 방식의 데이터 분석은 지도 학습(Supervised Learning) 기법에 따라 수행된다.
② 상향식 접근 방법은 문제의 구조가 분명하고 문제 정의가 명확한 경우에 적합하다.
③ 디자인 사고 프로세스의 수렴(Converge) 단계에 해당한다.
④ 인사이트를 도출한 후, 반복적인 시행착오를 통해 문제를 도출하는 과정을 의미한다.

26 목표 시점별 과제 단위로 진행되는 분석 프로젝트의 특징에 대한 설명 중 적절하지 않은 것은?

① Speed & Test
② Quick-Win
③ Problem Solving
④ Accuracy & Deploy

27 비즈니스 모델 분석에서 상향식 접근방식으로 특정 업무 영역의 주제 지향적 분석 기회를 발굴할 때, 올바른 절차는 무엇인가?

① 프로세스 분류 → 분석 요건 정의 → 분석 요건 식별 → 프로세스 흐름 분석
② 프로세스 분류 → 프로세스 흐름 분석 → 분석 요건 식별 → 분석 요건 정의
③ 분석 요건 식별 → 프로세스 분류 → 프로세스 흐름 분석 → 분석 요건 정의
④ 분석 요건 식별 → 분석 요건 정의 → 프로세스 분류 → 프로세스 흐름 분석

28 다음 보기의 빈칸에 공통으로 들어갈 알맞은 용어는?

> - 현재의 비즈니스 모델 및 유사·동종 사례 탐색을 통해 빠짐없이 도출한 분석 기회들을 구체적인 과제로 만들기 전에 ( )로 표기하는 것이 필요하다.
> - 풀어야 할 문제에 대한 상세 설명과 해당 문제를 해결했을 때 발생하는 효과를 명시함으로써, 향후 데이터 분석 문제로의 전환 및 적합성 평가에 ( )을 활용하도록 한다.

① 분석 과제 정의서
② 분석 유즈케이스
③ 분석 프로젝트
④ 분석 과제 관리 프로세스

29 하향식 접근 방식의 문제 탐색에서 설명으로 옳지 않은 것은?

① 분석 유스 케이스
② 데이터 기반 탐색
③ 외부 참조모델 기반 탐색
④ 비즈니스 모델 기반 탐색

30 프로토타이핑(Prototyping) 프로세스에 대한 설명 중 적절하지 않은 것은?

① 가설의 생성
② 디자인에 대한 실험
③ 실제 환경에서의 테스트
④ 반복적으로 위험 분석을 수행하여 위험 관리 개선

31 데이터 분석 시 통찰력을 얻으려는 방법으로 적절하지 않은 것은?

① 업계 내부 문제에만 초점을 두고 집중하여 분석한다.
② 데이터 기반을 통한 의사결정을 한다.
③ 합리적 의사결정의 장애 요소를 제거한다.
④ 비즈니스의 핵심 가치와 관련된 분석 평가지표를 개발한다.

32 하향식 접근방법의 문제 탐색과 관련한 거시적 관점의 요인이 아닌 것은?

① 사회(Social)
② 기술(Technological)
③ 환경(Environmental)
④ 채널(Channel)

33 CRISP-DM(Cross Industry Standard Process for Data Mining)에 대한 설명으로 옳은 것은?

① 업무 이해 → 데이터 이해 → 데이터 준비 → 모델링 → 평가 → 전개의 순서로 진행된다.
② 폭포수 모델처럼 한 방향으로만 진행된다.
③ 데이터 준비 단계는 생략할 수 있으며, 모델링 단계에서 자동으로 해결된다.
④ CRISP-DM은 특정 산업 전용 프로세스로 범용 적용이 어렵다.

34 빅데이터 분석 방법론의 분석 기획 단계에서, 프로젝트 참여자 간의 이해를 명확히 하고 과업 범위와 내용을 정의하기 위한 핵심 산출물은 무엇인가?

① 데이터 스토어
② SOW (Statement of Work)
③ 상세 알고리즘
④ WBS(Work Breakdown Structure)

35 다음 중 빅데이터 분석 방법론에서 분석 프로세스를 올바른 순서로 나열한 것은?

① 분석 기획 → 데이터 준비 → 데이터 분석 → 시스템 구현 → 평가 및 전개
② 데이터 준비 → 분석 기획 → 데이터 분석 → 시스템 구현 → 평가 및 전개
③ 데이터 준비 → 분석 기획 → 데이터 분석 → 평가 및 전개 → 시스템 구현
④ 분석 기획 → 데이터 준비 → 시스템 구현 → 평가 및 전개 → 데이터 분석

36 분석 과제 발굴에 대한 설명 중 적절하지 않은 것은?

① 분석 유즈케이스는 향후 데이터 분석 문제로의 전환 및 적합성 평가에 활용한다.
② 상향식 접근방법은 원천 데이터를 대상으로 분석을 수행하여 가치 있는 문제를 도출하는 일련의 과정이다.
③ 하향식 접근법은 특정 주제별로 새로운 문제를 탐색하여 분석 과제를 발굴한다.
④ 하향식 접근방식은 문제를 주고 이에 대한 해법을 찾기 위하여 각 과정이 체계적으로 단계화되어 수행하는 방식이다.

37 동일한 사안이라고 해도 제시되는 방법에 따라 그에 관한 해석이나 의사결정이 달라지는 왜곡 현상을 무엇이라 하는가?

① 기준점 편향 (Anchoring Bias)
② 확증 편향 (Confirmation Bias)
③ 프레이밍 효과 (Framing Effect)
④ 대표성 휴리스틱 (Representativeness Heuristic)

38 빅데이터 분석 방법론의 계층적 프로세스 모델에 대한 설명으로 적절한 것은?

① 분석 방법론의 최상위 계층은 단계(phase)이고 마지막 계층은 태스크(task)이다.
② 태스크(Task)는 기준선(Baseline)으로 설정되어 관리되어야 하며 버전관리(Configuration Management) 등을 통한 통제가 이루어져야 한다.
③ 마지막 계층인 태스크(Task)는 입력자료, 출력 자료 등으로 구성된 단위 프로세스이다.
④ 빅데이터 분석 방법론은 분석 기획, 데이터 준비, 데이터 분석, 시스템 구현, 평가 및 전개 단계를 수행하여 빅데이터 분석 프로젝트를 종료한다.

39 빅데이터 분석 방법론의 분석 기획(Planning) 단계에서 태스크(task)로 적절하지 않은 것은?

① 필요 데이터 정의
② 프로젝트 정의
③ 프로젝트 계획 수립
④ 프로젝트 위험 계획 수립

40 반복을 통하여 점증적으로 프로젝트를 완성해 가는 분석 모형 프로세스로, 처음 시도하는 프로젝트에 적용이 쉽지만, 관리 체계를 효과적으로 갖추지 못한 경우 복잡도가 상승하여 프로젝트 진행이 어려울 수도 있는 분석 프로세스를 무엇이라 하는가?

① 워터폴(Waterfall) 프로세스
② 애자일(Agile) 프로세스
③ 폭포수형 분석 모형
④ 나선형 분석 모형

41 분석 프로젝트 관리에 대한 설명 중 적절하지 않은 것은?

① 데이터 분석은 전문가의 상상력을 요구하므로 일정 및 시간을 제한하지 않는다.
② 분석에 필요한 범위 관리가 필요하다.
③ 조달 관리가 필요하다.
④ 사전 위험 및 관련 위험 식별이 필요하다.

42 CRISP-DM에 대한 아래 설명 중 옳은 것은?

(가) 모델링 단계에서 데이터 세트를 훈련용과 테스트용으로 나누어 과적합 등의 문제를 점검하고, 이에 대한 대응 방안을 마련한다.
(나) 평가 단계에서는 모델링 과정에서의 절차와 결과를 검토하고 평가한다.
(다) 비즈니스 이해 단계와 데이터 이해 단계는 상호 간에 반복적인 피드백이 가능하다.
(라) 평가 단계에서 모델이 결정되면 분석이 완료될 때까지 해당 모델이 유지된다.

① (가)
② (가), (나)
③ (가), (나), (다)
④ (가), (나), (다), (라)

43 다음 중 빅데이터 분석 방법론에서 시스템 구현 단계에 해당하는 태스크(Task)로 가장 적절한 것은?

① 시스템 설계 및 구현, 테스트 및 운영
② 필요 데이터 정의, 데이터 저장소 설계
③ 탐색적 분석 수행, 모델 개발
④ 분석용 데이터 준비, 프로젝트 위험 계획 수립

44 하향식 접근방법(Top-Down Approach)에 대한 설명으로 옳은 것은?

① 문제 탐색 단계에서는 세부적인 구현 및 솔루션에 중점을 두어야 한다.
② 문제 정의 단계에서는 데이터 분석 문제의 정의 및 요구사항의 분석을 수행하는 당사자 관점에서만 이루어져야 한다.
③ 해결 방안 탐색 단계에서는 분석 시스템에 대해서만 사전 검토를 수행한다.
④ 타당성 검토 단계에서는 다양한 인력과 협업이 수반되어야 한다.

45 하향식 접근 방식에서 식별된 비즈니스 문제를 데이터의 문제로 변환하여 정의하는 단계를 무엇이라 하는가?

① 문제 탐색
② 문제 정의
③ 해결 방안 탐색
④ 타당성 검토

46 분석 과제 정의서에 대한 설명으로 옳은 것은?

① 데이터 입수 및 분석의 난이도는 별도로 표기하지 않는다.
② 분석 유형별로 필요한 소스 데이터, 분석 방법 등을 정의한다.
③ 분석 과제 정의서는 고정된 형태로만 작성해야 한다.
④ 분석 과제 정의서는 프로젝트 수행 계획의 입력자료로 사용되기 때문에 이해관계자가 프로젝트의 방향을 설정하는 문서로는 사용되지 않는다.

47 분석 프로젝트 특성 중 Accuracy와 Precision 설명으로 적절하지 않은 것은?

① 정확도는 모델과 실제 값 사이의 차이가 작다는 의미이고, 정밀도는 모델을 지속적으로 반복했을 때의 편차 수준이다.
② 정확도와 정밀도는 트레이드오프(Trade-off) 관계가 되는 경우가 많다.
③ 정확도와 정밀도는 모델의 해석 및 적용 시 사전에 고려해야 한다.
④ 분석의 활용적인 측면에서는 Precision이 중요하고 안정성 측면에서는 Accuracy가 중요하다.

48 빅데이터 분석 방법론에 대한 설명 중 옳지 않은 것은?

① 분석 기획(Planning)에서 데이터에 대한 관점별로 기초 통계량을 산출하고 데이터의 분포와 변수 간의 관계 등 탐색적 데이터 분석을 한다.
② 모델링이란 분석용 데이터를 이용한 가설 설정을 통해 통계 모델을 만들거나, 기계학습을 이용해 데이터의 분류, 예측, 군집 등의 기능을 수행하는 모델을 만드는 과정이다.
③ 평가 및 전개 단계에서는 모델의 생명주기를 설정하고, 정기적인 평가를 통해 모델을 유지·보수하거나 재구축하려는 방안을 수립한다.
④ 예상되는 위험에 대한 대응은 회피(avoid), 전이(transfer), 완화(mitigate), 수용(accept)으로 구분하여 위험 관리 계획서를 작성한다.

49 아래 빈칸에 들어갈 용어로 가장 적절한 것은?

> 분석 과제의 주요 5가지 특성 관리 영역에서, (　　)은 모델이 실제 값에 얼마나 근접하게 예측하는지를 나타내며, (　　)은 동일한 예측을 여러 번 수행했을 때 결과가 얼마나 일관성 있게 나타나는지를 의미한다.

① Precision, Accuracy
② Accuracy, Precision
③ Recall, Specificity
④ Specificity, Recall

50 아래 빈칸에 알맞은 용어는?

- 상향식 접근 방식은 기업에서 보유하고 있는 다양한 원천 데이터로부터의 (　)를 통하여 (　)를 얻을 수 있다. 상향식은 디자인 사고 중 (　)에 해당한다.

① 발견, 통찰, 발산
② 인지, 통찰, 발산
③ 정보, 통찰, 수렴
④ 수렴, 통찰, 인지

51 개발 프로세스의 초기 단계에서 주로 사용하며, 사용자와 개발자 간의 의사소통을 원활하게 하고 시스템을 개선하고 보완해 가는 분석 프로세스 모델을 무엇이라 하는가?

① 프로토타이핑 모형
② 폭포수 모형
③ 나선형 모형
④ 애자일 모형

52 하향식 접근 방식의 비즈니스 기반 과제 발굴 단계에 해당하지 않는 것은?

① 혁신
② 업무
③ 제품
④ 고객

53 분석 기획에 대한 설명으로 옳지 않은 것은?

① 분석 목적을 설정하고 데이터를 분석하여 의미 있는 결과를 도출한다.
② 기존에 존재하는 유사 분석 케이스는 사용하지 않는다.
③ 분석 기획이란 실제 분석을 수행하기에 앞서 분석을 관리할 방안을 사전에 계획하는 일련의 작업이다.
④ 분석을 위한 데이터의 확보가 필수적이다.

54 분석 활용 시나리오에 대한 설명으로 옳은 것은?

① 분석 결과가 어떻게 활용되어 효과적으로 수행할 수 있는지 분석한다.
② 분석용 데이터 세트를 결정한다.
③ 기존 프로세스와 신규 프로세스의 차이를 비교한다.
④ 효과적인 분석을 위한 재분석을 수행한다.

55 상향식 접근방식의 발산 단계(Diverse)와 도출된 옵션을 분석하고 검증하는 하향식 접근방식의 수렴 단계(Converse)를 반복적으로 수행하는 상호 보완 접근방식을 무엇이라 하는가?

① 디딤돌 접근방식 (Stepping-stone Approach)
② 스노우볼 접근방식 (Snowball Approach)
③ 디자인 사고 (Design Thinking)
④ 폭포수 접근방식 (Waterfall Approach)

56 분석 과제 관리 프로세스에 관한 내용으로 옳지 않은 것은?

① 과제 발굴 단계는 분석 아이디어 발굴, 분석 과제 풀 관리, 분석 프로젝트 선정을 수행한다.
② 확정된 결과물을 POOL로 관리한다.
③ 과제 수행 중간에 시사점과 결과물은 지속적으로 공유된다.
④ 과제 수행 단계는 팀 구성, 분석 과제 실행 모니터링, 과제 결과 공유 및 개선을 수행한다.

57 분석 프로젝트 영역별 관리 항목으로 옳지 않은 것은?

① 범위(Scope)
② 시간(Time)
③ 원가(Cost)
④ 관계(Relationship)

58 조직에 데이터 분석 문화를 정착시키려는 변화 시도로 옳지 않은 것은?

① 분석 조직 및 인력 교육·훈련이 필요하다.
② 데이터에 기반한 의사결정 문화를 조직 전반에 정착시킨다.
③ 분석 관련 교육과 마인드셋 개선을 위한 적극적인 변화 관리가 필요하다.
④ 경영진을 대상으로 한시적 속성 교육을 강화한다.

59 분석 기획 단계에서 프로젝트 범위 정의서(SOW, Statement of Work)가 작성되는 태스크(Task)로 옳은 것은?

① 비즈니스 이해 및 범위 설정
② 프로젝트 정의 및 계획 수립
③ 데이터 스토어 설계
④ 분석용 데이터 준비

60 빅데이터 분석 방법론의 '분석 기획' 단계(Phase) 순서를 올바르게 나열한 것은?

① 프로젝트 범위 설정 → 데이터 분석 프로젝트 정의 → 프로젝트 수행 계획 수립 → 데이터 분석 위험 식별
② 데이터 분석 프로젝트 정의 → 프로젝트 수행 획 수립 → 데이터 분석 위험 식별 → 프로젝트 범위 설정
③ 프로젝트 수행 계획 수립 → 데이터 분석 위험 식별 → 프로젝트 범위 설정 → 데이터 분석 프로젝트 정의
④ 데이터 분석 위험 식별 → 프로젝트 범위 설정 → 데이터 분석 프로젝트 정의 → 프로젝트 수행 계획 수립

61 목표 시점별 분석 기획 방안 중 당면한 분석 주제를 해결하는 방법이 아닌 것은?

① Quick & Win
② Problem Solving
③ Accuracy & Deploy
④ Speed & Test

62 하향식 문제 해결법(Top-Down Approach)에 대한 설명이 아닌 것은?

① 문제 탐색
② 프로토타입
③ 문제 정의
④ 타당성 검토

63 빅데이터 분석의 분석 기획 단계에서 수행하는 주요 태스크(Task)로 옳은 것은?

① 비즈니스의 이해 및 범위 설정
② 필요 데이터 정의
③ 데이터 스토어 설계
④ 모델 평가 및 검증

64 데이터 분석 주제 유형에 관한 설명으로 옳지 않은 것은?

① 분석 대상과 분석 방법에 따라 분석 주제를 적용한다.
② 최적화, 솔루션, 관찰, 발견의 4가지 분석 주제 유형으로 이루어져 있다.
③ 분석 주제 유형 중 분석 대상이 분명하고 분석 방법도 알고 있는 경우에는 최적화를 적용한다.
④ 분석 주제 유형 4가지의 유형을 넘나들면서 분석을 수행하고 결과를 도출하는 과정을 반복하게 된다.

65 KDD 분석 절차 중 아래 항목에 해당하는 단계는?

- 분석 데이터 세트에 포함된 이상값, 결측치를 식별하고 필요시 제거한다.
- 프로세스를 수행하는 과정에서 추가적인 데이터 세트를 필요한 경우 선택한다.

① 데이터 세트 선택 (Data Selection)
② 데이터 전처리 (Data Preprocessing)
③ 데이터 변환 (Data Transformation)
④ 데이터 마이닝 (Data Mining)

66 아래에서 설명하는 문제 탐색 기법으로 알맞은 것은?

유사·동종 사례 벤치마킹을 통한 분석 기회 발굴은 제공되는 산업별, 업무 서비스별 분석 테마 후보 그룹(pool)을 통해 'Quick & Easy' 방식으로 필요한 분석 기회가 무엇인지에 대한 아이디어를 얻고, 기업에 적용할 분석 테마 목록을 워크숍 형태의 브레인스토밍(Brainstorming)을 통해 빠르게 도출하는 방법이다.

① 시장 니즈의 분석
② 역량의 재해석
③ 외부참조 모델
④ 경쟁자 분석

67 아래 사항에 해당하는 프로젝트 관리 체계는 무엇인가?

- 프로젝트 목적에 맞는 외부 소싱을 적절하게 운영할 필요가 있다.
- PoC(Proof of Concept) 형태의 프로젝트는 인프라 구매가 아닌 클라우드 등 다양한 방안을 검토할 필요가 있다.

① 조달 (Procurement)
② 품질 (Quality)
③ 범위 (Scope)
④ 통합 (Integration)

68 KDD 분석 방법의 프로세스 순서로 옳은 것은?

① Data Selection → Preprocessing → Transformation → Data Mining → Interpretation/Evaluation
② Preprocessing → Data Selection → Transformation → Data Mining → Interpretation/Evaluation
③ Data Mining → Preprocessing → DataSelection → Transformation → Interpretation/Evaluation
④ Data Selection → Transformation → Preprocessing → Data Mining → Interpretation/Evaluation

69 CRISP-DM의 업무 이해 단계(Phase)의 주요 내용으로 옳은 것은?

① 업무 상황 파악, 데이터 마이닝 목표 설정, 프로젝트 계획 수립
② 초기 데이터수집, 데이터 기술 분석, 데이터 탐색, 데이터 품질 확인
③ 분석용 데이터 세트 선택, 데이터 정제, 데이터 통합, 데이터 포맷팅
④ 분석 결과 평가, 모델링 과정 평가, 모델 적용성 평가

70 분석 과제 관리에서 고려해야 할 요소가 아닌 것은?

① 데이터 크기
② 속도
③ 데이터 복잡도
④ 데이터 분류

71 협의의 데이터 플랫폼의 구성요소인 것은?

① 분석 애플리케이션
② 분석 서비스 제공 API
③ 분석 라이브러리
④ 분석 서비스 제공 엔진

72 빅데이터 분석 방법론에 대한 설명 중 옳은 것은?

① 단계 → 스텝 → 태스크 순서로 구성된다.
② 각 단계는 기준선(Baseline)으로 설정되어 관리되어야 하며, 버전관리(Configuration Management) 등을 통하여 통제가 이루어져야 한다.
③ 스텝은 단계의 구성단위이다.
④ 분석 방법론에서는 성능이 중요하며, 비용(Costs)과 자원(Resources)은 중요하지 않다.

73 비즈니스 모델의 고객 영역에 존재하는 현재 고객을 확장하여 전체 시장을 대상으로 사회적, 문화적, 구조적 트렌드 변화에 기반한 분석 기회를 도출하는 거시적 관점의 영역을 무엇이라 하는가?

① 환경(Environmental)
② 사회(Social)
③ 기술(Technological)
④ 정치(Political)

74 데이터 준비 단계에 대한 설명 중 옳은 것을 모두 고르시오.

가. 데이터 준비 단계에서 관련 기술의 발전(디지털화, 저장 기술, 인터넷 보급, 모바일 혁명, 클라우드 컴퓨팅)이 중요한 역할을 한다.
나. 기업 데이터를 사용할 때, 전사적으로 이전 자료들을 사용하는 것이 필요하다.
다. 회사 내 정보는 동의 없이 사용할 수 있다.
라. 데이터 준비 과정에서 정합성 검증도 해야 한다.

① 가, 나
② 가, 다
③ 가, 나, 다
④ 가, 나, 라

75 아래 보기에서 설명하는 분석 프로젝트의 관리 영역으로 알맞은 것은?

> 분석 프로젝트 수행 시 인력, 장비, 소프트웨어 활용 등에 소요되는 자원을 금액으로 환산하여 예산을 산정하고, 이를 효율적으로 통제·관리하는 활동에 해당한다.

① 조달 관리(Procurement Management)
② 통합 관리(Integration Management)
③ 범위 관리(Scope Management)
④ 원가 관리(Cost Management)

76 분석 과제 프로젝트에서 고려해야 할 5가지 요소 내용으로 틀린 것은?

① Accuracy는 모델과 실제 값과의 차이를 평가하는 정확도이다.
② Precision은 모델을 지속적으로 반복했을 때 편차의 수준이다.
③ 분석 안정성 확보를 위해서는 정밀도(Precision)보다 정확도(Accuracy)가 중요하다.
④ 모델 성능 최적화를 위해 정확도와 정밀도 간의 trade-off를 고려해야 한다.

77 다음 중 빅데이터 분석 방법론의 올바른 절차 순서로 나열한 것은?

> ㄱ. 데이터 준비
> ㄴ. 분석 기획
> ㄷ. 데이터 분석
> ㄹ. 시스템 구현 및 실행 단계
> ㅁ. 평가 및 전개

① 가-나-다-라-마
② 나-가-다-라-마
③ 가-다-나-마-라
④ 나-가-마-다-라

78 분석 기획 시 고려 사항으로 올바른 것은?

① 데이터 분류
② 적절한 활용 방안과 유스케이스의 탐색
③ 분석 기획 단계에서는 장애 요소는 분석 결과 도출 이후에 고려한다.
④ 데이터 정합성 검증

79 다음 보기 중 상향식 분석법(Bottom-up Approach)에 관한 것으로 옳은 것은?

> 가) 상향식 접근법은 인사이트와 지식을 얻는 bottom-up 방식이다.
> 나) 프로토타입 모델을 활용할 수 있다.
> 다) 문제 정의가 어려울 때 사용된다.
> 라) 지도학습을 통해 분석한다.

① 가, 다
② 가, 나
③ 가, 나, 다
④ 가, 나, 라

80 다음 중 분석 과제 수행 시 고려해야 할 요소로 가장 적절한 설명은?

① 분석 결과의 정밀도(Precision)를 높이기 위해 복잡한 모델을 사용하는 것이 항상 최선이다.
② 대용량 데이터 분석은 정형 데이터베이스든 하둡이든 동일한 방식으로 처리하면 된다.
③ 분석은 일 단위 또는 주 단위로 처리되므로 실시간 처리 속도는 중요하지 않다.
④ 정확한 데이터를 얻기 위해 복잡한 분석 기법을 사용하면, 결과 해석이 어려워질 수 있다는 점을 고려해야 한다.

81 다음 설명에 해당하는 분석 태스크(Task)는 무엇인가?

> • 데이터의 정합성을 검토하고 특성을 파악한다.
> • 데이터를 시각화하고 요약하여, 숨겨진 패턴, 관계, 이상값 등을 발견한다.

① 머신 러닝 모델링
② 탐색적 데이터 분석
③ 모델 평가 및 검증
④ 데이터 전처리

82 다음 중 분석 과제 정의서에 대한 설명으로 옳지 않은 것은?

① 분석 프로젝트 계획서의 투입 요소이다.
② 내부 데이터만 분석 대상이 된다.
③ 분석 방법 등을 기술한다.
④ 결과 검증 시 출처를 밝힌다.

83 다음 중 ROI 요소를 고려하여 분석 과제에 대한 우선순위 평가 기준에 대한 설명으로 적절하지 않은 것은?

① 전략적 중요도에 따른 시급성이 가장 중요한 기준이다.
② 데이터를 생성, 저장, 가공, 분석하는 비용과 현재 기업의 분석 수준을 고려한 난이도 역시 적용 우선순위를 선정하는 데 있어 중요한 기준이 될 수 있다.
③ 난이도는 해당 기업의 현 상황에 따라 조율할 수 없다.
④ 난이도는 현시점에서 과제를 추진하는 것이 비용 측면과 범위 측면에서 바로 적용하기 쉬운 것인지 또는 어려운 것인지에 대한 판단 기준이다.

84 데이터 거버넌스 체계 요소 중 '데이터 표준용어 설정', '명명 규칙 수립', '메타데이터 구축', '데이터 사전 구축' 등의 업무 구성요소를 무엇이라 하는가?

① 데이터 표준화
② 데이터 관리 체계
③ 표준화 활동
④ 데이터 저장소 관리

85 다음 문장의 빈칸에 들어갈 가장 적절한 용어는?

- 분석 과제 관리 프로세스는 크게 과제 발굴과 (   ) 및 모니터링으로 나누어진다.
- 분석 아이디어와 분석 과제가 확정되면 팀을 구성하고, 분석 과제를 실행하고 분석 과제 진행 관리 및 결과를 공유하고 개선하는 절차를 수행한다.

① 과제 제안
② 과제 수행
③ 과제 검토
④ 과제 평가

86 분석 마스터플랜 수립 시 우선순위 고려 요소가 아닌 것은?

① 전략적 중요도
② 비즈니스 성과
③ 실행 용이성
④ 분석 데이터 적용 수준

87 집중형 구조의 특징으로 가장 적절하지 않은 것은?

① 전담 분석 업무를 별도의 독립된 분석 전담 조직에서 수행한다.
② 분석 결과에 대한 신속한 실행이 가능하다.
③ 전략적 중요도에 따라 분석 조직이 우선순위를 정하여 추진한다.
④ 현업 부서의 분석 업무와 이중화 또는 이원화될 가능성이 높다.

88 전사 차원의 모든 데이터에 대해 정책 및 지침, 표준화, 운영 조직 및 책임 등의 표준화된 관리 체계를 수립하고 운영을 위한 프레임 워크 및 저장소를 구축하는 것을 무엇이라 하는가?

① 데이터웨어하우스
② 메타데이터 관리
③ 데이터 품질 관리
④ 데이터 거버넌스

89 다음 중 데이터 거버넌스에 대한 설명으로 적절하지 않은 것은?

① 데이터 거버넌스의 구성요소는 원칙, 조직, 프로세스이다.
② 기업은 데이터 거버넌스 체계를 통해 데이터의 가용성, 유용성, 통합성, 보안성, 안정성을 확보할 수 있다.
③ 데이터 거버넌스는 모든 데이터를 대상으로 정책, 지침, 표준화, 운영 조직 및 책임 등의 관리 체계를 수립·운영하는 프레임 워크를 의미한다.
④ 데이터 거버넌스는 반드시 독립적으로 수행되어야 하며, 전사적 IT 거버넌스나 EA(Enterprise Architecture)의 구성요소로 포함될 수는 없다.

90 다음 중 포트폴리오 사분면 분석에 대한 설명 중 적절하지 않은 것은?

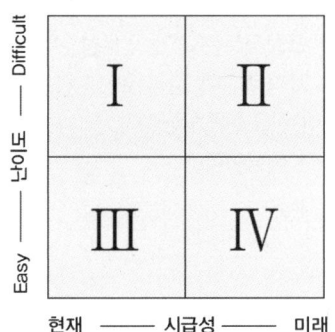

① 사분면 분석에서 가장 먼저 분석 과제를 적용해야 하는 영역은 Ⅰ사분면이다.
② 분석 과제를 바로 적용하기 어려워 우선순위가 낮은 영역은 Ⅱ사분면이다.
③ 시급성을 기준으로 한다면, 우선순위는 Ⅲ → Ⅳ → Ⅱ 사분면 순이다.
④ 난이도를 기준으로 한다면, 우선순위는 Ⅲ → Ⅰ → Ⅱ 사분면 순이다.

91 다음 중 메타데이터와 데이터 사전의 관리 원칙을 수립하고, 빅데이터의 경우 데이터 생명주기 관리 방안을 마련하는 데 해당하는 데이터 거버넌스 체계는 무엇인가?

① 데이터 표준화
② 데이터 관리 체계
③ 데이터 저장소 관리
④ 표준화 활동

92 다음 중 분석 과제 관리 프로세스 수립에 대한 설명으로 적절하지 않은 것은?

① 분석 과제 관리 프로세스는 크게 과제 발굴과 과제 수행 및 모니터링으로 나누어진다.
② 분석 관리 프로세스를 수행함으로써 조직 내 분석 문화 내재화 및 경쟁력을 확보할 수 있다.
③ 분석 과제 중 발생한 아이디어와 확정된 분석 결과물은 모두 풀(Pool)로 관리하고 공유한다.
④ 과제 수행 단계에서는 분석을 수행할 팀을 구성하고, 분석 과제 수행 시 지속적인 모니터링과 과제 결과를 공유하고 개선하는 절차를 수행한다.

93 분석 마스터 플랜과 ISP의 관계에 대한 설명 중 적절하지 않은 것은?

① 분석 마스터 플랜은 ISP와는 다르게 인프라와 모델링에만 신경 쓴다.
② ISP와 같은 일반적인 IT 프로젝트는 과제의 우선순위 평가를 위해 전략적 중요도, 실행 용이성 등 기업에서 고려하는 중요 가치 기준에 따라 우선순위를 평가한다.
③ 빅데이터의 3V는 투자 비용 요소에 해당한다.
④ Value는 비즈니스 효과에 해당한다.

94 분석 성숙도 모델에 대한 설명 중 성격이 다른 것은?

① 분석 CoE 조직 운영
② 데이터 사이언스 그룹
③ 빅데이터 분석
④ 분석 샌드박스

95 분석 성숙도 진단은 비즈니스 부문, 조직·역량 부문, IT 부문 등 3개 영역에서 성숙도 수준에 따라 4단계로 구분된다. 다음 보기의 성숙 단계는 어느 단계에 해당하는가?

- 비주얼 분석
- 분석 전용 서버

① 도입 단계
② 활용 단계
③ 확산 단계
④ 최적화 단계

96 정보기술 또는 정보시스템을 전략적으로 활용하기 위하여, 조직 내외부 환경을 분석하고 기회나 문제점을 도출하며, 사용자의 요구사항을 분석하여 시스템 구축의 우선순위를 결정하는 중장기 마스터 플랜 수립 절차를 무엇이라 하는가?

① ISP (Information Strategy Planning)
② BPR (Business Process Reengineering)
③ KPI (Key Performance Indicator)
④ MIS (Management Information System)

97 다음 중 데이터 거버넌스의 구성요소가 아닌 것은?

① 원칙 (Principle)
② 조직 (Organization)
③ 절차 (Process)
④ 분석 방법 (Method)

98 분석 준비도(Readiness)는 기업의 데이터 분석 도입 수준을 파악하기 위한 진단 방법으로, 총 6가지 영역을 대상으로 현 수준을 진단한다. 다음 설명은 어느 진단 영역에 해당하는가?

- 업무별 적합한 분석 기법 사용
- 분석 업무 도입 방법론
- 분석 기법 라이브러리
- 분석 기법 효과성 평가
- 분석 기법의 정기적 개선

① 분석 업무 파악
② 인력 및 조직
③ 분석 기법
④ 분석 데이터

99 데이터 거버넌스의 주요 관리 대상으로 (ⓐ), (ⓑ), (ⓒ)에 들어갈 가장 적절한 항목을 고르시오.

> 데이터 거버넌스란 전사 차원의 모든 데이터에 대해 정책 및 지침, 표준화, 운영 조직 및 책임 등의 표준화된 관리 체계를 수립하고, 운영을 위한 프레임워크(Frame Work) 및 저장소(Repository)를 구축하는 것을 말한다. 특히 (ⓐ), (ⓑ), (ⓒ)은 데이터 거버넌스의 중요한 관리 대상이다.

① 데이터 품질, 데이터 표준, 메타데이터
② 마스터 데이터, 메타데이터, 데이터 사전
③ 분석 기법, 데이터 흐름도, 시각화 도구
④ 메타데이터, 데이터 마트, 데이터 시각화

100 아래 빈칸에 공통으로 들어갈 올바른 용어는?

> (   )의 판단 기준은 전략적 중요도가 핵심이며, 이는 현재의 관점에 전략적 가치를 둘 것인지, 미래의 중·장기적 관점에 전략적 가치를 둘 것인지에 적정 시기를 고려하여 (   ) 여부를 판단할 수 있다.

① 시급성
② 난이도
③ 비즈니스
④ 분석 기획

101 별도의 분석 전담 조직 없이, 각 업무 부서에서 자체적으로 분석을 수행하는 데이터 분석 조직 형태를 무엇이라고 하는가?

① 집중 구조
② 분산 구조
③ 기능 구조
④ 혼합 구조

102 빅데이터 거버넌스의 특징에 대한 설명 중 적절하지 않은 것은?

① 빅데이터 분석에서는 다양한 데이터를 수집하고 활용하는 것보다, 어떤 데이터를 어떤 목적에 활용할 것인가가 더욱 중요하다.
② ERD는 운영 중인 데이터베이스와 일치시키기 위해 변경 사항을 지속적으로 관리해야 한다.
③ 양질의 데이터가 중요하므로, 데이터 생명주기보다 데이터 품질 관리가 더 중요하다.
④ 데이터의 정합성과 활용 효율성을 높이기 위해, 표준 데이터, 메타데이터, 데이터 사전에 대한 관리 원칙을 수립해야 한다.

103 데이터 분석을 위한 조직구조에 관한 설명 중 올바르지 않은 것은?

① 집중형 조직구조는 조직 내에 별도의 독립적인 분석 전담 조직이 구성되며, 회사의 모든 분석 업무를 해당 조직이 전담한다.
② 집중형 조직구조는 일부 협업 부서와 분석 업무가 중복되거나 이원화될 가능성이 있다.
③ 기능 중심의 조직구조는 별도의 분석 조직 없이, 각 업무 부서에서 직접 분석을 수행하는 형태이다.
④ 분산된 조직구조는 조직의 인력들이 협업 부서에 배치되므로, 신속한 업무 처리에는 적합하지 않다.

104 빅데이터 거버넌스에 대한 설명으로 올바른 것끼리 묶은 것은?

A. 빅데이터 분석 과제 발굴은 다양한 데이터를 활용하기 위해 회사 내 모든 데이터를 활용해야 한다.
B. 양질의 데이터가 중요하므로 정보 수명주기보다 데이터 품질 관리가 더 중요하다.
C. ERD는 운영 중인 데이터베이스와 일치시키기 위해 변경 사항을 지속적으로 관리해야 한다.
D. 빅데이터 거버넌스는 산업 분야별, 데이터 유형별, 정보 거버넌스 요소별로 구분하여 작성한다.

① A, B
② A, B, C
③ C, D
④ B, D

중요도 난이도 31회 출제
★★★ 상중하

105 데이터 분석 도입의 수준을 파악하기 위한 분석 준비도의 6가지 구성요소 중 하나로서, 운영 시스템 데이터 통합, 빅데이터 분석 환경, 통계분석 환경 등을 진단하는 구성요소는 무엇인가?

① 데이터 품질
② 조직 문화
③ IT 인프라
④ 리더십

중요도 난이도 32회 출제
★★★ 상중하

106 기업의 데이터 분석 도입의 수준을 명확하게 파악하려는 방법으로 분석 준비도(Readiness)를 진단할 수 있다. 다음 중 분석 준비도를 측정하기 위한 요소로 가장 부적절한 것은?

① 분석 업무 파악
② 인력 및 조직
③ 분석 기법
④ 분석 성과

중요도 난이도 32회 출제
★★★ 상중하

107 분석 수준 진단 방법 중 조직의 분석 및 활용을 위한 역량 수준을 파악하기 위해 '도입 → ( ) → 확산 → 최적화'의 분석 성숙도 단계 차별화를 파악하게 된다. 빈칸에 알맞은 용어는?

① 성장
② 분석
③ 활용
④ 기획

108 분석 마스터플랜 수립 과정 단계에서 ROI 관점에서 분석 과제 우선순위 평가 기준으로 적절하지 않은 것은?

① 시급성이 높고 난이도가 높은 분석 과제는 경영진 또는 실무 담당자의 의사결정에 따라 적용 우선순위를 조정할 수 있다.
② 분석 과제의 우선순위 평가에서 전략적 중요도와 데이터 수집 비용을 기준으로 시급성을 평가하고, 분석 수준 및 목표 가치를 기준으로 난이도를 평가한다.
③ 시급성이 높고 난이도가 낮은 분석 과제는 우선순위가 높다.
④ 분석 난이도는 분석 준비도와 성숙도 진단 결과에 따라 해당 기업의 분석 수준을 파악하여 이를 바탕으로 조정된다.

109 포트폴리오 사분면(Quadrant) 분석에서 '시급성'을 우선 기준으로 분석 과제를 수행할 경우, 그에 따른 올바른 우선순위 기준은 무엇인가?

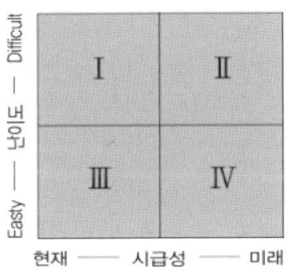

① Ⅱ → Ⅲ → Ⅰ
② Ⅱ → Ⅳ → Ⅲ
③ Ⅲ → Ⅱ → Ⅳ
④ Ⅲ → Ⅳ → Ⅱ

110 분석 준비도 항목 중 '분석 업무' 영역에 해당하지 않는 것은?

① 업무별로 적합한 분석 기법 사용
② 최적화 분석 업무
③ 발생한 사실을 분석하는 업무
④ 예측분석 업무

111 분석 마스터플랜에 관한 설명 중 적절하지 않은 것은?

① 모든 과정은 순환적이고 반복적인 단계로 작성된다.
② 시급성과 난이도에 따라 우선순위를 결정한다.
③ 분석 마스터플랜은 분석 과제를 도출하고 우선순위를 평가한 뒤, 단기 실행계획과 중·장기 로드맵을 수립해야 한다.
④ 난이도는 해당 기업의 현 상황에 따라 조율할 수 있다.

112 다음이 설명하는 데이터 거버넌스 체계 요소는 무엇인가?

- 데이터 정합성 및 활용의 효율성을 위하여 표준 데이터를 포함한 메타데이터와 데이터 사전의 관리 원칙을 수립한다.
- 수립된 원칙에 근거하여 항목별 상세한 프로세스를 만들고, 관리와 운영을 위한 담당자 및 조직별 역할과 책임을 상세하게 준비한다.

① 데이터 표준화
② 데이터 관리 체계
③ 데이터 저장소 관리
④ 표준화 활동

113 분석 마스터 플랜 수립에서 과제 우선순위 결정과 관련한 설명 중 가장 적절하지 않은 것은?

① 빅데이터의 특징을 고려한 ROI 요소에서 가치(Value)는 투자 비용(Investment) 요소이다.
② 전략적 중요도, 실행 용이성, ROI 등은 분석 과제 우선순위 결정에 고려할 사항이다.
③ 시급성의 판단 기준은 전략적 중요도가 핵심이다.
④ 적용 기술의 안전성 검증은 기술 용이성이 평가 요소이다.

114 분석 과제의 우선순위 선정 매트릭스에서 일반적으로 데이터 분석 과제를 가장 먼저 추진해야 하는 영역은?

① 난이도: 쉬움, 시급성: 현재
② 난이도: 어려움, 시급성: 미래
③ 난이도: 쉬움, 시급성: 미래
④ 난이도: 어려움, 시급성: 현재

115 A 회사가 우선적으로 선택해야 할 분석 과제로 적절한 것은?

① 과제1: 시급성이 높고 난이도가 낮다.
② 과제2: 시급성이 낮고 난이도가 높다.
③ 과제3: 시급성이 높고 난이도가 높다.
④ 과제4: 시급성이 낮고 난이도가 낮다.

116 기업의 "도입형" 분석 수준 진단 결과 항목이 아닌 것은?

① 조직 및 인력
② 분석 업무
③ 분석 기법
④ 관리 목표

117 분석 마스터 플랜의 세부 이행 계획 수립 과정에서 데이터 분석 체계에 대한 설명으로 가장 적절한 것은?

① 데이터 분석 체계는 폭포수 모델이 가장 이상적이다.
② 데이터 수집 및 확보와 분석 데이터를 준비하는 단계는 반복적 수행으로 진행한다.
③ 데이터 분석 체계에서 프로토타입 프로세스는 사용하지 않는다.
④ 분석 프로젝트의 세부적인 일정 계획도 데이터 분석 체계를 고려하여 작성한다.

118 분석 성숙도를 진단하는 영역이 아닌 것은?

① 비즈니스 부문
② 조직·역량 부문
③ 조직·문화 부문
④ IT 부문

119 마스터플랜 수립 단계에서 다양한 분석 과제를 도출한 후, 데이터 분석 구현을 위한 로드맵 수립 시 고려해야 하는 다음 요소 중 성격이 다른 하나는?

① 업무 내재화 적용 수준
② 분석 데이터 적용 수준
③ 투자 비용 수준
④ 기술 적용 수준

120 하향식 접근 방식의 문제 탐색 도구가 아닌 것은?

① 비즈니스 모델 기반 문제 탐색
② 탐색적 문제 발견
③ 외부 참조 모델 기반 문제 탐색
④ 분석 유즈 케이스

121 포트폴리오 사분면 분석을 통한 과제 우선순위에 대한 설명 중 옳지 않은 것은?

① 분석 과제의 우선순위는 시급성과 난이도에 따라 결정할 수 있다.
② 시급성과 난이도가 모두 높을수록 분석 과제 우선순위가 높다.
③ 시급성인 Value는 비즈니스 효과 요소이다.
④ 난이도인 Volume, Variety, Velocity 등은 투자 비용 요소이다.

122 분석 성숙도에 대한 설명 중 옳지 않은 것은?

① 반드시 동종 경쟁자 분석을 한다.
② 성숙도 수준에 따라 도입, 활용, 확산, 최적화 단계로 구분한다.
③ CMMI 모델을 기반으로 조직의 성숙도를 평가한다.
④ 분석 능력 및 분석 결과 활용에 대한 조직의 성숙도 평가가 가능하다.

123 분석 준비도와 성숙도 모두 낮은 유형을 무엇이라 하는가?

① 정착형
② 확산형
③ 준비형
④ 도입형

124 분석 준비도 영역 중 아래 보기에 해당하는 영역은?

- 운영 시스템 데이터 통합
- EAI, ETL 등 데이터 유통 체계
- 분석 전용 서버 및 스토리지
- 빅데이터 분석 환경
- 통계분석 환경
- 비주얼 분석 환경

① 분석 데이터 (Analytics Data)
② IT 인프라 (IT Infrastructure)
③ 인력 및 조직 (People & Organization)
④ 분석 문화 (Analytics Culture)

125 ROI 관점에서 분석 과제 우선순위를 결정하는 기준에 대한 설명 중 옳지 않은 것은?

① 시급성은 전략적 중요도와 소요 비용을 함께 고려하여 판단한다.
② 난이도는 분석 준비도와 성숙도를 고려하여 조정할 수 있다.
③ 시급성은 전략적 중요도를 기준으로 하며, 현재 시점의 우선순위가 미래보다 높을 수 있다.
④ 난이도는 과제 범위, 데이터 소스 활용 범위, 추진 시점의 용이성을 종합적으로 평가한다.

126 비즈니스 모델 관점에서 문제를 발굴할 때 고려해야 하는 요소로 가장 적절한 것은?

① 프로젝트 범위와 원가 구조
② 업무, 제품, 고객, 규제·감사, 지원 인프라
③ 범위, 이해관계자, 조달, 리스크, 품질
④ 데이터 수집 방법과 구현 솔루션

127 조직에 데이터 분석 문화를 정착시키려는 변화 시도로 옳지 않은 것은?

① 분석 조직 및 인력 교육·훈련이 필요하다.
② 데이터에 기반한 의사결정 문화를 조직 전반에 정착시킨다.
③ 분석 관련 교육과 마인드셋 개선을 위한 적극적인 변화 관리가 필요하다.
④ 경영진을 대상으로 한시적 속성 교육을 강화한다.

128 분석 로드맵의 '분석 체계 도입 – 유효성 검증 – 분석 확산·고도화' 단계 중 유효성 검증에 해당하는 것?

① 분석 마스터 플랜 수립
② PI(Process Innovation) 수행
③ 유관 시스템 고도화
④ 파일럿 테스트(Pilot Test)

129 분석 거버넌스(Analytics Governance) 중 체계 구성요소가 아닌 것은?

① 분석 기획 및 관리 조직
② 운영 프로세스
③ 과거 예산 및 예산 집행
④ 분석 교육 및 마인드 육성 체계

130 분석 조직에 대한 설명으로 옳지 않은 것은?

① 기업의 업무 전반에 걸쳐 다양한 분석 과제를 발굴해 정의한다.
② 데이터 분석을 통해 의미 있는 인사이트를 찾아 실행하는 임무를 수행할 수 있어야 한다.
③ 데이터 분석 결과를 통해 최종 의사결정을 내리는 주체이다.
④ 분석 조직은 조직구조 및 인력 구성을 고려해 기업이 최적화된 형태로 구성해야 한다.

131 조직에서 활용하는 분석 업무와 기법 등은 부족하지만, 적용 조직 등 준비도가 높아 바로 도입할 수 있는 조직 유형은?

① 도입형
② 준비형
③ 정착형
④ 확장형

132 조직이 분석 도구와 방법론을 잘 이해하고 내재화하여, 지속적으로 혁신을 추진하고 성과를 극대화하기 위한 분석 성숙도 단계는?

① 도입
② 활용
③ 확산
④ 최적화

133 다음 중 데이터 분석 준비도(Readiness) 프레임 워크의 진단 대상 영역에 해당하지 않는 것은?

① 재무 상태
② IT 인프라
③ 분석 문화
④ 인력 및 조직

134 ROI 관점에서 시급성이 현재일 때 가장 먼저 고려할 것은?

① 전략적 중요도
② 분석 범위
③ 난이도
④ 기술 적용

135 데이터 분석 준비도 영역이 아닌 것은?

① 분석 비용
② 분석 업무 파악
③ 분석 문화
④ 분석 기법

136 시급성과 난이도를 고려했을 때 우선적으로 수행하는 업무는?

① 시급성: 높다, 난이도: 낮다.
② 시급성: 낮다, 난이도: 낮다.
③ 시급성: 높다, 난이도: 높다.
④ 시급성: 낮다, 난이도: 낮다.

137 데이터 표준화에 대한 설명으로 올바른 것은?

① 표준 데이터를 포함한 메타데이터와 데이터 사전의 관리 원칙을 수립한다.
② 메타데이터 및 표준 데이터를 관리하기 위한 전사 차원의 저장소를 구축한다.
③ 데이터 표준용어 설정, 명명 규칙(Name Rule) 수립, 메타데이터 구축, 데이터 사전 구축 등의 업무로 구성된다.
④ 표준 준수 여부를 주기적으로 점검하고 모니터링을 한다.

138 데이터 분석 조직구조 중 옳은 것은?

① 기능형 – 별도 분석 조직이 따로 없어서 해당 업무 부서에서 분석을 수행한다.
② 집중형 – 분석 조직 인력들을 현업 부서로 직접 배치하여 분석 업무를 수행한다.
③ 분산형 – 전사 분석 업무를 별도의 분석 전담 조직에서 담당한다.
④ 이원형 – 분석 조직 없이 모든 부서가 개별적으로 분석을 수행한다.

139 분석 준비도와 분석 성숙도를 고려한 도입형, 확산형, 준비형, 정착형 중에 확산형에 대한 옳은 설명을 고르시오.

① 낮은 준비도, 높은 성숙도
② 높은 준비도, 낮은 성숙도
③ 낮은 준비도, 낮은 성숙도
④ 높은 준비도, 높은 성숙도

140 데이터 분석 도입에 대한 설명으로 적절하지 않은 것은?

① 즉각적인 처리가 중요하기 때문에 자동화가 필요하다.
② 분석 목적과 비즈니스 목표를 명확히 해야 한다.
③ 핵심 분석이 아닌 여러 분석을 동시에 사용해야 한다.
④ 데이터 품질을 확보하고 관리 체계를 갖추는 것이 중요하다.

141 다음 중 데이터 분석 거버넌스와 관련 없는 것은?

① 분석 인력 (human resource)
② 프로세스 (process)
③ 분석 조직 (optimization)
④ 분석 기법 (technology)

142 다음 중 난이도와 시급성을 고려했을 때, 우선적으로 추진해야 할 분석 과제로 가장 적절한 것은?

① 난이도: 쉬움 / 시급성: 현재
② 난이도: 쉬움 / 시급성: 미래
③ 난이도: 어려움 / 시급성: 현재
④ 난이도: 어려움 / 시급성: 미래

143 CMMI 모델 기반의 분석 성숙도 단계 중 도입 단계에 해당하는 것은?

① 데이터로 미래 예측
② 실적 분석 및 통계 작성
③ 성과를 실시간으로 분석
④ 경영진 분석에 활용

144 조직의 목표 업무와의 직접적인 연관성과 해결하지 못할 때 발생할 위험 및 손실 정도를 함께 고려하여 IT 프로젝트의 우선순위를 평가하는 기준은 무엇인가?

① 업무 시급성
② 투자 용이성
③ 전략적 필요성
④ 기술 용이성

145 다음 중 분석 성숙도(Analytics Maturity)를 진단할 때 평가 대상이 아닌 것은?

① 비용 부문
② 비즈니스 부문
③ 조직 역량 부문
④ IT 부문

데이터 분석

3과목

01 두 집단의 분산이 같은지를 검정할 때 사용되는 검정통계량은 어떤 분포를 활용하는 것이 가장 적절한가?

① t-분포
② F-분포
③ Z-분포
④ 이항분포

02 집중경향치와 산포도에 관한 설명으로 틀린 것은?

① 중앙값은 대표적인 집중경향치로, 이상값이나 다른 관측값에 민감하게 영향을 받는다는 단점이 있다.
② 최빈값은 지지하는 정당이나 좋아하는 숫자 등, 수가 없거나 수가 있더라도 대소 관계가 의미 없는 질적 자료에서 많이 사용된다.
③ 표본 평균은 데이터의 총합을 데이터의 개수로 나눈 값을 의미한다.
④ 분위 수는 관측값의 크기순으로 정렬된 데이터를 균등하게 나눈 값을 의미한다.

03 자료의 척도에 대한 설명으로 부적절한 것은?

① 명목척도는 단순히 측정 대상의 특성을 분류하거나 확인하기 위한 목적으로 숫자를 부여한다.
② 서열척도는 대소 또는 높고 낮음 등의 순위만 제공할 뿐, 양적인 비교는 할 수 없다.
③ 등간척도는 순위를 부여하되 순위 사이의 간격이 동일하여 양적인 비교가 가능하다.
④ 비율척도는 측정값 사이의 비율 계산이 가능한 척도이며, 절대영점이 존재하지 않는다.

04 아래 그림은 airquality dataset에 대한 boxplot 결과이다. 이를 통해 추론 가능한 사실로 가장 적절한 것은?

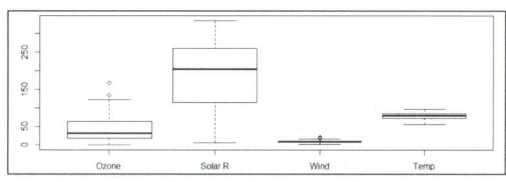

① Solar.R 중위수가 가장 크다.
② Solar.R 분산이 가장 크다고 할 수 있다.
③ Ozone은 이상값이 2개가 존재한다.
④ Temp의 데이터 수가 가장 많음을 알 수 있다.

05 신뢰구간(Confidence Interval)에 대한 설명 중 가장 적절하지 않은 것은?

① 99% 신뢰구간은 95% 신뢰구간보다 길다.
② 관측치(표본 크기)가 커질수록 신뢰구간의 길이는 짧아진다.
③ 95% 신뢰구간은 모수가 포함되지 않을 확률이 95%라는 의미이다.
④ 점추정의 불확실성을 보완하는 방법이다.

06 귀무가설이 참(true)이라는 전제하에 관측된 통계적 결과가 나타날 확률을 무엇이라고 하는가?

① 유의수준
② p-value
③ 검정통계량
④ 기각역

07 표본조사에 대한 설명 중 부적절한 것은 무엇인가?

① 조사 과정에서 발생하는 오류는 표본추출 오류와 비표본추출 오류로 분류할 수 있다.
② 표본 편의(Sampling Bias)는 표본추출 방법에서 기인하는 오차를 의미한다.
③ 표본 편의는 확률화(Randomization)를 통해 최소화하거나 제거할 수 있다.
④ 표본오차와 비표본오차 모두 표본 크기가 증가함에 따라 감소한다.

08 다음은 Hitters 데이터셋에 대한 설명이다. 이 중 적절하지 않은 것은?

```
> summary(Hitters)
    AtBat            Hits            HmRun          NewLeague
Min.   : 16.0    Min.   :  1     Min.   : 0.00    A:176
1st Qu.:255.2    1st Qu.: 64     1st Qu.: 4.00    N:146
Median :379.5    Median : 96     Median : 8.00
Mean   :380.9    Mean   :101     Mean   :10.77
3rd Qu.:512.0    3rd Qu.:137     3rd Qu.:16.00
Max.   :687.0    Max.   :238     Max.   :40.00
```

① AtBat 변수는 왼쪽 꼬리가 긴 분포를 가진다.
② NewLeague 변수는 범주형 자료이다.
③ Hits 변수에는 결측값이 없음을 알 수 있다.
④ HmRun 변수의 최댓값은 40이다.

09 다음 중 이상값 탐지를 활용한 응용 시스템으로 가장 적절한 것은?

① 장바구니 추천 시스템
② 연관 규칙 분석 시스템
③ 부정 사용 방지 시스템
④ 교차판매 시스템

10 오렌지 나무의 종류(Tree), 나이(age), 둘레(circumference)에 관한 Orange 데이터 세트에 대한 설명 중 적절하지 않은 것은?

```
> summary(Orange)
 Tree        age              circumference
 3:7    Min.   : 118.0        Min.   : 30.0
 1:7    1st Qu.: 484.0        1st Qu.: 65.5
 5:7    Median :1004.0        Median :115.0
 2:7    Mean   : 922.1        Mean   :115.9
 4:7    3rd Qu.:1372.0        3rd Qu.:161.5
        Max.   :1582.0        Max.   :214.0
```

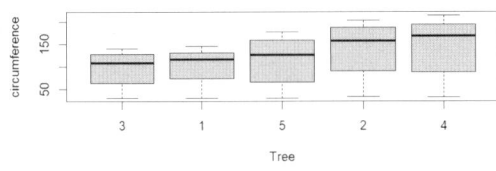

① age 변수의 최댓값은 1582.0이다.
② Tree 값이 4인 경우의 중위수가 가장 크다.
③ Tree는 연속형 변수이다.
④ Orange 데이터 세트에는 결측값이 존재하지 않는다.

11 왜도와 관련된 설명으로, 오른쪽 꼬리 분포(양의 왜도)를 가진 분포에서 최빈값, 중앙값, 평균값의 크기 순서로 옳은 것은?

① 최빈값 − 중앙값 − 평균값
② 중앙값 − 최빈값 − 평균값
③ 평균값 − 최빈값 − 중앙값
④ 최빈값 − 평균값 − 중앙값

12 이상치 판별 방법 중 가장 적절하지 않은 것은?

① Q3 + 1.5×IQR보다 큰 경우
② Q1 - 1.5×IQR보다 작은 경우
③ Q2 + 1.5×IQR보다 크거나 작은 경우
④ 평균으로부터 3×표준편차 밖의 값들

13 자료 탐색 시 산점도를 통해 관찰해야 하는 자료의 특징으로 가장 부적절한 것은?

① 선형 또는 비선형 관계의 여부
② 이상점의 층화 여부
③ 자료의 층화 여부
④ 원인과 결과의 시간적 선후 관계 여부

14 다음은 두 집단을 비교한 히스토그램이다. 다음 중 집단 간 차이를 가장 잘 드러내는 통계량으로 가장 적절한 것은?

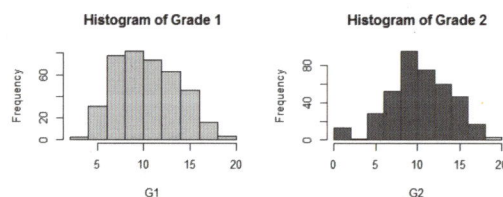

① 평균
② 사분위수 범위
③ 중앙값
④ 최빈값

15 이상치(Outlier) 판단에 대한 설명 중 가장 적절하지 않은 것은?

① 상자 그림(Boxplot)에서 IQR(Inter quartile Range)의 1.5배보다 작거나 크면 이상치로 판단한다.
② ESD 알고리즘은 평균으로부터 k 배 표준편차만큼 떨어져 있는 값을 이상치로 판단하며, 일반적으로 k는 3으로 설정한다.
③ 수치형 변수들에 대해 요약 통계량을 활용해 평균, 중위수, Q1, Q3를 보면 이상치를 일차적으로 판단할 수 있다.
④ 이상치로 판단되는 관측치는 일단 제거하고 데이터 분석을 한다.

16 아래는 diamonds 데이터의 price 변수에 대한 요약이다. 이때, 가격이 5,324보다 큰 값의 비율(%)은 얼마인가?

```
summary(diamonds$price)
Min.  1st Qu.  Median  Mean  3rd Qu.  Max.
326    950     2401    3933   5324    18823
```

① 0%
② 25%
③ 50%
④ 75%

17 Data Warehouse와 유사한 개념이지만, 그보다 작은 하위 집합으로, 주로 특정 부서나 프로젝트 등에서 제한된 분석 목적을 위해 사용하는 소규모 데이터웨어하우스를 무엇이라 하는가?

① 데이터 프레임
② 데이터 마트
③ 데이터베이스 관리 시스템
④ 데이터베이스

18 서로 다른 자료 유형으로 구성할 수 있으며 자료 객체 중 가장 자유로운 데이터 구조는?

① 벡터 (vector)
② 요인 (factor)
③ 배열 (array)
④ 리스트 (list)

19 상자 그림(Boxplot)의 중앙에 그어진 선이 의미하는 것은?

① 중앙값(Median)
② 평균(Mean)
③ 표준편차(Standard Deviation)
④ 분산(Variance)

20 상자 그림에서 제3사분위수(Q3)에서 제1사분위수(Q1)를 뺀 값으로, 전체 자료 중 중앙 50%가 위치한 범위를 무엇이라고 하는가?

① 사분위수 범위
② 사분위수
③ 변동계수
④ 공분산

21 파생 변수에 대한 설명 중 올바르지 않은 것은?

① 파생 변수는 기존 변수에 특정 조건 혹은 함수 등을 사용하여 새롭게 재정의한 변수를 의미한다.
② 파생 변수는 재활용성이 높고 다른 많은 모델에 공통으로 사용할 수 있는 장점이 있다.
③ 파생 변수는 논리성과 대표성을 나타나게 할 필요가 있다.
④ 일반적으로 1차 분석 마트의 개별 변수에 대한 이해 및 탐색을 통해 각 특성을 고려하여 파생 변수를 생성한다.

22 다음은 다섯 종류 오렌지 나무(Tree)의 나이(age)와 둘레(circumference)를 측정한 자료이다. 이에 대한 설명으로 적절하지 않은 것은?

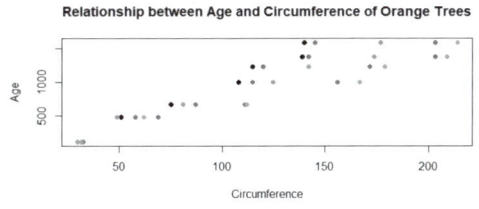

```
> summary(Orange)
 Tree       age              circumference
 3:7   Min.   : 118.0    Min.    : 30.0
 1:7   1st Qu.: 484.0    1st Qu. : 65.5
 5:7   Median :1004.0    Median  :115.0
 2:7   Mean   : 922.1    Mean    :115.9
 4:7   3rd Qu.:1372.0    3rd Qu. :161.5
       Max.   :1582.0    Max.    :214.0
```

① 나무 나이(age)의 평균은 922.1, 둘레(circumference)의 평균은 115.9이다.
② Tree 변수는 범주형 변수이다.
③ 나무의 나이와 둘레는 유의한 관계를 보인다.
④ Tree 변수는 각기 다른 나무를 구분하는 범주형 변수이므로, 나무별 성장 패턴을 비교할 수 있다.

23 아래 산점도는 392대의 연비(mpg)와 마력(horsepower)에 관한 그래프 설명으로 가장 적절하지 않은 것은?

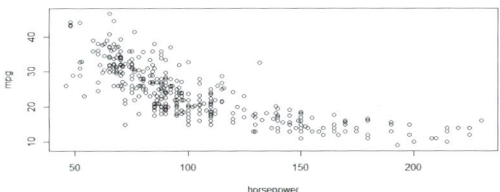

① 마력이 증가할 때 연비가 감소하는 경향이 있다.
② 연비와 마력의 상관관계는 피어슨 상관계수로 분석할 수 있지 않다.
③ 연비와 마력은 음의 상관관계이다.
④ 연비와 마력 간의 영향력으로 단순 선형회귀 모형 추정도 가능하다.

24 R의 벡터(Vector) 구조에서 숫자형(numeric), 문자형(character), 논리형(logical) 데이터를 모두 병합하면 어떤 데이터 타입으로 출력되는가?

① 숫자형(numeric)
② 문자형(character)
③ 논리형(logical)
④ 정수형(integer)

25 가계소득 순위 분포처럼 정규분포가 아닌 오른쪽으로 긴 꼬리 분포(우측 왜도)의 경우 '중앙값'과 '평균'의 관계로 알맞은 것은?

① 평균이 중앙값보다 작다.
② 평균이 중앙값보다 크다.
③ 평균이 중앙값과 같다.
④ 평균, 중앙값, 최빈값 모두 같다.

26 상자그림(boxplot)에 대한 설명 중 옳지 않은 것은?

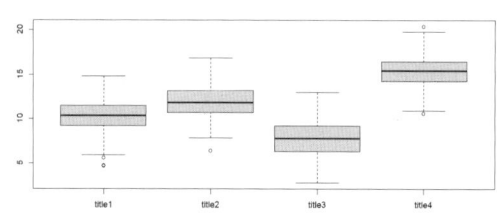

① 이상치가 없다.
② title1이 title2보다 중앙값이 낮다.
③ title4가 중앙값이 가장 크다.
④ title3가 중앙값이 가장 낮다.

27 다음 중 사분위 범위(Interquartile Range, IQR)의 정의로 옳은 것은?

① 데이터의 최댓값과 최솟값의 차이
② 데이터의 중앙값
③ 데이터의 중앙 50% 구간의 퍼짐 정도
④ 평균으로부터의 평균 절대편차

28 Sales와 TV 광고액의 산점도(scatter plot) 그림에서 옳지 않은 것은?

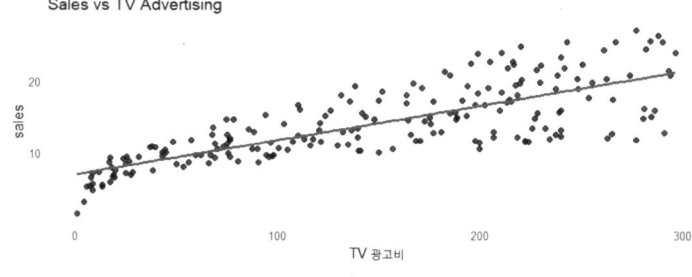

① TV 광고와 Sales는 양의 상관관계이다.
② TV 광고와 Sales의 상관계수는 0보다 크다.
③ TV 광고가 많아질수록 Sales의 분산은 동일하다.
④ 산점도를 통해 변수 간의 선형 관계와 비선형 관계를 판단할 수 있다.

29 위치 모수에 대한 설명 중 적절하지 않은 것은?

① 표본 집단의 평균은 표본의 자료 합 / 표본의 개수로 나눈 값이다.
② 중앙값은 자료를 크기순으로 나열할 때 가운데에 있는 값이다.
③ 최빈값(Mode)은 자료에서 동일한 값의 개수가 가장 많은 관측값을 말한다.
④ 자료에서 p번째 순위의 값을 p 백분위라고 한다.

30 결측값 처리 방법 중 완전 사례 분석(Complete Case Analysis)에 대한 설명으로 옳지 않은 것은 무엇인가?

① 결측값이 있는 자료를 모두 제거하는 방법이다.
② 결측값이 적으면 효율적으로 사용할 수 있다.
③ 결측값이 많은 경우 데이터 손실로 이어질 수 있다.
④ 결측값을 변수의 평균값으로 대체하는 방법이다.

31 결측값(Missing Value)에 대한 설명으로 옳지 않은 것은 무엇인가?

① 결측값은 데이터 세트에서 값이 비어 있거나 존재하지 않는 상태를 의미한다.
② 결측값의 처리 여부는 데이터 분석 속도와 정확성에 영향을 미치지 않는다.
③ 결측값 자체가 중요한 의미가 있을 수 있는 경우도 있다.
④ 'NA(Not Available)'와 'NaN(Not a Number)'은 서로 다른 의미가 있다.

32 위치 측도와 산포 측도에 대한 설명으로 틀린 것은?

① 평균(Mean)은 모든 자료의 합을 자료의 개수로 나눈 값으로, 자료의 중심 경향을 나타내는 위치 측도이다.
② 표준편차(SD)는 자료가 평균으로부터 얼마나 떨어져 있는지를 나타내는 산포 측도이다.
③ 중앙값(Median)은 자료를 크기 순서대로 나열한 값의 가운데에 위치하며, 이상치의 영향을 많이 받는다.
④ 평균절대편차(MAD)는 각 자료가 평균으로부터 떨어진 거리를 절댓값으로 계산한 후, 그 값들의 평균으로 산포를 측정한다.

33 이상값(Outlier)에 대한 설명 중 옳지 않은 것은?

① 이상값이 존재할 경우, 데이터의 범위는 이상값의 영향을 받아 지나치게 커질 수 있다.
② 평균 대치법은 결측값을 대체하기 위해 조건부 또는 비조건부 평균을 사용하는 방법이다.
③ ESD 알고리즘은 다중 변수의 이상값 탐지에 사용된다.
④ 평균절대편차(MAD)는 중앙값과 각 데이터 간의 절대 차이를 기반으로 이상값을 탐지하는 방법이다.

34 결측값 중에서 완전 대치(Complete Case Analysis)에 관한 설명으로 틀린 것은?

① 결측값을 완전히 제거하여 분석의 일관성을 높일 수 있다.
② 결측값이 있는 행을 제거하므로 데이터 손실이 발생할 수 있다.
③ 값을 삭제해 버리면 정보 손실률도 높아진다.
④ 이상치를 절단하면 데이터 손실률은 줄고, 설명력을 향상한다.

35 다음 중 결측값에 대한 설명으로 옳은 것은?

① 결측값을 제거하여 표본 수를 줄인다.
② 표본 수를 유지하고 정보 손실을 최소화한다.
③ 데이터의 분산을 인위적으로 크게 만든다.
④ 결측값은 반드시 평균값으로만 대체해야 한다.

36 다음 중 요약 변수(Summary Variable)에 대한 설명으로 옳지 않은 것은?

① 많은 모델에서 공통으로 사용할 수 있어 재활용 가능성이 높다.
② 수집된 정보를 분석에 맞게 종합한 것이다.
③ 데이터 마트에서 항상 중요한 변수이다.
④ 특정 조건을 만족하거나 특정 함수에 의해 값을 만들어 의미를 부여한 변수이다.

37 다음 Box plot의 해석 중 옳지 않은 것은?

> - 수염의 끝값: 최솟값 4.3, 최댓값 7.4
> - 제1사분위수(Q1): 5.1
> - 중앙값(Q2, Median): 5.8
> - 제3사분위수(Q3): 6.4

① 전체 데이터 중 25%는 5.1 이하의 값을 가진다.
② 최댓값은 7.4이다.
③ 평균값은 중앙값보다 크다.
④ 사분위 범위(IQR)는 1.3이다.

38 다음 중 시계열 데이터에 대한 설명으로 적절하지 않은 것은?

① 시계열 모델링은 다른 분석 모형처럼 탐색 목적과 예측 목적으로 나눌 수 있다.
② 짧은 기간 동안 반복되는 주기적 패턴은 계절 변동이라 한다.
③ 잡음은 무작위적인 변동이며, 일반적으로 원인이 알려져 있다.
④ 시계열 분석의 주요 목적은 계절성, 추세 등의 요소를 설명할 수 있는 모델을 구축하는 것이다.

39 다음 주성분 분석 결과에 대한 설명 중 올바르지 않은 것은?

```
> summary(fit)
Importance of components:
                         PC1     PC2     PC3     PC4
Standard deviation     1.5749  0.9949  0.59713  0.41645
Proportion of Variance 0.6201  0.2474  0.08914  0.04336
Cumulative Proportion  0.6201  0.8675  0.95664  1.00000
> fit$rotation
              PC1        PC2        PC3         PC4
Murder    -0.5358995 -0.4181809  0.3412327   0.64922780
Assault   -0.5831836 -0.1879856  0.2681484  -0.74340748
UrbanPop  -0.2781909  0.8728062  0.3780158   0.13387773
Rape      -0.5434321  0.1673186 -0.8177779   0.08902432
```

① 주성분 분석(PCA)이란 다변량 자료의 여러 변수를 요약하여, 이들 변수의 분산을 최대한 설명하는 새로운 주성분을 도출하는 기법이다.
② 변수들이 선형 결합으로 이루어진 주성분은 서로 독립이며, 기존 자료보다 적은 수의 주성분들로 기존 자료의 변동을 설명한다.
③ 위 주성분 분석에서는 공분산 행렬이 아닌 상관행렬을 사용하였다.
④ 두 번째 주성분의 로딩 벡터를 통해 4개의 변수 모두가 두 번째 주성분과 양의 상관이 있음을 보여준다.

40 선형 회귀 모델에서 독립변수 간에 강한 상관관계가 나타나는 현상을 무엇이라고 하는가?

① 다중공선성
② 상관행렬
③ 능형 회귀
④ 전진 선택법

41 회귀분석의 잔차분석 결과 'U'자 형태의 곡선 패턴이 나타날 때 적절한 해결 방안은?

① x^2항을 모형에 추가
② 변수 통합
③ 능형 회귀
④ 변수 제거

42 다음은 swiss 데이터 세트를 이용하여 Fertility(출산율)를 종속변수로 한 다중회귀분석 결과이다. 이 분석 결과에 따르면, Fertility에 가장 유의한 영향을 미치는 변수는 무엇인가?

```
> summary(lm(Fertility~.,data=swiss))
Call:
lm(formula = Fertility ~ ., data = swiss)
Residuals:
    Min      1Q   Median      3Q     Max
-15.2743 -5.2617  0.5032   4.1198  15.3213

Coefficients:
                 Estimate Std.  Error t   value    Pr(>|t|)
(Intercept)      66.91518    10.70604    6.250   1.91e-07 ***
Agriculture      -0.17211     0.07030   -2.448   0.01873 *
Examination      -0.25801     0.25388   -1.016   0.31546
Education        -0.87094     0.18303   -4.758   2.43e-05 ***
Catholic          0.10412     0.03526    2.953   0.00519 **
Infant.Mortality  1.07705     0.38172    2.822   0.00734 **
---
Signif. codes:  0 '***' 0.001 '**' 0.01 '*' 0.05 '.' 0.1 ' ' 1

Residual standard error: 7.165 on 41 degrees of freedom
Multiple R-squared:  0.7067,    Adjusted R-squared:  0.671
F-statistic: 19.76 on 5 and 41 DF,  p-value: 5.594e-10
```

① Agriculture
② Catholic
③ Education
④ Infant.Mortality

43 시계열 분석에서 다음 세 가지 조건을 모두 만족하는 상태를 무엇이라 하는가?

> ① 평균이 일정하다.
> ② 분산이 시간에 따라 변하지 않는다.
> ③ 공분산이 단지 시차에만 의존하고, 시점 자체에는 의존하지 않는다.

① 정상성 (Stationarity)
② 자기 상관성 (Autocorrelation)
③ 추세 요인 (Trend Component)
④ 계절성 (Seasonality)

44 주성분 분석(PCA)에 대한 설명 중 옳지 않은 것은 무엇인가?

① 주성분 분석에서 주성분의 개수를 선택하는 방법으로는 스크리 그래프, 평균 고윳값, 전체 변이의 공헌도 등이 있다.
② 변수들의 선형 결합으로 이루어진 주성분은 서로 독립이다.
③ 전체 분산을 설명하는 비율이 기준치를 넘는 주성분의 수를 이용한다.
④ 주성분 수를 고려할 때 평균 고윳값이 큰 주성분을 제거하고 분석을 한다.

45 다음 중 아래 R 코드에 의해 수행된 회귀분석 결과의 해석으로 적절하지 않은 것은?

```
step(lm(Fertility~1,swiss), scope=list(lower=~1,
    upper=~Agriculture+Examination+Education+Catholic+Infant.Mortality),
    direction='both')
```

① 모든 가능한 조합의 회귀분석은 가능한 모든 독립변수 조합에 대해 회귀 모형을 구성하고, 그중 가장 적합한 모형을 선택한다.
② 전진 선택법과 후진 제거법은 항상 동일한 결과를 도출하는 것은 아니다.
③ 전진 선택법에서 변수를 추가할 때 기존 변수들의 중요도는 영향을 받을 수 있다.
④ 위 회귀분석은 후진 제거법을 이용하였다.

46 다음은 두 개의 독립된 표본을 이용하여 두 집단의 평균이 동일한지를 분석한 결과이다. (집단 구분: Gender [남/여]) 이에 대한 설명 중 가장 부적절한 것은?

```
> t.test(Happiness~Gender,var.equal=TRUE,data=data1)
          Two Sample t-test
data: Happiness by Gender
t = 1.3282, df = 1923, p-value = 0.1843
alternative hypothesis: true difference in means between group 0 and group 1 is not
equal to 0
95 percent confidence interval:
 -0.02193698 0.11400596
sample estimates:
mean in group 0 mean in group 1
     3.565933            3.519899
```

① 본 검정은 양측 검정의 결과를 나타낸다.
② 남녀(Gender) 집단의 등분산은 같다고 판단할 수 있다.
③ 두 집단의 행복감(Happiness) 평균 차이는 통계적으로 유의하지 않다.
④ 자료의 개수는 1,923개이다.

47 다음은 회귀분석의 잔차분석 결과에 대한 설명이다. 아래 잔차 그림과 관련된 설명 중 부적절한 것은 무엇인가?

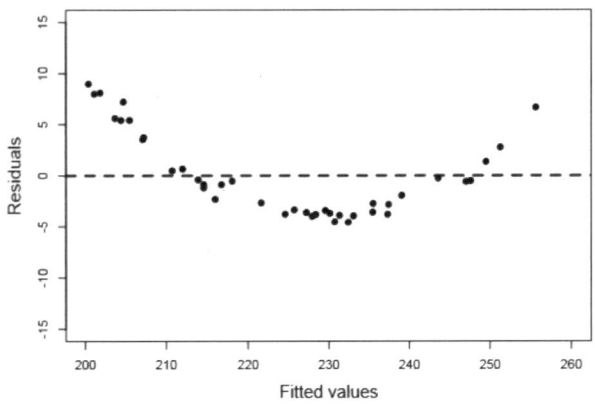

① 독립성
② 선형성
③ 정규성
④ 비상관성

48 정규분포 함수에 대한 설명 중 부적절한 것은?

① pnorm()은 주어진 관측치보다 작거나 같은 확률을 계산하기 위해 정규분포를 따르지 않는 누적분포 함수이다.
② 분위수 함수인 qnorm()은 확률값을 입력하면 해당하는 변숫값을 반환한다.
③ dnorm() 확률밀도함수는 특정 값에서 정규분포의 밀도(함숫값)를 계산할 수 있다.
④ rnorm() 난수 생성 함수는 정규분포를 따르는 임의의 값을 생성해 준다.

49 다음 중 아래 설명에 해당하는 확률적 표본추출 방법은 무엇인가?

> - 모집단의 모든 원소에 1, 2, 3...N의 일련번호를 부여하고 이를 순서대로 나열한 뒤, 전체를 일정 간격 k로 나눈다.
> - 이후 첫 번째 구간에서 임의로 하나를 선택하고, 그로부터 k 간격으로 표본을 추출한다.

① 계통추출법
② 집락추출법
③ 단순랜덤추출법
④ 층화추출법

50 다음 중 시계열 모형에 대한 설명으로 부적절한 것은?

① 과거의 자료가 현재 자료에 영향을 주는 모형을 자기회귀 모형이라고 한다.
② 현재 자료를 과거 백색잡음(white noise)의 결합으로 나타내는 모형을 이동평균 모형이라고 한다.
③ 정상성을 만족하지 않는 시계열 자료는 모형화할 수 없다.
④ 계절성을 갖는 비정상 시계열은 계절 차분을 이용하여 정상 시계열로 전환할 수 있다.

51 다음은 닭의 사료 종류(feed)에 따른 성장 무게(weight)를 보여주는 상자 그림(boxplot)이다. 이 그림에 대한 해석 중 가장 적절하지 않은 것은?

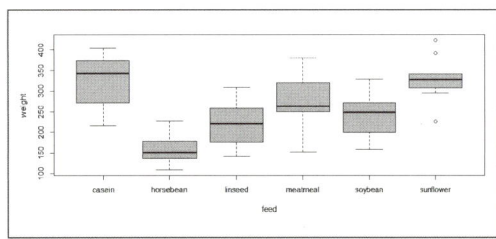

① boxplot을 통해 이상치를 확인할 수는 없다.
② horsebean은 자료가 왼쪽으로 치우친 분포를 나타낸다.
③ casein은 다른 사료에 비해 닭의 몸무게 중앙값이 가장 크다.
④ horsebean은 닭의 성장을 촉진하는 데 가장 비효율적이다.

52 성명과 직업 변수에 각각 무작위로 5%의 결측값이 존재한다. 이때, 두 변수 중 하나라도 결측값이 존재하여 해당 데이터(행)가 삭제될 확률은 얼마인가?

① 0.25%
② 9.75%
③ 20%
④ 25%

53 다음은 상관분석 결과표이다. 이 분석 결과에 대한 해석 중 옳지 않은 것은?

	Ozone	Solar.R	Wind	Temp
Ozone	1.0000000	0.3483417	−0.6124966	0.6985414
Solar.R	0.3483417	1.0000000	−0.1271835	0.2940876
Wind	−0.6124966	−0.1271835	1.0000000	−0.4971897
Temp	0.6985414	0.2940876	−0.4971897	1.0000000

① Ozone과 Temp는 가장 강한 양의 상관관계를 보인다.
② Ozone과 Wind는 음의 상관관계를 나타낸다.
③ Wind와 Ozone은 양의 상관관계를 가진다.
④ Solar.R과 Wind는 약한 음의 상관관계를 보인다.

54 시계열 모형 중 과거 시점의 관측자료와 과거 시점 백색잡음의 선형 결합으로 현재 시점의 값을 설명하는 시계열 모형은 무엇인가?

① 자기회귀모형 (AR모형)
② 이동평균모형 (MA모형)
③ 자기회귀이동평균모형 (ARMA모형)
④ 누적이동평균모형 (IMA모형)

55 다음은 확률변수 x의 확률질량함수(PMF)이다. 이때 x의 기댓값(E[X])은 얼마인가?

x	1	2	3
f(x)	1/6	3/6	pp2/6

① 13/6
② 4/6
③ 2
④ 1

56 다음 중 이산형 확률변수 x의 기댓값을 올바르게 정의한 것은?

① $E(x) = \sum x f(x)$
② $E(x) = \int x f(x)$
③ $E(x) = E[(x-\mu)^2]$
④ $E(x) = E(x^2) - \mu^2$

57 다음 중 개체 간의 서열 관계를 나타내는 척도는?

① 명목척도
② 순서척도
③ 구간척도
④ 비율척도

58 두 개의 확률변수 X, Y의 공분산(Covariance)에 대한 설명 중 적절하지 않은 것은?

① 공분산이 양수이면 X가 증가할 때 Y도 증가한다.
② 공분산이 음수이면 X가 증가할 때 Y는 감소한다.
③ 확률변수 X와 Y가 독립이라면, Cov(X, Y) = 0은 반드시 성립하며, Cov(X, Y) = 0이라고 해서 X와 Y가 반드시 독립이라고 할 수는 없다.
④ 공분산의 크기는 상관계수와 동일하게 -1에서 1 사이의 범위를 갖는다.

59 다음 잔차 그래프에서 회귀분석의 어떤 가정이 위배 되었는가?

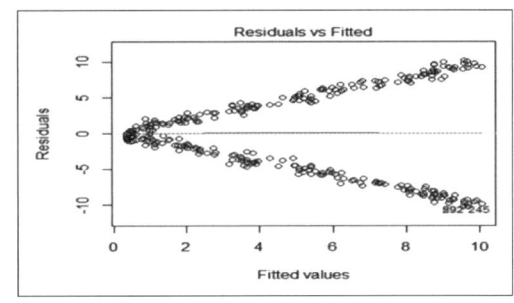

① 선형성
② 정규성
③ 등분산성
④ 독립성

60 다음 중 중심극한정리에 대한 설명으로 적절하지 않은 것은?

① 모집단의 분포가 정규분포에 가까워져야 표본 평균의 분포가 정규분포로 근사하게 된다.
② 중심극한정리가 성립하기 위해서는 표본 크기가 최소 30 이상이어야 한다.
③ 모집단이 정규분포가 아닐 때도, 표본 크기가 커지면 표본 평균의 분포는 정규분포에 가까워진다.
④ 표본 크기가 증가할수록 표본의 평균과 표준편차는 모집단의 평균과 표준편차에 가까워진다.

61 다음 중 시계열 분석 기법 중 최근 시계열 데이터에 더 많은 가중치를 부여하는 분석 방법은?

① 시계열 요소 분해법
② 이동평균
③ 지수평활법
④ 회귀 분석법

62 거식증 환자 30명의 치료 전·후 평균 체중 변화를 분석하여 치료의 효과를 검정하고자 한다. 이때 적절한 통계분석 방법은?

① 독립 표본 t-검정
② 분산분석
③ 윌콕슨 검정
④ 대응 표본 t-검정

63 다음 중 주성분 분석(PCA)에 대한 설명으로 올바르지 않은 것은?

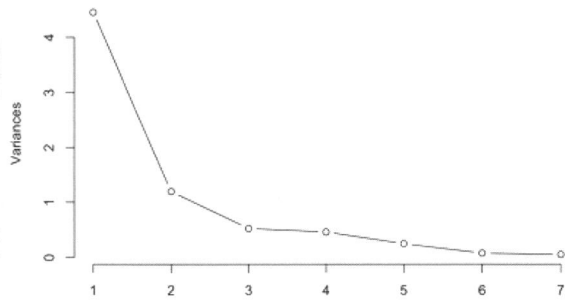

① 제1 주성분 변수 하나로 전체 데이터의 20% 이상을 설명할 수 있다.
② 모든 주성분을 이용하면 전체 데이터의 100%를 설명할 수 있다.
③ 2개의 주성분으로 전체 데이터의 50% 이상을 설명할 수 있다.
④ 주성분의 차원이 5~6차원부터는 설명력 그래프가 완만해지는 경향이 있다.

64 다음 중 아래에 제시된 주성분 분석(PCA)의 Scree Plot을 통해 유의미한 주성분의 수로 가장 타당한 선택은?

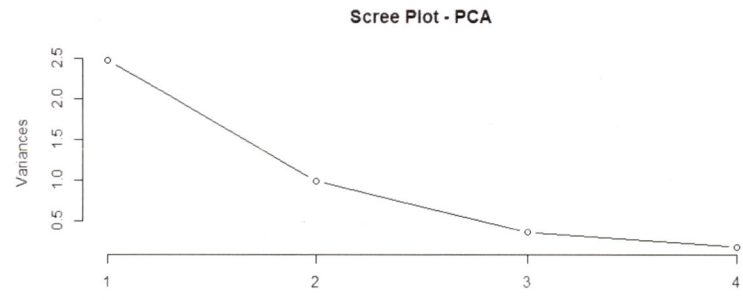

① 1
② 2
③ 3
④ 4

65 다음 설명에 해당하는 회귀 모형의 추정 방법은 무엇인가?

> 가장 이상적인 회귀방정식은 추정된 회귀식의 잔차가 가장 작은 회귀선을 구하는 것을 목표로 한다. 이때, 잔차(residual)의 제곱 합을 최소화하여 회귀식을 추정하는 방법을 무엇이라고 하는가?

① 최소제곱법 (Least Squares Method)
② 최대우도법 (Maximum Likelihood Method)
③ 최소절댓값법 (Least Absolute Deviations)
④ 경사하강법 (Gradient Descent)

66 만족도를 5점 척도로 조사하고자 하는 설문에서 사용되는 척도는?

① 순서척도
② 명목척도
③ 구간척도
④ 비율척도

67 다음 확률변수 X와 확률분포 P(X)가 주어졌을 때, 기댓값을 구하시오.

$$X=[1,2,3,4], P(X)=[0.4,0.3,0.2,0.1]$$

① 2.0
② 3.0
③ 4.0
④ 5.0

68 상관분석에 대한 설명으로 틀린 것은?

① 종속변수에 미치는 영향력의 크기를 파악해 종속변수를 예측하는 선형모형이다.
② 등분산성이라는 가정을 충족시켜야 한다.
③ 스피어만의 상관계수로 비선형관계를 확인할 수 있다.
④ 상관계수만으로 상관계수의 유의성을 확인할 수 없다.

69 다음 중 단계적 변수 선택 방법이 아닌 것은?

① 전진 선택법
② 후진 제거법
③ 순차적 방법
④ 단계별 방법

70 다중공선성에 대한 설명 중 올바르지 않은 것은?

① VIF가 10 이상이면 다중공선성이 의심된다.
② 독립변수 간의 상관관계가 높을 때 발생한다.
③ 다중공선성 문제로 인해 불확실성이 감소할 수 있다.
④ 다중공선성이 발생할 경우, 특정 변수를 제외하고 분석할 수 있다.

71 다음 중 주성분 분석에 대한 설명으로 올바르지 않은 것은?

```
> summary(fit)
Importance of components:
                         PC1     PC2     PC3      PC4
Standard deviation      1.5749  0.9949  0.59713  0.41645
Proportion of Variance  0.6201  0.2474  0.08914  0.04336
Cumulative Proportion   0.6201  0.8675  0.95664  1.00000
```

① 공분산 행렬이 아닌 상관행렬을 사용하였다.
② summary(fit) 결과는 4개의 주성분에 대한 표준편차와 분산 설명 비율을 보여준다.
③ 두 번째 주성분은 전체 분산의 약 24.7%를 설명한다.
④ 두 번째 주성분까지 포함하면 전체 분산의 약 87%를 설명할 수 있다.

72 시계열 데이터를 분석하기 위한 절차의 순서로 옳은 것은?

① 시간 그래프 → 추세·계절성 제거 → 모델 적합 → 잔차 예측 → 미래 예측
② 추세·계절성 제거 → 잔차 예측 → 모델 적합 → 미래 예측 → 시간 그래프
③ 잔차 예측 → 모델 적합 → 미래 예측 → 시간 그래프 → 추세·계절성 제거
④ 미래 예측 → 시간 그래프 → 추세·계절성 제거 → 잔차 예측 → 모델 적합

73 모든 feature에 대해 각각의 최솟값을 0, 최댓값을 1로 변환하는 정규화 방법은 무엇인가?

① Min-Max 정규화
② 표준화
③ 가중 정규화
④ 로그 정규화

74 cars 데이터를 이용한 단순 회귀분석 결과이다. 출력 내용을 바탕으로 올바르지 않은 해석을 고르시오.

```
> summary(lm(dist~speed,cars))

Call:
lm(formula = dist ~ speed, data = cars)
Residuals:
   Min      1Q   Median     3Q     Max
-29.069  -9.525  -2.272   9.215  43.201
Coefficients:
            Estimate Std.  Error   t value  Pr(>|t|)
(Intercept)  -17.5791      6.7584  -2.601   0.0123 *
speed          3.9324      0.4155   9.464   1.49e-12 ***
---
Signif. codes:  0 '***' 0.001 '**' 0.01 '*' 0.05 '.' 0.1 ' ' 1
Residual standard error: 15.38 on 48 degrees of freedom
Multiple R-squared:  0.6511,  Adjusted R-squared:  0.6438
F-statistic: 89.57 on 1 and 48 DF,  p-value: 1.49e-12
```

① 회귀분석 결과에서 speed가 dist에 유의한 영향을 미치는지를 확인할 수 있다.
② 결정계수(R^2)는 약 65.11%로, 회귀 모형이 종속변수의 분산 중 약 65.11%를 설명한다.
③ speed 변수는 통계적으로 유의미한 설명변수로 나타났다.
④ 회귀 모형 전체가 통계적으로 유의하지 않다.

75 잔차분석에 대한 설명 중 올바르지 않은 것은?

① 잔차분석은 회귀 모형에 대한 가정(정규성, 등분산성, 독립성)을 충족하는지 또는 이상치가 개입하는지에 대한 검정 절차이다.
② 잔차항이 정규분포를 따르는지 알아보는 검정으로 Shapiro-Wilk 검정이 있다.
③ 잔차가 특정한 패턴을 보인다면 모형(설명되는 부분)에 추가해야 할 요소가 남아 있음을 의미한다.
④ 더빈-왓슨 검정은 대표적인 등분산성에 대한 검정 기법이다.

76 다음 분산분석표를 이용해 결정계수(R^2)를 구하면 얼마인가?

(단, 소수점 이하는 버리고 정수로만 표기하시오.)

변동	제곱합	자유도	평균제곱	F
회귀	66	1	66	3
오차	220	10	22	
전체	286	11		

① 19
② 23
③ 26
④ 31

77 분해 시계열에서 고정된 주기에 의해 자료가 변화되는 요인을 무엇이라 하는가?

① 추세 요인
② 불규칙 요인
③ 계절 요인
④ 순환 요인

78 모집단의 성격에 따라 몇 개의 집단 또는 층으로 나누고, 각 집단 내에 원하는 크기의 표본을 무작위로 추출하는 표본추출 방법을 무엇이라 하는가?

① 층화추출법
② 군집추출법
③ 단순무작위추출법
④ 체계적추출법

79 다음 중 비율척도의 사례로 적절한 것은?

① 무게, 나이
② 온도, 지수
③ 성별, 출생지
④ 성적 등급

80 아래 그래프에 대한 설명 중 올바른 것은?

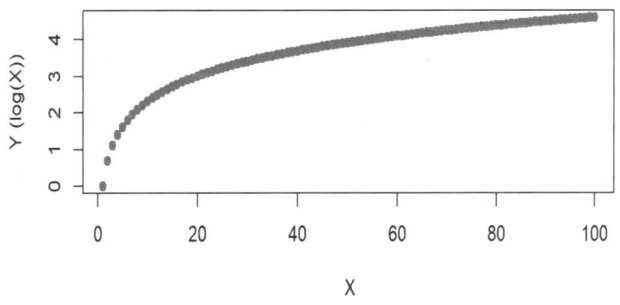

① 피어슨 상관계수는 두 계량형 변수 사이의 선형 관계를 평가한다.
② 피어슨 상관계수와 스피어만 상관계수는 서로 다른 범위를 가진다.
③ 위 그래프에서 두 변수 간의 피어슨 상관계수는 1이다.
④ 위 그래프에서 두 변수 간의 스피어만 상관계수는 1이다.

81 다음 두 변수 X와 Y의 표본 공분산을 구하시오.

X=[1,2,3,4,5], Y=[2,4,5,6,8]

① 0
② 2.8
③ 3.0
④ 3.5

82 변수 선택 기준으로 사용하는 통계량에 대한 설명 중 올바르지 않은 것은?

① AIC와 BIC을 최소화한다는 것은 우도(likelihood)를 최대화하면서, 변수 개수는 최소화하여 최적의 모형을 도출한다는 의미이다.
② Bias는 변수를 제거하면서 발생하는 오류이고, Variance는 변수가 증가하면서 발생하는 오류이다.
③ AIC와 BIC은 모두 값이 낮을수록 적합한 모형으로 간주한다.
④ BIC는 AIC가 과적합 되는 경향을 제어하기 위해 사용된다.

83 시계열 분석에 대한 설명 중 올바르지 않은 것은?

① 시계열의 평균이 일정하지 않은 경우, 차분(differencing)을 통해 정상 시계열로 전환할 수 있다.
② 시계열 자료에 추세가 존재할 경우, 로그 변환 등으로 비정상 시계열을 정상 시계열로 전환할 수 있다.
③ 시계열에 영향을 미치는 일반적인 요인을 분리하여 분석하는 방법을 분해 시계열 분석이라 한다.
④ 전체 시계열 자료의 평균을 계산한 뒤, 최근 자료에 더 큰 가중치를 부여하는 방법을 지수 평활법이라 한다.

84 공분산과 상관계수에 대한 설명 중 올바르지 않은 것은?

① 공분산이 0이라면 두 변수 간에 선형 관계는 없으며, 두 변수는 서로 독립적이라고 할 수 있다.
② 상관분석에서는 두 변수 간의 인과 관계 성립 여부를 확인할 수 없다.
③ 공분산은 측정 단위에 영향을 받는다.
④ 상관계수만으로는 변수 간의 유의성을 판단할 수 없다.

85 확률변수에 대한 설명 중 가장 적절하지 않은 것은?

① 확률 함수는 확률변수에 의해 정의된 실수를 확률에 대응시키는 함수를 말한다.
② 이산형 확률변수는 사건의 확률이 그 사건에 속한 점들 확률의 합으로 표현될 수 있는 확률변수를 말한다.
③ 연속형 확률분포의 예로는 정규분포, F분포, t분포 등이 있다.
④ 확률변수 X가 구간 또는 구간들의 모임인 숫자값을 갖는 확률분포함수를 확률질량함수라고 한다.

86 상관계수에 대한 설명 중 올바르지 않은 것은?

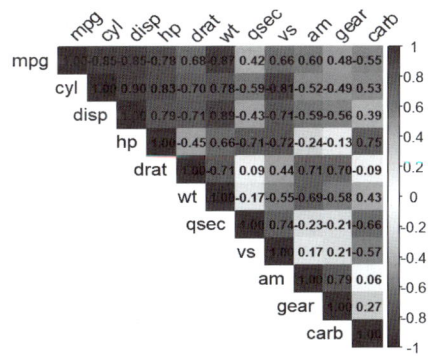

① mpg와 cyl은 음의 상관관계이다.
② am과 carb의 상관계수가 양의 상관관계이다.
③ drat와 hp는 통계적으로 유의하다.
④ 각 독립변수 간에는 상호 영향이 있을 수 있다.

87 최적 회귀방정식의 변수 선택 과정에 대한 설명 중 가장 적절하지 않은 것은?

```
> out1<-lm(collegeGrad~.-neighborhood-white,data=DATA)
> summary(out1); vif(out1)
Call:
lm(formula = collegeGrad ~ . - neighborhood - white, data = DATA)

Residuals:
     Min       1Q   Median       3Q      Max
-0.19860 -0.06246 -0.01197  0.05669  0.26024

Coefficients:
              Estimate Std. Error t value Pr(>|t|)
(Intercept)  4.773e-01  7.756e-02   6.155 3.04e-08 ***
population  -2.258e-06  4.846e-06  -0.466    0.643
black       -6.159e-01  1.053e-01  -5.847 1.11e-07 ***
foreignBorn  1.045e-01  1.840e-01   0.568    0.571
hhIncome     3.169e-06  6.142e-07   5.159 1.84e-06 ***
poverty     -1.519e+00  6.288e-01  -2.416    0.018 *
---
Signif. codes:  0 '***' 0.001 '**' 0.01 '*' 0.05 '.' 0.1 ' ' 1

Residual standard error: 0.09897 on 78 degrees of freedom
Multiple R-squared:  0.7442,    Adjusted R-squared:  0.7278
F-statistic: 45.39 on 5 and 78 DF,  p-value: < 2.2e-16
```

① 결정계수는 74.42%이다.
② 다중 회귀 모형은 통계적으로 유의하다.
③ 변수 선택 과정에서 후진 제거법을 사용할 때 가장 먼저 제거해야 할 변수는 black이다.
④ 모든 독립변수가 통계적으로 유의한 변수는 아니다.

88 아래 주성분 분석 결과를 바탕으로, 전체 변수의 변동을 80% 이상 설명하는 데 필요한 최소 주성분의 개수는?

```
> summary(fit)
Importance of components:
                         PC1      PC2      PC3      PC4
Standard deviation     1.5749   0.9949   0.59713  0.41645
Proportion of Variance 0.6201   0.2474   0.08914  0.04336
Cumulative Proportion  0.6201   0.8675   0.95664  1.00000
```

① 1
② 2
③ 3
④ 4

89 다음 중 통계적 가설검정에 대한 설명 중 적절하지 않은 것은?

① 사실인 귀무가설을 기각했을 때 발생하는 오류를 제1종 오류라고 한다.
② 사실이 아닌 귀무가설을 채택했을 때 발생하는 오류를 제2종 오류라고 한다.
③ 귀무가설이 사실일 때, 이 귀무가설을 기각함으로써 발생하는 오류의 확률을 유의수준이라고 한다.
④ 귀무가설이 사실임에도 불구하고 귀무가설을 기각할 확률을 검정력이라고 한다.

90 Lasso 회귀분석에 관한 설명 중 틀린 것은?

① 회귀계수의 절댓값이 클수록 패널티를 부여한다.
② 독립변수가 많아질수록 학습 데이터에 대한 설명력은 높아지지만, 과적합(overfitting) 문제가 발생할 수 있다.
③ 람다(lambda) 값이 너무 크면 모든 항에 과도한 패널티가 적용되어, 모델이 데이터를 잘 설명하지 못하는 과소적합(underfitting) 문제가 발생할 수 있다.
④ Lasso 회귀는 L2 (norm)을 사용하여 패널티를 부여하는 방식이다.

91 검정의 오류에 대한 설명 중 옳지 않은 것은?

① 제1종 오류는 실제로 참인 귀무가설을 잘못 기각하는 오류를 의미한다.
② 제2종 오류는 실제로 거짓인 귀무가설을 올바르게 기각할 확률을 의미한다.
③ 표본 크기가 일정한 경우, 제1종 오류와 제2종 오류를 동시에 줄이기는 어렵다.
④ 표본 크기가 일정할 때 제1종 오류의 확률을 줄이면 제2종 오류의 확률은 증가할 수 있다.

92 사건 A와 B가 서로 독립일 때, P(A) = 0.3, P(B) = 0.4일 경우 조건부 확률 P(B|A)의 값은 얼마인가?

① 0.12
② 0.3
③ 0.4
④ 0.7

93 아래 보기에서 설명하는 시계열의 종류는 무엇인가?

> • 데이터의 어떤 구간에서도 평균값과 분산(데이터의 흩어짐 정도)이 일정한 경우를 말한다.

① 자기상관 함수
② 비정상 시계열
③ 안정 시계열
④ 자기회귀 모형

94 데이터의 정규성을 확인하려는 방법으로 적절하지 않은 것은?

① 히스토그램
② 더빈-왓슨 검정
③ Q-Q plot
④ Shapiro-Wilk 검정

95 분해 시계열에 대한 설명 중 적절하지 않은 것은?

① 자료가 어떤 특정한 형태를 취할 때 추세 요인(trend factor)이 있다고 한다.
② 고정된 주기에 따라 자료가 변화할 경우 계절 요인(seasonal factor)이 있다고 한다.
③ 순환 요인은 일정한 주기를 가지고 규칙적으로 반복되는 계절적 변화로 설명된다.
④ 분해 시계열 분석에서의 불규칙 요인은 회귀분석에서 오차와 유사하게, 추세·계절·순환 요인으로 설명되지 않는 불규칙한 변동을 의미한다.

96 주성분 분석에서 변수의 중요도를 판단하는 기준이 되는 값은?

① 고윳값 (Eigenvalue)
② 특잇값 (Singular Value)
③ 판별 점수
④ 공분산 행렬

97 선형회귀 모형의 오차항에 대한 가정 조건으로 올바른 것은?

① 독립성, 선형성, 등분산성
② 독립성, 등분산성, 정상성
③ 정규성, 효율성, 등분산성
④ 정규성, 불편성, 독립성

98 주성분 수의 결정에 대한 설명 중 올바르지 않은 것은?

① 스크리 플롯(scree plot)을 통해 주성분의 분산 감소가 급격히 줄어드는 지점에서 주성분의 개수를 정할 수 있다.
② 주성분들이 설명하는 총분산의 비율이 70~90% 사이가 되도록 주성분의 개수를 선택할 수도 있다.
③ 고윳값(eigenvalue)이 평균값 이상이 되도록 주성분을 제거한다.
④ 위의 3가지 방법을 고려하여 주성분의 수를 결정한다.

99 제1종 오류에 대한 설명 중 올바른 것은?

① H_0가 사실일 때, H_0가 사실이라고 판정
② H_0가 사실이 아닐 때, H_0가 사실이라고 판정
③ H_0가 사실일 때, H_0가 사실이 아니라고 판정
④ H_0가 사실이 아닐 때, H_0가 사실이 아니라고 판정

100 회귀분석의 영향력 진단에 대한 설명 중 가장 적절하지 않은 것은?

① Cook's Distance가 기준값인 1보다 클 경우 영향치로 간주한다.
② DFBETAS(Difference in Betas)는 해당 관측치의 개별 베타 값에 대한 영향력 지표이다.
③ 적합값(fitted value)에 대한 영향력은 DFFITS(Difference in Standardized Fits)로, 기준값보다 작을수록 영향치일 가능성이 높다.
④ Leverage H는 관측치가 다른 관측치 집단으로부터 떨어진 정도를 의미한다.

101 아래 보기의 회귀모형에 대한 설명 중 적절하지 않은 것은?

```
data(cars)
t1 <- lm(dist ~ speed, data = cars)
anova(t1)
Analysis of Variance Table
Response: dist
            Df  Sum Sq  Mean Sq  F value   Pr(>F)
speed        1  21186.0 21185.5  89.567    1.49e-12 ***
Residuals   48  11354.0   236.5
```

① 회귀분석에서 분산분석이 등장하는 이유는 총 편차를 분해하는 과정이 분산분석과 동일하기 때문이다.
② 분산 비율 F는 평균 회귀 제곱(MSR)을 평균 오차 제곱(MSE)으로 나눈 값으로, 회귀 모형이 오차에 비해 얼마나 많은 변동성을 설명하는지를 나타내는 지표이다.
③ 회귀식의 모형은 유의하다.
④ 관측치의 개수는 49개이다.

102 아래 데이터에서 변수 trans는 기어 변속 방식(auto, manual)을 나타내며, 두 방식 간 cty(연비) 평균의 통계적 차이를 검정한 결과에 대한 해석으로 적절하지 않은 것은?

```
t.test(cty ~ trans, var.equal = TRUE, data = mpg1)
        Two Sample t-test

data: cty by trans
t = -4.7817, df = 232, p-value = 3.089e-06
alternative hypothesis: true difference in means between group auto and group manual is not equal to 0

95 percent confidence interval:
 -3.822625 -1.591719

sample estimates:
mean in group auto   mean in group manual
       15.96815              18.67532
```

① trans에 따른 cty(연비) 평균 차이가 있다.
② 독립변수는 명목척도이며, 종속변수는 등간척도 또는 비율척도이어야 한다.
③ 독립변수인 trans 집단의 연비 평균은 각각 15.96815, 18.67532로 나타났다.
④ 관측치의 수는 232개이다.

103 9명을 대상으로 다이어트 프로그램을 시행한 후, 시행 전과 후의 체중(kg)을 측정한 결과를 바탕으로 95% 신뢰구간을 설정하고자 한다. 아래 빈칸에 들어갈 알맞은 값을 구하시오.

	전	후	$d_i = x_1 - x_2$
1	110	94	16
2	88	81	7
3	84	82	2
4	94	88	6
5	108	97	11
6	82	85	−3
7	96	77	19
8	97	89	8
9	134	110	24

$$\bar{d} = 10, s_d = 8.4$$

$$10 \pm t_{(a),(b)} \times \frac{8.4}{\sqrt{(c)}}$$

① a = 8, b = 0.025, c = 9
② a = 9, b = 0.025, c = 9
③ a = 8, b = 0.5, c = 8
④ a = 9, b = 0.5, c = 8

104 Hitters 데이터셋에 대해 step() 함수를 이용한 단계적 변수 선택 결과이다. 다음 중 이 결과에 대한 해석으로 적절하지 않은 것은?

```
model <- lm(Salary ~ ., data = Hitters)
step(model, direction = "backward")
Start:  AIC = 3046.02
Salary ~ AtBat + Hits + HmRun + Runs + ... + NewLeague
```

① 후진 제거법을 이용한 단계적 변수 선택을 수행하였다.
② 한 번 제거된 변수는 다시 모형에 포함될 수 없다.
③ 모든 독립변수를 포함한 모형에서 출발하여, 가장 영향이 적은 변수부터 하나씩 제거한다.
④ AIC가 가장 큰 값을 갖는 모형을 최적의 모형으로 선택한다.

105 이항분포는 고정된 시행 횟수 중 사건 발생 횟수를 설명하는 반면, 단위 시간 또는 단위 공간에서 사건 발생 횟수를 설명하는 분포는 무엇인가?

① 정규분포(Normal Distribution)
② 지수분포(Exponential Distribution)
③ 포아송분포(Poisson Distribution)
④ 이항분포(Binomial Distribution)

106 다음은 회귀분석 결과이다. gender 변수는 factor형으로 "남자"와 "여자"로 구성되어 있다. 아래 회귀분석 결과에서 더미 변수에 대한 해석으로 적절한 것은?

```
df <- data.frame(
   income = c(3000, 3200, 2800, 4000, 4200, 3900),
   gender = factor(c("남자", "남자", "남자", "여자", "여자", "여자")))
model <- lm(income ~ gender, data = df)
summary(model)
Call:
lm(formula = income ~ gender, data = df)
Coefficients:
            Estimate Std. Error t value Pr(>|t|)
(Intercept)  3000.0     115.5    25.97   0.00015 ***
gender여자    1100.0     163.3     6.73   0.00261 **
```

① 남자의 평균 소득은 3000이고, 여자의 평균 소득은 1100이다.
② 남자의 평균 소득은 3000이고, 여자의 평균 소득은 4100이다.
③ 여자의 평균 소득은 3000이고, 남자의 평균 소득은 1100이다.
④ gender 여자는 남자보다 평균적으로 소득이 1900만큼 적다는 의미이다.

107 다중공선성(Multicollinearity)에 대한 설명 중 적절하지 않은 것은?

① 다중공선성 문제를 해결하기 위해 중요하지 않은 변수를 제거한다.
② VIF를 구하여 이 값이 10을 넘으면 다중공선성의 문제가 있는 것으로 판단한다.
③ 두 변수의 VIF 값이 1에 가까우면 회귀식의 기울기는 완만하다.
④ 표본 수가 증가해도 VIF에서 결정계수는 크게 변하지 않는다.

108 시계열의 수준에서 나타나는 변화를 제거하여 평균 변화가 일정하게 되도록 만드는 기법으로, 추세가 있는 경우 현시점의 값에서 전 시점의 값을 빼는 방식으로 비정상 시계열을 정상 시계열로 변환하는 방법은 무엇인가?

① 계절조정 (Seasonal Adjustment)
② 이동평균 (Moving Average)
③ 차분 (Differencing)
④ 지수평활법 (Exponential Smoothing)

109 다음 중 시계열 데이터에 대한 설명 중 올바르지 않은 것은?

① 시계열 데이터의 모델링은 다른 분석 모형과 같이 탐색 목적과 예측 목적으로 나눌 수 있다.
② 짧은 기간의 주기적인 패턴을 계절변동이라 한다.
③ 잡음은 무작위적인 변동이지만 일반적으로 원인은 알려져 있다.
④ 시계열 분석의 주목적은 외부 인자와 관련해 계절적인 패턴, 추세와 같은 요소를 설명할 수 있는 모델을 결정하는 것이다.

110 귀무가설이 실제로 사실임에도 불구하고 귀무가설을 기각하는 확률은?

① 검정력
② 제2종 오류
③ 유의수준
④ 유의확률

111 시계열 데이터의 정상성(Stationarity)에 해당하지 않는 것은?

① 평균이 일정하다.
② 분산이 시점에 의존하지 않는다.
③ 공분산은 단지 시차에만 의존하고 시점 자체에는 의존하지 않는다.
④ 시계열 자료는 독립성을 충족해야 한다.

112 일정한 시간 동안 수집한 일련의 순차적으로 정해진 데이터 세트의 집합을 무엇이라 하는가?

① 주성분 데이터
② 금융 데이터
③ 시계열 데이터
④ 군집 데이터

113 비모수적 검정(Non-parametric test)에 해당하지 않은 것은?

① Run test (런 검정)
② Wilcoxon signed rank test (윌콕슨 부호순위 검정)
③ Sign test (부호 검정)
④ Chi-squared test for variance (카이제곱 분산 검정)

114 차원 축소 기법 중 하나로, 원자료의 분포를 최대한 보존하면서 고차원 공간의 데이터들을 저차원 공간으로 변환하는 분석 기법을 무엇이라 하는가?

① 랜덤포레스트
② 앙상블 모형
③ 주성분 분석
④ 인공신경망

115 표본조사에 대한 설명이 부적절한 것은?

① 조사 과정에서 발생하는 오류는 표본추출 오류와 비표본추출 오류로 분류할 수 있다.
② 표본 편의(Sampling Bias)는 표본추출 방법에서 기인하는 오차를 의미한다.
③ 표본 편의는 확률화(Randomization)에 의해 최소화하거나 없앨 수 있다.
④ 표본 오차와 비표본 오차 모두 표본 크기가 증가함에 따라 감소한다.

116 다음 중 주성분 분석에 대한 설명 중 적절하지 않은 것은?

① 제1주성분이라 함은 데이터들의 분산이 가장 작은 축을 의미한다.
② 주성분 분석은 상관관계가 있는 변수들을 결합해 상관관계가 없는 변수로 분산을 극대화하는 변수로 선형 결합을 해 변수를 축약하는 데 사용하는 방법이다.
③ 공분산 행렬은 변수의 측정 단위를 그대로 반영한 것이고, 상관행렬은 모든 변수의 측정 단위를 표준화한 것이다.
④ 공분산 행렬을 이용한 분석의 경우 변수들의 측정 단위에 민감하다.

117 다음 중 시계열에 영향을 주는 일반적인 요인을 추세, 계절, 불규칙 요인 등으로 분리해 분석하는 법은?

① 자기상관 분석
② 분해 시계열
③ 이동평균
④ 선형회귀

118 아래 설명하는 시계열 모형은 무엇인가?

> 현시점의 자료는 과거 시점의 관측값과 과거 시점의 백색잡음 항의 선형 결합으로 표현되는 모형

① AR 모형
② MA 모형
③ ARMA 모형
④ ARIMA 모형

119 주성분 분석(Principal Component Analysis, PCA)에 대한 설명 중 적절하지 않은 것은?

① 변수의 차원을 고차원에서 저차원으로 축소하며 다중공선성을 해결할 수 있다.
② 여러 양적 변수의 분산·공분산 관계를 이용하여 변수들을 선형 결합으로 표현하는 기법이다.
③ PCA는 주로 과적합을 방지하기 위해 설계된 기법으로, 상관있는 변수들을 단순화한다.
④ p개의 변수를 m개의 주성분으로 변환하여 전체 변동을 설명하며, m개의 주성분은 상관 있는 변수를 독립적인 새로운 변수로 변환한다.

120 다음 중 통계적 추론으로 적절하지 않은 것은?

① 2000년대생 중 30명을 추출해 표본 표준편차를 구하면 모표준편차를 추정할 수 있다.
② 30대 남성의 표본 평균 체중의 기댓값을 E(X)로 할 때 모수로 볼 수 있다.
③ 신뢰구간을 구하기 위해서는 모집단의 분포를 가정해야 한다.
④ 모수추정에서는 일반적으로 점추정 후 구간추정을 수행한다.

121 통계적 추론에 대한 설명으로 옳지 않은 것은?

① 점추정은 모집단의 모수를 하나의 값으로 추정하는 것이다.
② 구간추정은 모수의 참값이 포함되어 있다고 추정되는 구간을 도출하는 것이며, 실제 모집단의 모수는 신뢰구간에 포함되어야 한다.
③ 제한된 표본을 통해 모집단에 대한 일반적인 결론을 유도하려는 시도이므로, 본질적으로 불확실성을 수반한다.
④ 추정이란 전수조사가 불가능할 때, 모집단에서 추출한 표본을 근거로 확률론을 활용하여 모집단의 모수를 추론하는 것이다.

중요도 ★★ **난이도** 상중**하** 33회 출제

122 25개 가구에서 첫 번째와 두 번째 성인 아들의 머리둘레(head)와 머리폭(breadth)을 측정한 자료에 대한 설명으로 부적절한 것은?

```
head(headsize)
    head1 breadth1 head2 breadth2
[1,]  191    155    179    145
[2,]  195    149    201    152
[3,]  181    148    185    149
[4,]  183    153    188    149
[5,]  176    144    171    142
[6,]  208    157    192    152
> print(summary(out),loading=TRUE)
Importance of components:
                      Comp.1    Comp.2    Comp.3    Comp.4
Standard deviation    15.1093978 5.4217437 4.11998200 3.00009038
Proportion of Variance 0.8048039 0.1036272 0.05983929 0.03172959
Cumulative Proportion  0.8048039 0.9084311 0.96827041 1.00000000

Loadings:
         Comp.1 Comp.2 Comp.3 Comp.4
head1    0.570  0.693  0.442
breadth1 0.406  0.219 -0.870  0.173
head2    0.601 -0.633  0.209  0.441
breadth2 0.386 -0.267        -0.881
```

① 주성분 분석의 결과를 보여준다.
② 두 번째 주성분은 네 개의 원 변수 모두 양의 상관관계를 갖는다.
③ 네 개의 주성분을 사용하면 전체 데이터의 분산을 모두 설명할 수 있다.
④ 두 개의 주성분으로 전체 데이터 분산의 90.8%를 설명할 수 있다.

중요도 ★★ **난이도** 상**중**하 33회 출제

123 표본조사에 대한 설명으로 가장 부적절한 것은?

① 표본 오차는 모집단을 대표할 수 있는 표본 단위가 조사 대상으로 추출되지 못해 발생하는 오차이다.
② 표본 편향은 표본추출 방법에서 기인하는 오차를 의미한다.
③ 표본 편향은 확률화(randomization)에 의해 최소화하거나 제거할 수 있다.
④ 비표본 오차는 표본오차를 제외한, 조사의 전체 과정에서 발생할 수 있는 모든 오차를 말한다.

124 시계열 분석에 대한 설명으로 적절하지 않은 것은?

① 지수평활법은 전체 시계열 자료를 활용하되, 최근 시점의 데이터에 더 큰 가중치를 부여하는 방법이다.
② 자기회귀 모형은 자기상관함수가 점차 감소하고, 부분자기상관함수는 특정 시점에서 절단되는 특성을 갖는다.
③ 계절성을 갖는 비정상 시계열은 계절 차분을 통해 정상 시계열로 변환할 수 있다.
④ 이동평균법은 시계열 자료에서 불규칙 변동을 제거하여 계절변동과 추세변동, 순환변동만을 포함하는 시계열로 변환하는 방법이다.

125 모집단이 정규분포를 따르고, 신뢰수준이 90%인 모평균에 대한 구간추정 결과는 다음과 같다. 이에 대한 설명으로 적절하지 않은 것은?

$$0.5 \pm 1.696 \frac{1}{\sqrt{100}} = (0.304, 0.696)$$

① 모집단의 분산은 1이다.
② 실제 모집단의 모수는 신뢰구간에 포함되지 않을 수도 있다.
③ 불편추정량 중에서 최소 분산을 가진 추정량이 가장 좋은 추정량이다.
④ 재추출한 표본으로 재분석할 때도 신뢰구간은 동일하다.

126 주성분 분석에서 주성분 개수를 선택할 때 고려하지 않아도 되는 것은?

① 공분산 행렬을 사용하는 경우 고윳값이 1보다 큰 주성분의 수를 사용한다.
② 누적 기여율이 70~90%가 되도록 주성분의 개수를 선택한다.
③ 개별 고윳값의 분해 가능 여부를 고려하여 선택한다.
④ 각각의 주성분은 상관관계가 있는 기존 변수들의 선형 결합으로 이루어진다.

127 스피어만의 상관계수를 계산할 때 적절한 척도는?

① 서열척도
② 명목척도
③ 등간척도
④ 비율척도

128 다중회귀분석에서 변수를 선택하는 방법에 대한 설명으로 적절하지 않은 것은?

① 단계별 선택법은 전진 선택법에 후진 제거법을 결합한 방법이다.
② 전진 선택법과 후진 제거법의 결과는 항상 동일하지 않을 수 있다.
③ 단계별 선택법에서는 전진 선택으로 추가된 변수가 기존 변수의 중요도에 영향을 받지 않는다.
④ 후진 제거법에서는 한 번 제거된 변수는 다시 포함되지 않는다.

129 잔차의 정규성 검토에 대한 설명 중 적절하지 않은 것은?

① Q-Q Plot은 잔차의 정규성을 시각적으로 판단하는 데 유용하지만, 절대적인 기준은 아니다.
② 잔차의 히스토그램이나 산점도를 활용하여 정규성을 검토할 수 있다.
③ 샤피로-윌크 검정이나 앤더슨-달링 검정은 잔차의 정규성을 검토하는 통계적 방법이다.
④ 정규성을 만족하지 않을 경우, 상관계수가 가장 큰 변수를 제거한다.

130 회귀분석 결과에서 독립변수의 회귀계수가 통계적으로 유의하다는 의미로 가장 적절한 것은?

① 독립변수가 종속변수에 인과적 영향을 준다는 것을 의미한다.
② 두 변수 사이에 무조건적인 상관관계가 존재한다는 것을 의미한다.
③ 다른 변수의 영향을 제거한 상태에서도 독립변수가 종속변수에 유의미한 설명력을 가진다는 것을 의미한다.
④ 해당 회귀계수는 항상 0보다 크거나 작다는 것을 의미한다.

131 표본에 담긴 정보를 바탕으로, 가설의 참·거짓을 통계적 방법으로 판단하는 과정을 무엇이라 하는가?

① 점추정
② 구간추정
③ 가설검정
④ 연구가설

132 회귀분석 모형 평가 방법 중 적절하지 않은 것은?

① 모형이 통계적으로 유의미한가?
② 모형이 데이터를 잘 적합하고 있는가?
③ 설명계수가 유의미한가?
④ 선형성, 독립성, 등분산성, 비상관성, 정상성을 만족하는가?

133 회귀분석에 대한 설명 중 적절하지 못한 것은?

① 특정 변수(독립변수)가 다른 변수(종속변수)에 어떠한 영향력이 있는지를 파악한다.
② 성별과 같이 두 집단으로 분류된 명목형 자료는 회귀분석에서 독립변수로 사용할 수 없다.
③ 잔차와 독립변수의 값이 관련해 있지 않아야 한다.
④ 결정계수는 독립변수가 종속변수를 얼마만큼 설명해 주는지를 의미한다.

134 주성분 분석(PCA)에 대한 설명으로 적절하지 않은 것은?

① 회귀분석의 다중공선성 문제 해결을 위해 사용할 수 있다.
② 서로 상관성이 높은 변수들을 선형 결합하여 변수의 차원을 축소할 수 있다.
③ 고차원 데이터를 저차원으로 변환하여 시각화나 이상치 탐색 등에 활용될 수 있다.
④ PCA는 분류나 예측을 위해 목표변수를 고려하여 차원을 축소함으로써 최적의 예측 성능을 보장한다.

135 ARIMA 모형에 대한 설명 중 적절하지 않은 것은?

① ARIMA 모형은 자기회귀(AR), 차분(I), 이동평균(MA) 과정을 결합한 시계열 예측 모형이다.
② 분해 시계열이란 시계열에 영향을 주는 일반적인 요인을 시계열에서 분리해 분석하는 방법을 말한다.
③ ARIMA(p, d, q) 모형의 차수에서 p=0이면 IMA(d, p) 모형이라 한다.
④ ARIMA 모형은 기본적으로 비정상 시계열이기 때문에 차분이나 변환을 통해 AR, MA, ARMA 모형으로 정상화할 수 있다.

136 공분산과 상관계수에 대한 설명 중 올바르지 않은 것은?

① 공분산이 0이라면 두 변수 간에는 아무런 선형 관계가 없음을 의미한다.
② 상관분석은 두 변수의 인과 관계 성립 여부를 확인할 수 없다.
③ 공분산은 측정 단위에 영향을 받지 않는다.
④ 상관계수로 변수 간의 유의성을 확인할 수 없다.

137 상관분석에 대한 설명 중 옳은 것은?

① 스피어만의 상관계수는 비선형관계를 파악하기가 어렵다.
② 피어슨의 상관계수는 -무한대에서 +무한대의 범위를 갖는다.
③ 비율척도일 때 스피어만의 상관계수를 사용한다.
④ 피어슨의 상관계수가 0일 때 서로 선형 관계가 없다.

138 정상성에 대한 설명 중 적절하지 않은 것은?

① 공분산은 시간 t에 의존하지 않고 오직 시차에만 의존한다.
② 정상성은 시계열의 수준과 분산에 체계적인 변화가 없고, 엄밀하게 주기적 변동이 없음을 의미한다.
③ 분산값은 시간 t에 관계없이 일정하다.
④ 지수평활법은 최근 시계열의 평균을 구해 미래를 예측하는 방법이다.

139 모집단에서 표본을 추출하여 모집단의 모수를 추정하는 과정에서, 범위가 아니라 가장 참값이라고 여겨지는 하나의 모수를 택하는 것은?

① 가설검정
② 구간추정
③ 점추정
④ 표본분포

140 회귀분석에서 결정계수에 대한 설명으로 적절하지 않은 것은?

① 결정계수의 값은 0에서부터 1 사이의 값을 갖는다.
② 결정계수의 값이 클수록 추정된 회귀식의 설명력이 높다.
③ 종속변수와 독립변수 상의 표본 상관계수의 값과 같다.
④ 총변동 중에서 회귀선에 의해 설명이 되는 변동이 차지하는 비율을 의미한다.

141 시계열 자료의 정상성에 대한 설명 중 옳지 않은 것은?

① 평균이 일정하다.
② 분산이 시점에 의존하지 않는다.
③ 자료가 추세를 보일 때에는 변환을 통해 비정상 시계열을 정상 시계열로 변환할 수 있다.
④ 공분산은 단지 시차에만 의존하고 시점 자체에는 의존하지 않는다.

142 다중회귀분석에서 모형이 통계적으로 유의한지를 검증하는 데 사용되는 통계량은?

① t-통계량
② F-통계량
③ 카이제곱 통계량
④ 결정계수

143 여러 대상 간의 거리가 주어져 있을 때, 대상들을 동일한 상대적 거리를 가진 실수 공간의 점들로 배치하는 차원 축소 기법을 무엇이라 하는가?

① 주성분 분석 (PCA)
② 다차원 척도법 (MDS)
③ 요인분석 (FA)
④ 판별분석 (DA)

144 독립변수 후보를 모두 포함한 모형에서 출발하여, 통계적으로 유의하지 않은 변수부터 하나씩 제거하면서 더 이상 제거할 변수가 없을 때까지 모형을 선택하는 변수 선택 기법은 무엇인가?

① 전진 선택법
② 후진 제거법
③ 단계적 선택법
④ 교차 검증법

145 비모수 검정 방법 중 서로 연관된 짝지어진 두 관측치의 크고 작음을 비교하여 검정하는 기법은?

① 윌콕슨의 순위합 검정 (Wilcoxon's rank sum test)
② 콜모고로프-스미르노프 검정 (Kolmogorov-Smirnov test)
③ 부호검정 (Sign test)
④ 맨-휘트니 검정 (Mann-Whitney U-test)

146 확률적 표본추출(Probability Sampling) 방법이 아닌 것은?

① 단순무작위추출 (Simple Random Sampling)
② 층화표본추출 (Stratified Sampling)
③ 다단계 표본추출 (Multistage Sampling)
④ 집단추출 (Group Sampling)

147 다차원 척도법(Multidimensional Scaling, MDS)에 대한 설명 중 옳지 않은 것은?

① 주로 고차원 데이터를 저차원으로 축소하는 데 사용된다.
② 다차원 척도법을 통해 데이터를 시각화하거나 더 간단한 형태로 분석할 수 있다.
③ 다차원 척도법은 데이터 간의 거리나 유사성 정보를 활용하여 데이터를 저차원으로 투영한다.
④ 새로운 변수들을 찾아내어 기존 변수들의 선형 조합으로 나타냄으로써 데이터의 차원을 축소한다.

148 데이터 가공에 대한 설명으로 옳지 않은 것은?

① 데이터 변수 변환 중 하나인 Binning 또는 Discretization은 연속형 변수를 구간(bin)으로 나누는 과정이다.
② 선형 모델은 주로 선형 관계를 가정하므로, 변수의 비선형성을 나타내기 위해 Binning을 사용할 수 있다.
③ 변수의 구간화 개수가 작으면 정확도는 높아지나 데이터 분석 속도는 느려진다.
④ Binning 기법은 이상치(outlier)를 감지하고 처리하는 데 도움이 될 수 있다.

149 데이터 전처리에 대한 설명 중 옳지 않은 것은?

① 데이터 전처리 중 이상치(outlier)를 검출하는 것은 모델의 성능을 향상시키고, 모델이 불필요한 패턴을 학습하는 것을 방지하는 데 도움이 된다.
② 결측값이 있는 행이나 열을 삭제하거나, 평균, 중앙값, 최빈값 등으로 대체할 수도 있다.
③ 범주형 데이터를 원-핫 인코딩 등을 사용하여 이진 형태로 변환한다.
④ 모든 데이터의 이상값은 시간이 오래 걸리더라도 반드시 모두 찾아내어 제거해야 한다.

150 웹 데이터의 수집을 위해 웹 페이지의 구조를 분석하여 데이터를 자동으로 수집하는 방법을 무엇이라 하는가?

① 실시간 처리 (Real Time)
② 웹 크롤링 (Web Crawling)
③ Open API
④ FTP

151 데이터 분석 모형 구축 프로세스에서 모델링 단계에 해당하지 않는 것은?

① 데이터 마트 설계 및 구축
② 탐색적 분석과 유의 변수 도출
③ 모델 성능 평가
④ 수행 방안 설계

152 척도에 대한 설명으로 옳지 않은 것은?

① 명목척도 – 측정 대상을 분류하기 위해 임의적으로 숫자를 부여한다.
② 서열척도 – 단순히 대소 또는 높고 낮음 등의 순위만 제공할 뿐 양적인 비교는 할 수 없다.
③ 구간척도 – 순위를 부여하되 순위 사이의 간격이 동일하여 양적인 비교가 가능하다. 단, 절대 0점이 존재하지 않는다.
④ 비율척도 – 모든 사칙연산이 가능하다. 사례로는 혈액형, 학력 등이 해당한다.

153 아래는 데이터프레임 Wage를 이용해 회귀분석을 수행한 R 명령의 결과이다. 다음 중 이 결과에 대한 설명으로 가장 부적절한 것은?

```
summary(lm(wage ~ ., data = wage))
Call:
lm(formula = wage ~ ., data = wage)
Residuals:
    Min     1Q  Median     3Q    Max
 -7.897 -6.310 -4.360  0.611 95.450
Coefficients:
             Estimate Std. Error  t value Pr(>|t|)
(Intercept) -412.8     3.140     -131.4   <2e-16 ***
age           -0.04367 0.02097     -2.08  0.0374 *
logwage      113.1     0.6882      164.3  <2e-16 ***
---
Signif. codes:  0 '***' 0.001 '**' 0.01 '*' 0.05 '.' 0.1 ' ' 1
Residual standard error: 12.94 on 2997 degrees of freedom
Multiple R-squared: 0.9039,  Adjusted R-squared: 0.9039
F-statistic: 1.41e+04 on 2 and 2997 DF,  p-value: < 2.2e-16
```

① 모든 독립변수가 유의수준 0.05에서 통계적으로 유의하다.
② 유의수준 0.05에서 이 회귀 모형은 통계적으로 유의하다.
③ age와 wage 변수는 양의 상관관계이다.
④ 잔차의 등분산성은 확인할 수 없다.

154 아래에서 설명하는 시계열 모형은?

- 자기 자신의 과거 값을 사용하여 현재 값을 예측하는 모델
- 백색잡음의 현재값과 자기 자신의 과거값의 가중합으로 선형성을 표현하는 정상 시계열이다.

① MA 모형 (Moving Average)
② AR 모형 (Autoregressive)
③ ARMA 모형 (Autoregressive Moving Average)
④ ARIMA 모형 (Autoregressive Integrated Moving Average)

155 어느 시험에서 상위 2% 안에 들어가려고 할 때 최소 시험 점수는 얼마인가? (단, 해당 시험 점수의 평균은 85점, 표준편차는 5점이며, 상위 2%일 때 Z값은 2.05이다.)

① 94.75점
② 95.25점
③ 95.50점
④ 96.00점

156 어느 이산확률변수 X의 가능한 값은 {1, 2, 4}이다. P(X=1) = 0.3, P(X=4) = 0.5, X의 기댓값 E(X) = 2.7일 때, P(X=2)의 값은 얼마인가?

① 0.1
② 0.2
③ 0.3
④ 0.4

157 회귀분석에 대한 설명으로 옳은 것은?

① 독립변수와 종속변수의 관계를 모형으로 나타내고 두 변수 간의 관계를 도출하는 것이다.
② 복수의 독립변수와 복수의 종속변수 관계 분석이 단순회귀분석이다.
③ 독립변수가 종속변수에 주는 영향을 비선형으로 나타낸 것이다.
④ 종속변수가 독립변수에 미치는 영향을 파악하는 것이다.

158 다음 중 모분산의 추론에 대한 설명으로 옳지 않은 것은?

① 모집단의 변동성 또는 퍼짐의 정도에 관심이 있는 경우, 모분산이 추론의 대상이 된다.
② 임의 추출한 n개의 표본에 대한 추정은 자유도가 n-1인 카이제곱 분포로 추정할 수 있다.
③ 모집단이 정규분포를 따르지 않더라도 중심극한정리를 통해 모분산을 추정할 수 있다.
④ 임의 추출한 두 표본에 대한 검정은 "두 집단의 분산이 동일한가?"를 확인하는 것으로 t분포로 가능하다.

159 아래는 닭의 성장률에 대한 다양한 사료 보충제의 효과를 측정하고 비교하기 위한 Chickwts(사료 유형별 닭 무게) 데이터프레임이다. summary() 함수 결과에 대한 해석 중 옳지 않은 것은?

```
> data("chickwts")
> summary(chickwts)
     weight            feed
 Min.   :108.0   casein   :12
 1st Qu.:204.5   horsebean:10
 Median :258.0   linseed  :12
 Mean   :261.3   meatmeal :11
 3rd Qu.:323.5   soybean  :14
 Max.   :423.0   sunflower:12
```

① 측정치의 수는 71개이다.
② casein을 먹인 후의 측정치는 12개이다.
③ feed의 중앙값은 계산하지 못한다.
④ weight 중앙값은 261.3이다.

160 다차원 척도법(Multidimensional Scaling, MDS)에 대한 설명으로 가장 적절한 것은?

① 고차원의 데이터를 저차원 데이터로 축소하는 방법이므로 독립변수 간 다중공선성 문제를 해결할 수 있다.
② 여러 변수를 서로 상관성이 높은 변수의 선형 결합으로 만들어 변수를 요약·축소하는 기법이다.
③ 다차원 척도법은 거리 정보를 활용하는 점에서 군집분석과 동일하다.
④ 데이터 포인트 간 거리 정보를 저차원 공간(예: 2D, 3D)에 매핑하여 데이터 구조를 시각화한다.

161 다음은 4개의 데이터 변수를 가진 데이터프레임 USArrests에 주성분분석을 적용해서 얻은 결과이다. 제1주성분(Comp.1)을 구하는 식으로 옳은 것은?

```
> data("USArrests")
> df<-princomp(USArrests,cor = TRUE)
> df$loadings
Loadings:
          Comp.1  Comp.2  Comp.3  Comp.4
Murder    0.536   0.418   0.341   0.649
Assault   0.583   0.188   0.268  -0.743
UrbanPop  0.278  -0.873   0.378   0.134
Rape      0.543  -0.167  -0.818
```

① 0.536Murder + 0.583Assault + 0.278UrbanPop + 0.543Rape
② 0.418Murder + 0.188Assault − 0.873UrbanPop − 0.167Rape
③ 0.341Murder + 0.268Assault + 0.378UrbanPop − 0.818Rape
④ 0.649Murder − 0.743Assault + 0.134UrbanPop

162 Wage 데이터의 t.test 결과에 대한 해석으로 옳지 않은 것은?

```
> library(ISLR)
> t.test(Wage$wage,mu = 100)
        One Sample t-test
data:  Wage$wage
t = 15.362, df = 2999, p-value <0.00000000000000022
alternative hypothesis: true mean is not equal to 100
95 percent confidence interval:
 110.2098 113.1974
sample estimates:
mean of x
 111.7036
```

① 귀무가설은 임금이 100이라고 설정한다.
② 유의수준 0.05일 때 귀무가설은 기각되지 않는다.
③ 위에서 계산된 검정 통계량은 t 분포를 따른다.
④ wage 변수의 표본 평균은 111.7036이다.

163 통계적 가설검정에 대한 설명 중 옳지 않은 것은?

① 대립가설은 연구자가 연구를 통해 입증되기를 기대하는 예상이나 주장하는 내용이다.
② 제2종 오류(Type II Error)는 통계적 가설검정에서 발생하는 오류 중 하나로, 귀무가설이 거짓일 때 귀무가설을 기각하지 않는 경우이다.
③ p-value(유의확률)가 낮을수록 귀무가설을 지지하는 것으로 해석한다.
④ 제1종 오류를 줄이면 제2종 오류가 증가한다.

164 데이터 탐색 단계에서 고려해야 할 사항으로 가장 적절하지 않은 것은?

① 변수 유형이 문자형 또는 숫자형인지 확인한다.
② 변수 간의 상관관계나 연관성이 있는지 확인한다.
③ 변수별로 다양한 단위가 존재할 때 표준화 변환이 필요한지 확인한다.
④ 결측값을 확인하고 결측값이 있으면 제거하는 것이 바람직하다.

165 시계열 모형에 대한 설명 중 옳지 않은 것은?

① 자기회귀모형(AR, Autoregressive Model)은 시계열 데이터의 현재 값이 이전의 값들에 의존하는 모델이다.
② 이동평균모형(MA, Moving Average Model)은 시계열 데이터의 현재 값이 백색잡음(White Noise) 오차항들의 선형 조합으로 표현되는 모형이다.
③ MA 모형은 정상성을 만족하기 위한 조건이 필요하다.
④ 계절 차분(Seasonal Differencing)은 시계열 데이터에서 계절성을 제거하기 위해 시계열 값 간의 고정된 시간 간격만큼의 차이를 계산하는 것을 의미한다.

166 ARMA(2,0)에 대한 설명 중 옳은 것은?

① 자기상관함수(acf) 시차가 증가함에 따라 점차 감소하고 부분자기상관함수(pacf)는 p+1시차 이후 급격히 감소하여 절단된 형태이다.
② ARMA(2,0)는 MA 모델의 한 형태이다.
③ 자기회귀모형의 식별은 자기상관함수만을 이용한다.
④ 시계열 데이터의 현재 값이 백색잡음(White Noise) 오차항의 선형 조합으로 나타내어진다는 모델이다.

167 다중공선성(Multicollinearity)에 대한 설명 중 옳지 않은 것은?

① 다중공선성(Multicollinearity)은 회귀분석에서 독립변수 간에 강한 상관관계가 있을 때 발생하는 현상이다.
② 다중공선성은 표본의 크기와 관계없이 독립변수 간의 상관관계로 인해 발생할 수 있다.
③ 다중공선성 문제를 해결하기 위해 중요하지 않은 변수를 제거할 수 있다.
④ 분산팽창요인(VIF)을 구하여 이 값이 10을 넘으면 다중공선성의 문제가 없는 것으로 판단한다.

168 회귀분석에서 모형의 설명력을 확인하기 위해 사용되는 결정계수의 특징으로 옳지 않은 것은?

① 결정계수는 -1과 1 사이의 값을 갖는다.
② 결정계수가 높을수록 모델이 종속변수의 변동을 잘 설명한다고 해석한다.
③ 결정계수는 독립변수의 개수가 증가하면 자연히 증가하는 경향이 있다.
④ 종속변수의 변동 중 독립변수로 설명되는 비율을 나타낸다.

169 회귀분석에서 유의성 검정을 위한 분산분석표에 대한 설명으로 옳지 않은 것은?

① 회귀분석에서 분산분석표(ANOVA table)는 모델의 성능과 변수들의 유의성을 평가하는 데 사용한다.
② 회귀 모형의 변동은 총변동(SST), 회귀 변동(SSR), 오차 변동(SSE) 3가지로 구분된다.
③ 분산 비율 F는 평균 회귀 제곱(MSR)을 평균 오차 제곱(MSE)으로 나눈 값이다.
④ 오차항의 분산 불편추정량(Unbiased Estimate)은 MSR값이다.

170 아래 빈칸에 알맞은 용어는?

회귀분석에서 정규성(normality)은 ( )이 정규분포를 따르는지를 나타낸다.

① 종속변수
② 독립변수
③ 오차항(잔차)
④ 회귀계수

171 아래 데이터는 2개 종류의 수면 유도제(group)를 20명의 환자를 대상으로 수면 시간 증감(extra)을 측정한 자료이다. 아래 t-검정 결과에 대한 설명 중 적절하지 않은 것은?

```
> head(sleep)
  extra group ID
1   0.7     1  1
2  -1.6     1  2
3  -0.2     1  3
4  -1.2     1  4
5  -0.1     1  5
6   3.4     1  6
> t.test(extra~group,data = sleep)
         Welch Two Sample t-test
data:  extra by group
t = -1.8608, df = 17.776, p-value = 0.07939
alternative hypothesis: true difference in means between group
1 and group 2 is not equal to 0
95 percent confidence interval:
 -3.3654832  0.2054832
sample estimates:
mean in group 1 mean in group 2
           0.75            2.33
```

① group 1의 평균 수면 시간 증가는 0.75이다.
② group 2의 평균 수면 시간 증가는 2.33이다.
③ 수면 유도제의 평균 수면 시간 차이의 95% 신뢰구간은 -3.3654832 ~ 0.2054832 사이이다.
④ 유의수준 5% 하에서 수면 유도제의 평균 차이가 통계적으로 유의하다.

172 Hitters 데이터는 메이저리그 선수에 대한 기록이다. 아래 summary() 함수 결과 해석 중 옳지 않은 것은?

```
summary(Hitters$Salary)
   Min. 1st Qu. Median   Mean 3rd Qu.   Max.   NA's
   67.5   190.0  425.0  535.9   750.0 2460.0    59
```

① 평균이 535.9이다.
② 왼쪽으로 긴 꼬리분포를 가진다.
③ 59개의 결측치가 존재한다.
④ Salary 변수는 수치형 변수이다.

173 확률 및 확률분포에 대한 설명으로 가장 적절하지 않은 것은?

① 사건 A가 일어날 경우의 수를 모든 가능한 경우의 수로 나눈 값을 P(A)라 할 때, 이를 A의 수학적 확률이라 한다.
② 한 사건 A가 일어날 확률을 P(A)라 할 때, n번의 반복 시행에서 사건 A가 일어날 횟수를 r이라 하면, 상대도수 r/n은 n이 커짐에 따라 확률 P(A)에 가까워짐을 알 수 있으며, P(A)를 사건 A의 통계적 확률이라 한다.
③ 두 사건 A, B가 독립일 때, 사건 B의 확률은 A가 일어났다는 가정하에서 B의 조건부 확률과는 다르다.
④ 표본공간에서 임의의 사건 A가 일어날 확률 P(A)는 항상 0과 1 사이에 있다.

174 비교적 표본의 크기가 작을 때 사용하며 재추출이 가능한 방법은?

① 계통추출법 (Systematic Sampling)
② 층화추출법 (Stratified Sampling)
③ 집락추출법 (Cluster Sampling)
④ 복원추출법 (Sampling with Replacement)

175 아래 보기에서 설명하는 분석 기법은 무엇인가?

- 고차원의 데이터를 저차원의 데이터로 환원하는 분석 기법
- 원변수들의 선형 조합으로 새로운 변수를 생성
- 전체 변수를 사용하지 않고 도출된 새로운 변수로 분석

① 카이제곱 분석 (Chi-square Test)
② 회귀분석 (Regression Analysis)
③ 주성분 분석 (Principal Component Analysis, PCA)
④ 분산분석 (Analysis of Variance, ANOVA)

176 통계적 추론에 대한 설명으로 옳지 않은 것은?

① 구간 추정은 통계적 추정에서 사용되며, 특정 모수에 대한 추정값이 존재할 것으로 예상되는 구간을 제공하고 오차 한계를 제시한다.
② 신뢰구간은 모수가 포함될 것이라 기대되는 구간으로 실제로 모수가 포함되지 않을 수도 있다.
③ 구간 추정에서의 표준 오차는 표준편차 ÷ $\sqrt{표본크기}$ 이다.
④ 95% 신뢰구간은 모수가 포함될 확률이 95%이다.

177 확실하게 증명하고 싶은 가설로 뚜렷한 증거가 있어야 채택할 수 있는 가설은 무엇이라 하는가?

① 대립가설 (Alternative Hypothesis)
② 영가설 (Null Hypothesis)
③ 기각가설 (Rejected Hypothesis)
④ 양측가설 (Two-tailed Hypothesis)

178 다음 중 백색잡음(White Noise)에 대한 설명으로 옳지 않은 것은?

① 대표적인 비정상 시계열이다.
② 비정상 시계열을 정상 시계열로 변경하고자 할 때 변환과 차분의 방법을 사용한다.
③ 백색잡음의 평균은 항상 일정하다.
④ 백색잡음의 분산은 항상 일정하다.

179 척도(Scale)에 대한 설명으로 가장 적절하지 않은 것은?

① 명목척도와 서열척도는 질적 자료이다.
② 명목척도보다 비율척도가 조사하는 데 많은 비용과 시간이 필요하다.
③ 등간척도는 모든 사칙연산이 가능하다.
④ 명목척도(Nominal Scale)는 데이터를 분류하거나 구분하기 위한 척도이다.

180 아래는 단순 선형회귀분석 결과이다. 다음 설명 중 옳은 것은?

```
summary(lm(weight ~ Time, data = Chick))
Call:
lm(formula = weight ~ Time, data = Chick)
Residuals:
   Min     1Q  Median    3Q    Max
-14.320 -11.308 -0.344 11.116 17.535
Coefficients:
            Estimate  Std. Error  t value  Pr(>|t|)
(Intercept) 24.4654    6.7279     3.636    0.00456 **
Time         7.9879    0.5236    15.255    <2e-16 ***
Residual standard error: 12.29 on 10 degrees of freedom
Multiple R-squared:  0.9588
Adjusted R-squared:  0.9547
F-statistic: 232.7 on 1 and 10 DF,  p-value: <2e-16
```

① F 통계량 = 232.7이며 유의수준 5% 하에서 추정된 회귀 모형이 통계적으로 유의하지 않다.
② 이 회귀식이 데이터를 80.88% 정도 설명하고 있다.
③ 회귀계수들의 p-value도 0.05보다 작으므로 회귀계수의 추정치들이 통계적으로 유의하지 않다.
④ Time에 대한 회귀계수가 7.99이므로 Time이 1 증가할 때 weight가 7.99만큼 증가한다고 해석한다.

181 단순 선형회귀분석에 대한 설명으로 옳은 것은?

① 설명변수 x는 확률변수이다.
② 잔차(오차)의 총합은 0이다.
③ 잔차(오차)의 평균은 1이다.
④ 잔차(오차)는 확률변수가 아니다.

182 아래는 chickwts 데이터에 대한 일표본 t-검정 결과이다. 이에 대한 해석 중 적절하지 않은 것은?

```
t.test(chickwts$weight)
        One Sample t-test
data:  chickwts$weight
t = 28.202, df = 70, p-value < 2.2e-16
alternative hypothesis: true mean is not equal to 0
95 percent confidence interval:
 242.8301 279.7896
sample estimates:
mean of x
 261.3099
```

① 95% 신뢰구간은 242.8에서 279.8이다.
② 90% 신뢰구간을 구하기 위해서는 conf.level = 0.9 옵션을 사용한다.
③ 점 추정량은 261.3이다.
④ 관측량은 70이다.

183 분해 시계열(Decomposed Time Series)을 구성하는 요인 중 적절하지 않은 것은?

① 정상 요인
② 순환 요인
③ 계절 요인
④ 불규칙 요인

184 표본 오차(Sampling Error)와 비표본 오차(Non-Sampling Error)에 대한 설명으로 가장 부적절한 것은?

① 표본 오차는 무작위 표본추출로 인해 표본 통계량과 모집단 모수 간의 차이에서 발생하는 오차이다.
② 표본 편의는 정규화를 통해 최소화하거나 없앨 수 있다.
③ 비표본 오차는 표본오차를 제외한 모든 오차이다.
④ 표본 편의는 통계적 표본이 모집단을 대표하지 못하고 특정 부분에 편중되어 있는 경우를 나타낸다.

185 아래는 cars 데이터 세트에서 속도(speed)와 제동거리(dist)의 관계를 회귀 모형으로 추정한 결과이다. 이에 대한 설명 중 적절하지 않은 것은?

```
> summary(lm(dist~speed,data = cars))
Call:
lm(formula = dist ~ speed, data = cars)
Residuals:
    Min      1Q  Median      3Q     Max
-29.069  -9.525  -2.272   9.215  43.201
Coefficients:
            Estimate Std.  Error   t value  Pr(>|t|)
(Intercept)  -17.5791       6.7584  -2.601    0.0123 *
speed          3.9324       0.4155   9.464   1.49e-12 ***
---
Signif. codes:  0 '***' 0.001 '**' 0.01 '*' 0.05 '.' 0.1 ' ' 1
s: 15.38 on 48 degrees of freedom
Multiple R-squared: 0.6511,
Adjusted R-squared: 0.6438
F-statistic: 89.57 on 1 and 48 DF,  p-value: 1.49e-12
```

① speed 속도가 1단위 증가할 때 dist가 평균 약 3.94 증가한다.
② Adjusted R-squared는 속도(speed)의 65%의 변동을 설명한다는 것을 의미한다.
③ speed의 회귀계수는 유의수준 5% 내에서 통계적으로 유의하다.
④ speed와 dist의 상관계수는 0보다 크다.

186 동전 3개를 던져서 앞면이 한 번 나올 확률은?

① 1/8
② 2/8
③ 3/8
④ 4/8

187 ARIMA는 기본적으로 비정상 시계열 모형이기 때문에 차분이나 변환을 통해 AR, MA, ARMA 모형으로 정상화할 수 있다. ARIMA(1,2,3) 모형에서 차분(differencing)의 횟수는?

① 1
② 2
③ 3
④ 0

188 주성분 분석(Principal Component Analysis, PCA)에 대한 설명 중 틀린 것은?

① 다변량 데이터의 차원을 축소하고 데이터의 변동성을 최대한 보존하는 기법이다.
② 원래 변수들로 이루어진 다차원 데이터를 선형적으로 독립적인 새로운 변수들로 변환하는 것이다.
③ 새로운 변수들은 원래 변수들의 선형 조합으로 이루어져 있으며, 이러한 새로운 변수들을 주성분이라고 한다.
④ PCA는 데이터를 가장 잘 설명하는 방향으로 차원을 축소하는 지도 학습이다.

189 비율척도(Ratio Scale)에 대한 예시로 옳은 것은?

① 선호도
② 온도
③ 무게, 나이
④ 출생 지역

190 주성분 개수 선택 방법에 대한 설명으로 가장 적합하지 않은 것은?

① 전체 변이 공헌도를 기준으로 누적 기여율이 70~90%에 도달하는 주성분의 개수를 선택한다.
② 고윳값이 평균값 이상인 주성분을 선택하는 방법을 적용할 수 있다.
③ 스크리 플랏(Scree Plot)을 활용하여 변화가 완만해지는 지점의 주성분 개수를 선택할 수 있다.
④ 전체 변이 공헌도는 다른 방법보다 항상 더 유효한 기준이다.

191 확률에 대한 설명으로 가장 적합하지 않은 것은?

① 모집단 내에서 특정 사건이 발생할 확률은 0과 1 사이의 값이다.
② 모든 가능한 사건의 집합을 고려하면 그 확률의 합은 항상 1이다.
③ 두 사건 A와 B가 독립일 때, 결합확률은 각 사건의 확률의 합으로 계산한다.
④ 표본공간의 단일 원소일 때 이를 근원사건(Elementary Event)이라 한다.

192 공분산(Covariance)에 대한 설명으로 옳지 않은 것은?

① 공분산의 부호만으로 두 변수의 방향성을 알 수 있다.
② $cov(x,y)=E(xy)-E(x)E(y)$
③ 공분산의 범위는 −1과 1 사이이다.
④ 두 변수가 독립적이면 $cov(x,y)=0$이다.

193 주어진 확률밀도함수 f(x)가 아래와 같을 때 기댓값 E(X)은?

$$f(x) = \begin{pmatrix} 1, 0 \leq x \leq 1 \\ 0, otherwise \end{pmatrix}$$

① 0
② 0.5
③ 1
④ 2

194 다음 중 통계 용어에 대한 설명으로 옳지 않은 것은?

① 다른 변수의 영향을 받는 것을 설명변수라고 한다.
② 좌표평면에 데이터의 관계를 나타낸 것을 산점도라고 한다.
③ 모집단 추정에 활용하는 표본 통계량은 확률변수이다.
④ 기초 통계량에는 평균, 분산, 표준편차 등이 있다.

195 다음 중 시계열 분석에 활용되는 ARIMA(p,d,q) 모형에 대한 설명으로 옳은 것은?

① ARIMA(p,d,q) 모형의 차수 q는 차분과 관련이 있다.
② ARIMA(p,d,q) 모형의 차수 p는 MA 모형과 관련이 있다.
③ ARIMA(p,d,q) 모형을 사용할 때는 정상성 여부를 확인할 필요는 없다.
④ 차수 p가 0인 모형을 IMA(d,q) 모형이라고 한다.

196 정규성 검정 방법이 아닌 것은?

① 결정계수 (R-squared)
② 왜도와 첨도 (Skewness and Kurtosis)
③ Q-Q Plot (Quantile-Quantile Plot)
④ Kolmogorov-Smirnov (KS Test)

197 정보의 양이 가장 많은 척도는?

① 명목척도 (Nominal Scale)
② 구간척도 (Interval Scale)
③ 순서척도 (Ordinal Scale)
④ 비율척도 (Ratio Scale)

198 상관계수(Correlation Coefficient)에 대한 설명으로 옳은 것은?

① 상관계수는 항상 양수이다.
② 상관계수가 높으면 인과 관계가 있다.
③ 피어슨 상관계수는 변수의 단위에 따라 값이 변한다.
④ 피어슨 상관계수가 0이면 두 변수 간에 선형 관계가 없다.

199 시계열 데이터에서 정상성(Stationarity)에 대한 설명 중 옳은 것은?

① 정상성을 갖는 시계열 데이터는 시간에 따라 평균이 증가한다.
② 해당 시계열의 확률분포 모수가 시점에 의존하지 않는다.
③ 정상성을 띠면 데이터의 이상치가 없음을 의미한다.
④ 공분산은 시점에 의존한다.

200 선형 회귀분석의 가정에 대한 설명으로 가장 적절한 것은?

① 선형성이란 독립변수가 일정하게 변화하는 것이다.
② 독립성이란 독립변수와 종속변수 사이에 독립이 성립하는 것이다.
③ 등분산성은 모든 관측치에 대해 오차들의 분산이 일정한 것이다.
④ 정규성이란 독립변수의 변화에 따라 잔차의 분포가 일정 주기로 변화하는 것이다.

201 카이제곱 통계량(Chi-Square Statistic)의 예측 표본과 실제 표본의 차이와 검정 통계량에 따른 유의확률의 변화로 옳은 것은?

① 예측 표본과 실제 표본의 차이가 클 때, 검정통계량이 낮아져 유의확률이 낮아진다.
② 예측 표본과 실제 표본의 차이가 작을 때, 검정통계량이 높아져 유의확률이 낮아진다.
③ 예측 표본과 실제 표본의 차이가 클 때, 검정통계량이 높아져 유의확률이 낮아진다.
④ 예측 표본과 실제 표본의 차이가 작을 때, 검정통계량이 낮아져 유의확률이 낮아진다.

202 모수 검정(Parametric Tests)과 비모수 검정(Non-Parametric Tests)에 대한 설명으로 옳지 않은 것은?

① 모수 검정은 표본 통계량을 이용해 검정을 수행한다.
② 비모수 검정은 관측값들의 순위나 관측값 사이의 부호를 이용하여 검정을 수행한다.
③ 모수 검정은 모집단의 분포에 대한 가정을 필요로 하지 않는다.
④ 비모수 검정은 카이제곱 검정이나 Mann-Whitney U 검정에서 사용된다.

203 상관계수에 대한 귀무가설과 대립가설을 설정할 때, 귀무가설과 대립가설의 설정으로 옳은 것은?

① 귀무가설: 상관계수는 1이다.
  대립가설: 상관계수는 1이 아니다.
② 귀무가설: 상관계수는 1이 아니다.
  대립가설: 상관계수는 1이다.
③ 귀무가설: 상관계수는 0이다.
  대립가설: 상관계수는 0이 아니다.
④ 귀무가설: 상관계수는 0이 아니다.
  대립가설: 상관계수는 0이다.

204 sleep 데이터는 약물 처치 후 추가 수면 시간을 측정한 결과를 포함하고 있다. summary() 함수의 결과 해석으로 옳지 않은 것은?

```
> summary(sleep)
     extra         group    ID
 Min.   :-1.600   1:10    1   : 2
 1st Qu.:-0.025   2:10    2   : 2
 Median : 0.950           3   : 2
 Mean   : 1.540           4   : 2
 3rd Qu.: 3.400           5   : 2
 Max.   : 5.500           6   : 2
                          (Other):8
```

- extra : 피험자가 약물 처치 후 추가로 취한 수면 시간. 양수 값은 더 많은 수면을 취했음을, 음수 값은 더 적은 수면을 취했음을 의미
- group : 1은 한 종류의 약물 처치를 받은 그룹, 2는 다른 종류의 약물 처치를 받은 그룹을 의미
- ID : 피험자 식별자

① 수면 시간이 가장 많이 증가한 사람은 5.5시간이다.
② 3사분위수(3rd Qu.)는 수면 시간이 3.4시간 이상 증가한 상위 25%를 의미한다.
③ 평균적으로 수면 시간은 0.95시간 증가했다.
④ 1사분위수(25%)보다 수면 시간이 짧은 피험자는 5명이다.

205 5개의 오렌지 나무(Tree)의 나이(age)와 둘레(circumference)를 측정한 자료에 대한 설명으로 가장 옳지 않은 것은?

```
> head(Orange)
  Tree  age  circumference
1   1   118       30
2   1   484       58
3   1   664       87
4   1  1004      115
5   1  1231      120
6   1  1372      142
```

```
> summary(Orange)
 Tree      age            circumference
 3:7    Min.   : 118.0    Min.   : 30.0
 1:7    1st Qu.: 484.0    1st Qu.: 65.5
 5:7    Median : 1004.0   Median : 115.0
 2:7    Mean   : 922.1    Mean   : 115.9
 4:7    3rd Qu.: 1372.0   3rd Qu.: 161.5
        Max.   : 1582.0   Max.   : 214.0
```

① 관측값은 6개이다.
② 나이의 평균값은 922.1이다.
③ Tree는 명목척도이다.
④ 나무 둘레의 50%는 115.0 이상이다.

206 선형 회귀 모형에서 오차항이 만족해야 하는 가정으로 옳은 것은 무엇인가?

① 등분산성, 정규성, 선형성
② 등분산성, 정규성, 독립성
③ 표준성, 신뢰성, 정확성
④ 독립성, 정확성, 신뢰성

207 Cook's Distance에 대한 설명으로 옳지 않은 것은?

① cov는 개별 데이터 포인트가 모델에 미치는 영향을 측정한다.
② Cook's Distance가 크면 영향력이 크다.
③ Cook's Distance는 회귀분석에서 개별 데이터 포인트의 영향력을 평가하기 위해 사용되는 지표이다.
④ 일반적으로 Cook's Distance가 1보다 크면 해당 데이터 포인트가 회귀 모델에 큰 영향을 미친다고 판단한다.

208 시계열 분석에 대한 설명 중 옳지 않은 것은?

① AR의 PACF는 절단 이후 급격히 감소하지 않고 ACF는 시차가 증가함에 따라 점차 감소한다.
② MA의 PACF는 시간이 지남에 따라 감소하고 ACF는 절단면 이후 급격히 감소한다.
③ ARMA의 ACF와 PACF 모두 점차적으로 감소하며 절단 현상이 없다.
④ AR 모델은 자기회귀 변수를 사용하고, PACF는 특정 시차 이후 급격히 감소하여 절단되는 현상을 보인다.

209 다음 중 다차원 척도법(Multidimensional Scaling, MDS)에 대한 설명으로 옳지 않은 것은 무엇인가?

① 다차원 척도법은 데이터 간의 거리를 기반으로 관계 구조를 시각적으로 표현하는 통계적 분석 기법이다.
② 다차원 척도법과 군집분석은 데이터 간 비유사성(거리)을 활용한다는 공통점이 있다.
③ 다차원 척도법은 고차원 데이터를 저차원으로 변환할 때 상대적 거리를 완벽히 보존할 수 있다.
④ 다차원 척도법은 근접도의 계산 방식에 따라 계량적 MDS와 비계량적 MDS로 구분된다.

210 다중공선성(Multicollinearity)에 대한 설명으로 옳은 것은 무엇인가?

① 다중공선성은 회귀계수(β)의 표준 오차를 증가시켜 계수의 정확한 추정을 어렵게 한다.
② VIF(Variance Inflation Factor)가 1 이하일 때 다중공선성 문제가 있다고 판단한다.
③ VIF 값이 1에 가까울수록 회귀식의 기울기가 완만해진다.
④ 다중공선성 문제를 해결하기 위해 상관관계가 높은 종속변수를 제거해야 한다.

211 Credit 데이터 세트를 사용하여 Balance(신용카드 잔액)와 Income(수입), Student(학생 여부) 간의 중회귀분석 결과에 대한 해석으로 옳지 않은 것은?

```
> summary(lm(Balance~Income+Student,data=Credit))
Call :
lm(formula = Balance ~ Income + Student, data = Credit)
Residuals :
    Min      1Q   Median     3Q      Max
 -762.37 -331.38  -45.04   323.60   818.28
Coefficients :
            Estimate Std.   Error    t value   Pr(>|t|)
(Intercept)  211.1430    32.4572    6.505    2.34e-10 ***
Income         5.9843     0.5566   10.751    < 2e-16 ***
StudentYes   382.6705    65.3108    5.859   9.78e-09 ***
Signif. codes : 0 '***' 0.001 '**' 0.01 '*' 0.05 '.' 0.1 ' ' 1
Residual standard error : 391.8 on 397 degrees of freedom
Multiple R-squared : 0.2775, Adjusted R-squared : 0.2738
F-statistic : 76.22 on 2 and 397 DF,  p-value : < 2.2e-16
```

① 위의 회귀 모델은 Balance를 설명하는 데 통계적으로 유의하다.
② 자유도는 394이다.
③ 자료의 개수는 400개이다.
④ Income은 Balance에 통계적으로 유의미한 영향을 주는 변수이다.

212 상관계수(Correlation Coefficient)에 대한 설명으로 옳지 않은 것은 무엇인가?

① 피어슨 상관계수는 두 변수 간의 선형 관계의 강도와 방향을 측정한다.
② 상관계수가 0일 때, 변수 간에 독립성이 보장된다.
③ 스피어만 상관계수는 순위 기반으로 비선형적인 단조 관계를 측정할 수 있다.
④ 피어슨 상관계수와 스피어만 상관계수는 −1과 1 사이의 값을 가진다.

213 회귀 모형 선택 방법에 대한 설명으로 틀린 것은?

① 수정된 결정계수(Adjusted R^2)가 결정계수(R^2)의 단점을 보완한다.
② Mallows' Cp는 예측값에 대한 MSE를 고려한 평가지표이다.
③ AIC(Akaike Information Criterion)는 변수가 많아질수록 벌점을 부여한다.
④ BIC는 변수가 많아질수록 가중치를 부여한다.

214 광고비의 각 항목(TV, 라디오, 신문)이 판매량(Sales)에 미치는 영향을 평가한 상관분석 결과에 대한 해석으로 옳은 것은?

	TV	radio	newspaper	sales
TV	1.00	0.05	0.06	0.78
radio	0.05	1.00	0.35	0.58
newspaper	0.06	0.35	1.00	0.23
sales	0.78	0.58	0.23	1.00

① TV와 라디오 사이의 교호 관계가 유의하다.
② TV와 Radio 통계 모형이 유의하다.
③ TV가 증가할 때 Radio와 상관없이 Sales가 오른다.
④ 모형의 설명력은 약 67%이다.

215 회귀방정식 탐색 방법 중 잘못된 것은?

① 후진 제거법(Backward Elimination)은 상수항만 남을 때까지 제거한다.
② 전진 선택법(Forward Selection)은 상수항에서 시작하여 유의미한 변수를 하나씩 추가한다.
③ 단계별 방법(Stepwise Selection)은 전진 선택법과 후진 선택법을 결합하여 변수를 추가하거나 제거한다.
④ 최적의 회귀방정식을 찾으면 변수 간 관계를 가장 잘 설명할 수 있는 모델을 구성할 수 있다.

216 제품이나 서비스의 품질 등을 평가할 때 「매우 만족 – 만족 – 보통 – 불만 – 매우 불만족」으로 평가할 때 사용하는 척도는?

① 순서척도(Ordinal Scale)
② 명목척도(Nominal Scale)
③ 구간척도(Interval Scale)
④ 비율척도(Ratio Scale)

217 주장된 가설에 대해, 귀무가설이 참일 때 관측된 결과가 예상보다 극단적일 확률을 나타내는 것은 무엇인가?

① 유의수준(α)
② p-value
③ β
④ $1-\alpha$

218 가설검정에 대한 설명으로 가장 적절하지 않은 것은?

① P-value는 귀무가설이 참일 때, 귀무가설을 기각할 때 범하게 되는 1종 오류의 확률을 의미한다.
② P-value가 유의수준보다 작으면 대립가설을 기각한다.
③ P-value가 유의수준보다 작으면 귀무가설을 기각하고 대립가설을 채택한다.
④ P-value가 유의수준보다 크면 귀무가설을 기각할 수 없다.

219 아래 회귀분석 결과에서 experience 변수의 t-통계량 계산식으로 올바른 것은?

```
Coefficients :
              Estimate   Std.Error   Pr(>|t|)
(Intercept)   0.24       1.3761      2.39e-12 ***
experience    75.23      4.195       1.54e-06 ***
```

① 75.23 ÷ 4.195
② 0.24 ÷ 1.3761
③ 4.195 ÷ 75.23
④ 75.23 ÷ 0.24

220 다음 보기의 정보를 바탕으로, 'A' 질병으로 진단받은 사람 중 실제로 'A' 질병이 있는 사람의 확률은 얼마인가?

- 전체 인구 중 'A' 질병이 있는 사람의 비율: 10% (P(A) = 0.1)
- 전체 인구 중 'A' 질병으로 진단받은 사람의 비율: 20% (P(B) = 0.2)
- 'A' 질병이 있는 사람 중 'A' 질병으로 진단받은 비율: 90% (P(B|A) = 0.9)

① 1/9
② 2/9
③ 9/20
④ 9/10

221 모집단이 정규분포를 따를 때 신뢰구간 95%는 다음과 같이 계산된다. 다음 중 모평균 신뢰구간에 대한 설명으로 올바르지 않은 것은?

$$신뢰구간 = 0.5 \pm 1.96 \times \frac{1}{\sqrt{100}}$$

① 신뢰구간을 99%로 변경 시 Z-값은 1.96 대신 2.58이다.
② 표본 평균이 0.5이다.
③ 모집단의 평균값이 신뢰구간에 포함되지 않을 수 있다.
④ 동일한 모집단에서 표본을 추출해도, 신뢰구간은 항상 동일한 값을 가지게 된다.

222 신용카드 고객의 파산 확률을 'yes', 'no'로 예측하기에 적절하지 않은 방법은 무엇인가?

① 선형 회귀분석(Linear Regression)
② 로지스틱 회귀분석(Logistic Regression)
③ 랜덤포레스트(Random Forest)
④ 서포트 벡터 머신(SVM, Support Vector Machine)

223 다중공선성(Multicollinearity) 해결 방법으로 옳지 않은 것은?

① 상관관계가 높은 변수 중에서 중요도가 낮으면 상관계수가 높은 변수를 제거한다.
② 구조적 다중공선성의 문제가 있는 경우에는 데이터의 평균 중심을 변환한다.
③ 상관계수를 낮추기 위해 변수의 값을 조정한다.
④ VIF(Variance Inflation Factor)를 이용하여 다중공선성 유무를 판단할 수 있다.

224 다음 중 AR(1)과 AR(2)에 대한 설명으로 옳은 것은?

① AR(1)은 단일 시차(lag) 모델로 선형성을 유지하며, AR(2)는 다중 시차를 기반으로 비선형성을 포함한다.
② AR(1)은 짧은 메모리 효과(short memory)에 적합하며, AR(2)는 긴 메모리 효과(long memory)에 적합하다.
③ AR(1)은 항상 정상성을 만족하며, AR(2)는 항상 비정상성을 가진다.
④ AR(1) 모형은 1개의 시차(lag 1)를 사용하고 AR(2) 모형은 2개의 시차(lag 1, lag 2)를 의미한다.

225 시계열 자료에 대한 설명 중 옳지 않은 것은?

① 시계열 자료는 시간 순서에 따라 관측된 데이터이며, 추세(Trend), 계절성(Seasonality), 그리고 불규칙성(Irregularity)을 포함할 수 있다.
② 정상성을 확보하기 위해 시계열 자료를 변환하거나 차분을 수행할 수 있다.
③ 자기상관함수(ACF)는 시계열 자료의 시차별 자기상관을 측정하여, 데이터의 패턴이나 모델링에 유용한 정보를 제공한다.
④ 차분은 현재 시점에서 여러 시점을 빼는 방법을 의미한다.

226 베이즈 정리에 대한 설명 중 올바르지 않은 것은?

① 베이즈 정리는 연역적 추론 방법이다.
② 베이즈 정리 공식: $P(A|B) = P(B|A)P(A) \div P(B)$
③ $P(B|A)$와 $P(A|B)$의 관계를 설명한다.
④ 베이즈 정리는 과거 경험과 현재 증거를 기반으로 추정한다.

227 다중공선성에 대한 설명으로 옳지 않은 것은?

① VIF(Variance Inflation Factor)로 확인되며, 10을 넘기면 다중공선성의 가능성이 있다.
② 다중공선성을 제거하려면 독립변수를 더 추가해야 한다.
③ 다중공선성은 독립변수들 사이의 선형 관계에서 발생한다.
④ 다중공선성이 있는 경우에도 통계적으로 유의미한 결과가 나올 수 있다.

228 표본 크기가 71이고 신뢰 수준이 90%인 경우, t 분포를 사용하여 모평균에 대한 신뢰구간을 구할 때 아래 빈칸을 구하라.

$$신뢰구간 = \overline{X} \pm (\ ,\ ) \times \frac{S}{\sqrt{71}}$$

① t 70, 0.95
② t 71, 0.95
③ t 70, 0.90
④ t 71, 0.90

229 Residuals vs Fitted 그래프를 통해 회귀 모델의 진단과 관련하여 적절하지 않은 해석은 무엇인가?

① 등분산성을 만족하지 않는다.
② 독립성을 만족하지 않는다.
③ 이상값이 존재한다.
④ 해당 그래프에서 영향점을 파악할 수 있다.

230 점추정과 구간추정에 대한 설명으로 틀린 것은?

① 점추정은 모집단의 모수를 하나의 값으로 추정하는 방법이다.
② 구간추정은 모집단의 모수가 특정 구간에 포함될 확률을 제시한다.
③ 신뢰구간이 항상 모수를 포함한다.
④ 점추정과 구간추정 모두 모집단의 모수를 추정하는 방법이다.

231 다음은 cats 데이터 세트의 요약 통계 결과이다. 이에 대한 해석 중 틀린 것은 무엇인가?

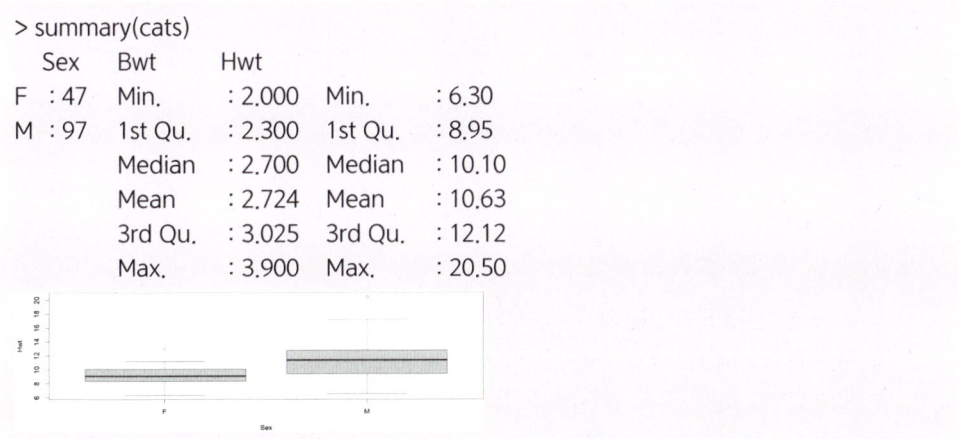

① 전체 데이터 수는 144개이다.
② 문자 또는 문자열 변수가 존재한다.
③ 이상값이 존재하고, 결측치가 1개 있다.
④ Hwt의 평균값은 10.63이다.

232 아래 그래프로 설명하는 상관계수에 관한 내용 중 옳은 것은?

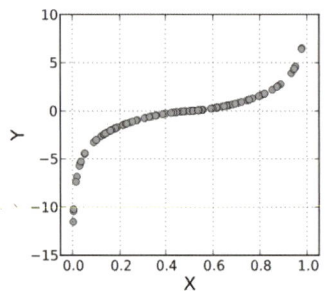

① 두 변수 간 완전한 선형 관계이다.
② 두 변수는 단조 감소 관계를 가진다.
③ 피어슨 상관계수가 1이다.
④ 스피어만 상관계수가 1이다.

233 파생 변수에 대한 설명 중 틀린 것은?

① 파생 변수는 동일한 값을 가지는 경우가 많다.
② 파생 변수는 다양한 모델에서 공통으로 활용될 수 있다.
③ 파생 변수는 주관적으로 생성되므로 논리적 타당성을 확보해야 한다.
④ BMI 지수는 비만도를 계산하기 위해 몸무게와 키를 활용하여 만든 파생 변수의 예이다.

234 다음 중 독립변수가 여러 개일 때 종속변수와의 관계를 분석하는데 가장 적합한 기법은?

① 다항회귀(Polynomial Regression)
② 다중회귀(Multiple Regression)
③ 로지스틱회귀(Logistic Regression)
④ 단순회귀(Simple Regression)

235 Hitters 데이터는 메이저리그에서 활약하는 선수에 대한 타자 기록으로 연봉을 비롯한 17개의 변수를 포함하고 있다. 아래는 변수 간의 상관계수를 나타낸다. 다음 중 이에 대한 설명으로 가장 옳지 않은 것은?

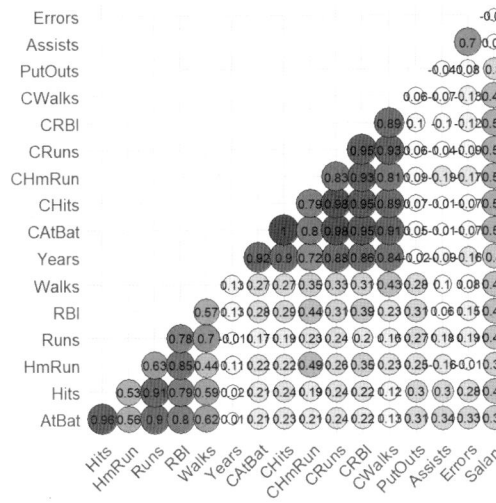

① Salary와 상관계수가 작은 변수 중 하나는 Errors이다.
② Salary와 cRuns의 상관계수는 통계적으로 유의하다.
③ Salary와 Errors는 음의 상관관계를 가진다.
④ Salary를 반응변수로 두고 나머지 변수를 독립변수로 하는 회귀 모형을 적합할 때 다중공선성이 존재할 가능성이 높다.

236 표본 추출법에 대한 설명으로 옳은 것은?

① 단순 임의 추출법은 전체 모집단에서 계층을 구분하여 추출하는 방식이다.
② 모집단에 일련번호를 부여한 뒤, 임의의 시작점을 정하고 일정한 간격에 따라 표본을 선택하는 방식은 계통 추출에 해당한다.
③ 집락 추출법은 모집단을 동질적인 계층으로 나누어 각 계층에서 표본을 추출하는 방법이다.
④ 층화 추출법은 이질적인 원소들로 구성된 각 계층에서 대표가 되는 표본들을 무작위로 추출한다.

237 회귀분석의 정규성을 검증하는 방법이 아닌 것은?

① 히스토그램(histogram)
② Q-Q 플롯(Q-Q plot)
③ 샤피로-윌크 테스트(Shapiro-Wilk test)
④ 더빈-왓슨 테스트(Durbin-Watson test)

238 다음 64개 변수에 대한 주성분 분석의 Scree plot 결과에 대한 해석으로 틀린 것은?

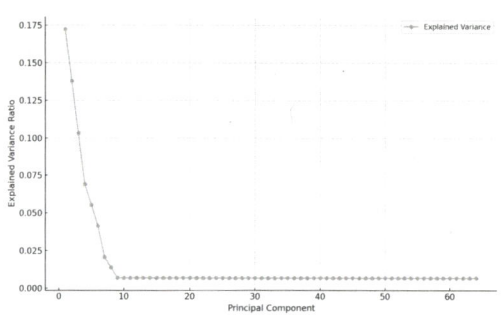

① 첫 번째 주성분으로 10% 이상 설명이 가능하다.
② 64개의 주성분을 사용할 시 총분산의 100%를 설명할 수 있다.
③ 7~8번째 주성분에서부터 완만한 기울기를 가진다.
④ 두 개의 주성분을 사용할 때 7%의 분산 설명이 가능하다.

239 다음 중 주성분 분석(PCA)에 대한 설명으로 옳지 않은 것은?

① 변수 간 선형 관계를 알아보기 위한 분석이다.
② 차원 축소의 기능이 있다.
③ 차원 축소로 예측에도 활용할 수 있다.
④ 주성분은 서로 상관관계가 없다.

240 다음 중 주성분 분석(PCA)에 대한 설명으로 옳지 않은 것은 무엇인가?

① 차원 축소를 통해 데이터 시각화에 활용될 수 있다.
② 추출된 주성분들은 서로 직교하는 성질을 가진다.
③ 라벨 정보 없이 수행되는 비지도 학습 기법이다.
④ 생성할 수 있는 주성분의 최대 개수는 데이터의 관측치 개수와 동일하다.

241 번호가 1부터 N까지 부여된 모집단에서 일정한 간격으로 표본을 추출하여 n개를 선택하는 표본추출 방법은 무엇인가?

① 계통 추출 (Systematic Sampling)
② 단순 무작위 추출 (Simple Random Sampling)
③ 층화 추출 (Stratified Sampling)
④ 집락 추출 (Cluster Sampling)

242 다음 중 스피어만 상관계수(Spearman's Rank Correlation Coefficient)를 적용하기 부적절한 척도는?

① 명목척도
② 서열척도
③ 등간척도
④ 비율척도

243. Wage 데이터 세트를 활용하여 다중 회귀 모형을 적합하였을 때, 이에 대한 해석으로 옳지 않은 것은 무엇인가?

```
model <- lm(wage ~age+jobclass+age*jobclass, data = Wage)
summary(model)
Call:
lm(formula = wage ~ age + jobclass + age * jobclass, data = Wage)
Residuals:
    Min     1Q  Median    3Q    Max
-105.656 -24.568 -6.104 16.433 196.810
Coefficients:
                        Estimate Std.  Error    t value   Pr(>|t|)
(Intercept)              73.52831   3.76133   19.548   < 2e-16 ***
age                       0.71966   0.08744    8.230   2.75e-16 ***
jobclass2. Information   22.73086   5.63141    4.036   5.56e-05 ***
age:jobclass2. Information -0.16017  0.12785   -1.253   0.21

Signif. codes:  0 '***' 0.001 '**' 0.01 '*' 0.05 '.' 0.1 ' ' 1

Residual standard error: 40.16 on 2996 degrees of freedom
Multiple R-squared:  0.07483,    Adjusted R-squared:  0.07391
F-statistic: 80.78 on 3 and 2996 DF,  p-value: < 2.2e-16
```

① age와 jobclass의 교호작용이 유의하지 않다.
② jobclass에 따라 age의 기울기가 달라질 수 있다.
③ jobclass에 따라 회귀식의 절편이 달라진다.
④ age가 1 증가할 때 wage의 증가량은 jobclass에 따라 다를 수 있다.

244. 다음 중 비모수 검정으로 적절하지 않은 것은?

① 윌콕슨의 순위합 검정
② 런(run) 검정
③ 만-휘트니 검정
④ t-검정(t-test)

245 다음 중 중심극한정리에 대한 설명으로 부적절한 것은?

① 표본 평균에 관한 설명이다.
② 모집단이 정규분포를 따라야 한다.
③ 표본의 크기가 커질수록 정규분포에 가까워진다.
④ 모집단이 비대칭일수록 표본의 크기가 커야 한다.

246 다음 중 시계열 분석에 대한 설명으로 적절하지 않은 것은?

① 추세 요인: 일정한 방향으로 상승 또는 하락하는 경향을 보이는 요인
② 계절 요인: 일정한 주기를 가지는 상하 반복의 규칙적인 변동 요인
③ 순환 요인: 경제나 역사처럼 일정한 주기로 반복되는 변동 요인
④ 불규칙 요인: 예측하기 어렵고, 원인을 알기 힘든 갑작스러운 변화

247 아래는 남학생과 여학생이 좋아하는 과일에 대한 빈도 교차표이다. 전체에서 1명을 임의로 뽑았을 때, 그 학생이 남학생일 경우 사과를 좋아할 확률은?

	사과	딸기
남학생	30	40
여학생	10	20

① 3/10
② 3/7
③ 2/5
④ 3/5

248 비정상 시계열 데이터를 정상화(stationary)하는 방법 중 적절하지 않은 것은?

① 차분
② 정규화
③ 이상치 제거
④ 구간 분할

249 회귀분석 시 독립변수 간에 강한 상관관계가 나타날 때 발생하는 문제를 지칭하는 용어는?

① 다중공선성
② 회귀계수
③ 선형계수
④ 상관계수

250 비복원 단순 무작위 추출법으로 1번부터 100번까지 번호가 매겨진 공 중에서 10개를 추출하여 표본을 만들었다. 다음 중 틀린 설명은?

① 1번 공이 표본에 뽑힐 확률은 1/10이다.
② 1번 공과 2번 공이 동시에 뽑힐 확률은 1/100이다.
③ 1번 공과 100번 공이 뽑힐 확률은 같다.
④ 1번 공과 2번 공이 동시에 뽑힐 확률과 99번 공과 100번 공이 동시에 뽑힐 확률은 같다.

251 다음 중 확률 관련 설명 중 잘못된 것은?

① 독립일 때 동시에 나올 확률은 A와 B의 합이다.
② 한 사건 A가 일어날 확률을 P(A)라 할 때, n번 반복 시행에서 사건 A가 일어난 횟수를 r이라 하면, 상대도수 r/n은 n이 커질수록 P(A)에 가까워진다.
③ 두 집단이 독립일 때 교집합은 두 집단의 합과 동일하다.
④ 조건부 확률을 이용해 사전 확률과 사후 확률을 계산하는 것은 베이즈 이론이다.

252 다음 중 척도에 대한 설명으로 올바르게 짝지어진 것은?

① 몸무게는 이산형 척도에 해당한다.
② 거주 지역이 수도권 또는 비수도권인 경우는 명목 척도에 해당한다.
③ 온도는 연속형 척도에 해당한다.
④ 교통사고 발생 확률은 순서 척도에 해당한다.

253 다음 중 시계열 모형에서 정상성 확보를 위한 변환 방법으로 가장 적절한 것은?

① 이상치를 제거한다.
② 차분을 수행한다.
③ 회귀분석으로 개입 효과를 보정한다.
④ 자연로그를 취하여 분산을 안정화한다.

254 다음 중 시계열 모형에 영향을 주는 요인과 그 설명이 올바르게 짝지어진 것은?

① 시간에 따라 불규칙하게 발생하는 예외적인 변동을 추세 요인이라고 한다.
② 장기적인 경기변동처럼 불규칙하게 반복되는 흐름을 계절 요인이라고 한다.
③ 산업의 경기 순환처럼 장기적이지만 불규칙한 주기로 나타나는 변동을 순환 요인이라고 한다.
④ 일정한 주기로 반복되며 명확한 패턴을 보이는 변동을 불규칙 요인이라고 한다.

255 다음 중 기술 통계(Descriptive Statistics)에 관한 설명으로 틀린 것은?

① 기술통계는 데이터를 요약하고 정리하는 데 사용된다.
② 기술 통계량에는 평균, 중앙값, 분산, 표준편차 등이 포함된다.
③ 기술통계는 전체 데이터를 시각화하여 분포를 파악하는데 활용될 수 있다.
④ 결측치를 0으로 변환한 후 계산하는 것이 일반적인 방법이다.

256 콜레스테롤 수치(Cholesterol)를 체중(Weight)으로 예측한 회귀분석 결과가 다음과 같을 때, 회귀식으로 가장 옳은 것은?

```
Call:
lm(formula = Cholesterol ~ Weight , data = chol_data)
coefficients:
              Estimate   Std. Error    t value      Pr(>|t|)
(Intercept)   96.04      2.997e-14     3.205e+15    < 2.0e-16 ***
Weight        1.97       3.910e-16     5.039e+15    < 2.0e-16 ***
```

① Cholesterol = 1.9054 × Weight + 7,542
② Cholesterol = 1.97 × (Weight + 96.04)
③ Cholesterol = 1.97 + 96.04 × Weight
④ Cholesterol = 96.04 + 1.97 × Weight

257 다음 회귀분석 결과에서 결정계수 값을 구하시오.

SSE(오차 제곱합) = 200
SSR(회귀 제곱합) = 300

① 0.40
② 0.50
③ 0.60
④ 0.67

258 범주형 자료 분석에 대한 설명 중 틀린 것은?

① 범주의 특성에 따른 관찰 도수를 기준으로 기대 도수를 계산하여 사용한다.
② 동질성 검정은 관측값들이 정해진 범주 내에서 서로 비슷하게 나타나고 있는지를 검정한다.
③ 적합도 검정은 도수표 내 관찰 도수의 분산과 기대 도수의 분산이 얼마나 일치하는지를 검정한다.
④ 독립성 검정은 서로 다른 요인들에 의해 분할된 경우, 그 요인들이 관찰값에 영향을 주는지 여부를 검정한다.

259 최적의 회귀방정식을 탐색하는 방법 중 후진 제거법(Backward Elimination)에 대한 설명으로 가장 적절한 것은?

① 모든 독립변수를 포함한 상태에서 시작하여, 통계적으로 유의하지 않은 변수부터 하나씩 제거한다.
② 변수 없이 시작하여 가장 유의한 독립변수를 하나씩 추가한다.
③ 변수의 추가와 제거를 동시에 고려하여 회귀방정식을 구성한다.
④ 상관계수가 가장 큰 변수들만을 선택하여 방정식을 구성한다.

260 다음은 주성분 분석(PCA) 결과 일부이다. 이를 기반으로 올바르게 해석한 것은?

	PC1	PC2	PC3
Standard deviation	2.03	1.24	0.86
Proportion of Variance	0.52	0.26	0.12
Cumulative Proportion	0.52	0.78	0.90

① 제1주성분(PC1)은 전체 분산의 약 52%를 설명하며, 가장 큰 설명력을 가진다.
② 제2주성분(PC2)은 원자료의 모든 변수 간의 상관관계를 정확히 보존한다.
③ 제1주성분(PC1)의 고윳값은 0.52이며, 이는 해당 성분의 영향력이 낮다는 것을 의미한다.
④ 제1주성분과 제 주성분을 함께 사용하면 전체 데이터의 약 62%만 설명할 수 있다.

261 다음 중 주성분 분석(PCA)을 수행한 결과 아래와 같은 로딩값(PC1, PC2)이 도출되었을 때, 이에 대한 설명으로 틀린 것은 무엇인가?

```
                PC1      PC2
X100m          -0.354    0.123
Long.jump       0.321   -0.245
Shot.put        0.298    0.367
High.jump       0.276   -0.432
X400m          -0.345    0.198
X110m.hurdle   -0.340    0.156
Discus          0.287    0.389
Pole.vault      0.255   -0.401
Javeline        0.312    0.401
X1500m         -0.189    0.298
```

① PC1에서는 Long.jump 변수가 양의 방향으로 큰 기여를 한다.
② PC2에서는 High.jump 변수가 음의 방향으로 큰 영향을 준다.
③ Javelin 변수가 주성분 분석에서 가장 큰 영향력을 가진다.
④ PCA 수행 전 변수 간 스케일 차이를 제거하기 위해 표준화를 적용하는 것이 일반적이다.

262 어떤 변수의 요약 통계량이 아래와 같을 때, 해당 변수에 대한 설명으로 옳지 않은 것은?

```
Min.     : 0.00
1st Qu.  : 0.00
Median   : 5.90
Mean     : 8.12
3rd Qu.  : 12.75
Max.     : 50.00
```

① 최솟값과 제1사분위수가 모두 0이므로 전체 관측값의 25% 이상이 0이다.
② 제3사분위수(Q3)가 12.75이므로 약 75%의 값이 12.75 이하이다.
③ 중앙값이 5.90이므로 전체 관측값의 50%가 5.90 이하이다.
④ 제1사분위수가 0이므로 최소 25%는 0보다 큰 값이다.

263 상관분석 관련 설명으로 틀린 것은?

① 스피어만 상관계수는 선형 관계뿐만 아니라 비선형적인 순위 관계에서도 사용할 수 있다.
② 상관계수가 -1일 때 상관관계가 없다.
③ 공분산은 단위의 영향을 받고, 상관계수는 단위의 영향을 받지 않는다.
④ 피어슨 상관계수는 두 변수 간의 선형 관계의 정도를 측정한다.

264 상관분석에 대한 설명으로 옳지 않은 것은?

① 피어슨 상관계수는 구간, 비율척도 변수 간의 선형 관계를 측정한다.
② 스피어만 상관계수는 서열 변수 간의 단조 관계를 측정한다.
③ 상관계수 값의 범위는 -1에서 1사이이다.
④ 상관분석은 독립변수에 대한 종속값을 예측한다.

265 다음 중 상관계수 행렬을 기반으로 두 변수 간 상관관계에 대한 설명으로 가장 옳은 것은?

	balance	income	default	student
balance	1.00	0.23	0.56	-0.28
income	0.23	1.00	0.04	-0.80
default	0.56	0.04	1.00	0.41
student	-0.28	-0.80	0.41	1.00

① balance와 income은 강한 양의 상관관계를 보인다.
② income과 student는 음의 상관관계를 보이며, 관계의 정도가 가장 크다.
③ balance와 default는 음의 상관관계를 가진다.
④ default와 student는 상관성이 없다고 볼 수 있다.

266 두 확률변수 A와 B의 피어슨 상관계수는 0.8, p-value=0.02가 계산되었다. 유의수준 α=0.05에서 이 결과에 대한 해석으로 옳은 것은?

① 양의 상관관계이며, 통계적으로 유의하다.
② 음의 상관관계이며, 통계적으로 유의하다.
③ 양의 상관관계지만, 통계적으로 유의하지 않다.
④ p-value가 유의수준보다 높다.

267 다음은 R의 내장 데이터 세트 swiss의 Fertility(출산율)를 Education(교육 수준)으로 회귀분석한 결과이다. 이 분석에 대한 해석으로 틀린 것은 무엇인가?

```
model <- lm(Fertility ~ Education, data = swiss)
summary(model)
Coefficients:
            Estimate  Std. Error  t value  Pr(>|t|)
(Intercept)  79.6101    2.1048    37.82    < 2e-16 ***
Education    -0.8624    0.1448    -5.95    3.66e-07 ***

Residual standard error: 7.524 on 45 degrees of freedom
Multiple R-squared: 0.646,  Adjusted R-squared: 0.639
F-statistic: 35.41 on 1 and 45 DF,  p-value: 3.66e-07
```

① Education이 증가할수록 Fertility는 감소하는 경향이 있다.
② 회귀 모형의 F 통계량은 약 35.41로, 해당 모형은 통계적으로 유의하다.
③ 회귀 모형은 약 64.6%의 분산을 설명하며, 자유도 보정 후에도 설명력은 63.9%로 유지된다.
④ F 통계량이 유의하므로 Education은 Fertility의 인과적 요인이라 할 수 있다.

268 다음 중 회귀분석의 가정으로 가장 부적절한 것은?

① 독립변수와 종속변수가 선형 관계를 가진다.
② 종속변수가 정규분포를 따른다.
③ Normal Q-Q 그래프는 잔차가 정규분포를 따르는지를 확인하는 데 사용된다. 잔차들이 대각선 위에 위치할수록 이상적이다.
④ 관측치의 잔차 간에 상관이 없다.

269 다음은 다중회귀분석에서 다중공선성(Multicollinearity)이 존재할 때 해결 방안이 아닌 것은?

① 주성분 분석을 통한 차원 축소는 바람직하지 않다.
② 능형 회귀(Ridge Regression)를 이용한다.
③ 데이터(관측치)를 추가한다.
④ 중요하지 않은 변수를 제거한다.

270 검정력(Power)에 대한 설명으로 옳은 것은 무엇인가?

① 귀무가설이 참인데도 이를 기각할 확률이다.
② 귀무가설이 참일 때 이를 채택할 확률이다.
③ 대립가설이 참일 때 귀무가설을 기각할 확률이다.
④ 귀무가설이 거짓인데도 이를 채택할 확률이다.

271 가설검정의 오류에 대한 설명 중 틀린 것은?

① 제2종 오류는 대립가설(H_1)이 사실일 때 귀무가설(H_0)을 채택하는 오류이다.
② 가설검정에서 발생하는 오류는 유의수준과 관계가 있다.
③ 제1종 오류를 줄이기 위해서는 유의수준을 크게 할 필요가 있다.
④ 제1종 오류와 제2종 오류는 일반적으로 반비례 관계에 있다.

272 단순 회귀분석의 모형에서 오차 항의 기본 가정에 대한 설명으로 틀린 것은?

① 오차 항은 정규분포를 따른다.
② 오차 항은 서로 독립이다.
③ 오차 항의 기댓값은 0이다.
④ 오차 항의 분산이 다르다.

273 다음 중 비모수 통계(Nonparametric Statistics)에 대한 설명으로 가장 부적절한 것은?

① 비모수 통계분석에서는 순위척도로 주어져서 상대적인 크기로 데이터가 주어질 경우, 순위에 기초한 분석 방법이 유용하다.
② 평균이나 분산 같은 모집단의 분포에 대한 모수성을 가정하지 않고 분석하는 통계적 방법이다.
③ 비모수적 검정은 모수적 검정보다 통계량 계산이 복잡하다.
④ 모집단의 분포와 무관하게 사용할 수 있다.

274 다음 중 범주형 변수의 빈도가 기댓값과 유의미하게 다른지를 확인하고자 할 때 사용하는 적절한 검정 방법은?

① Z-검정
② 카이제곱 검정
③ 분산분석
④ F-검정

275 다음 중 범주형 자료 검정에 대한 설명으로 가장 올바르지 않은 것은?

① 적합도 검정은 표본 집단의 분포가 주어진 특정 이론적 분포를 따르는지를 검정하는 기법이다.
② 독립성 검정(Test of Independence)은 서로 다른 요인들에 의해 분할된 경우, 그 요인들이 관찰값에 영향을 주는지, 즉 요인들이 서로 연관이 있는지를 검정하며, 반드시 2개의 범주가 필요하다.
③ 관측값이 질적 자료(Qualitative data) 또는 어떤 속성에 따라 분류되어 범주(Category)에 속하는 도수(Frequency)로 주어질 경우, 이를 범주형 자료(Categorical data)라고 한다.
④ 샤피로-윌크 검정(Shapiro-Wilk test)은 표본이 정규분포로부터 추출된 것인지를 확인하기 위한 검정 방법으로, R의 shapiro.test() 함수를 사용하며, 이때 귀무가설은 "주어진 표본이 정규분포를 따른다"로 설정한다.

276 다음 설명에 해당하는 정규화 선형회귀 기법은 무엇인가?

- 가중치의 절댓값의 합을 최소화하는 방식으로, 추가적인 제약 조건을 부여하는 방법이다.
- L1-노름(L1-norm)을 통해 제약을 적용하는 방식이다.

① 라쏘 회귀(LASSO)
② 릿지 회귀(Ridge)
③ 엘라스틱 넷(Elastic Net)
④ 서포트 벡터 머신(SVM)

277 다음 중 주성분 분석(PCA)에 대한 설명으로 가장 적절한 것은?

① 상관관계가 있는 저차원 자료를, 자료의 변동을 최대한 보존하는 고차원 자료로 변환하는 차원 축소 방법이다.
② 차원 축소는 고윳값이 낮은 순으로 정렬하여, 낮은 고윳값을 가진 고유벡터만으로 데이터를 복원하는 방식이다.
③ PCA를 통해 도출된 주성분을 해석하는 것은 일반적으로 쉽고 직관적이다.
④ 변수들의 선형 결합으로 구성된 주성분들은 서로 직교(orthogonal)하며, 기존 자료보다 적은 수의 주성분으로 원자료의 변동성을 설명할 수 있다.

278 다음 중 정상 시계열의 특징으로 옳은 것은?

① 시점에 관계없이 평균과 분산이 일정하다.
② 시간이 지남에 따라 평균이 점점 증가한다.
③ 시점마다 분산이 크게 변한다.
④ 특정 시기에만 분산이 급격히 커진다.

279 다음 중 시계열 모형에 대한 설명으로 가장 적합한 것은?

> - 현시점의 자료를 과거 관측자료와 과거 시점 백색잡음의 선형 결합으로 표현한다.
> - 자기회귀(AR)와 이동평균(MA) 성분을 모두 포함한다.
> - 모형의 차수는 AR 부분과 MA 부분의 차수로 정의된다.

① 이동평균(MA) 모형
② 자기회귀(AR) 모형
③ 자기회귀 이동평균(ARMA) 모형
④ 자기회귀 누적 이동평균(ARIMA) 모형

280 연관 규칙 우유 → 커피의 지지도(Support) 값은 얼마인가?

거래 품목	거래 건수
우유	100
커피	100
우유, 커피	100
커피, 초콜렛	50
전체 거래수	300

① 0.1
② 0.2
③ 0.3
④ 0.4

281 오분류표(Confusion Matrix)를 활용하여 모형을 평가하는 지표 중 전체 관측치 중 실제값과 예측값이 일치하는 정도를 나타내는 지표는?

① Precision
② Accuracy
③ F1
④ Kappa

282 데이터 마이닝에서 상품에 대한 이해를 높이기 위해, 데이터의 특징 및 의미를 표현 및 설명하는 기능을 무엇이라 하는가?

① 분류
② 추정
③ 예측
④ 기술

283 데이터 마이닝 수행 단계의 순서로 적절한 것은?

① 목적 정의 → 데이터 준비 → 데이터 가공 → 데이터 마이닝 기법 적용 → 검증
② 데이터 준비 → 목적 정의 → 데이터 가공 → 데이터 마이닝 기법 적용 → 검증
③ 목적 정의 → 데이터 가공 → 데이터 준비 → 데이터 마이닝 기법 적용 → 검증
④ 목적 정의 → 데이터 준비 → 데이터 마이닝 기법 적용 → 데이터 가공 → 검증

284 다음 두 점 A(5,2), B(4,3) 사이의 맨해튼 거리(Manhattan Distance)는 얼마인가?

① 2
② 3
③ 4
④ 5

285 아래는 불순도 측정 결과이다. 이때 지니 지수(Gini Index)는 얼마인가?

◆◆○○○

① 12/25
② 11/25
③ 3/5
④ 2/5

286 다음 중 전체 데이터를 k개의 부분집합(폴드)으로 나눈 뒤, 각 폴드를 순차적으로 검증용 데이터로 설정하고, 나머지 폴드를 학습용 데이터로 활용하여 모델을 반복적으로 학습 및 평가하는 기법은?

① K-폴드 교차검증
② 홀드아웃
③ 부트스트랩
④ 군집분석

287 다음 중 앙상블(Ensemble) 모형 기법이 아닌 것은?

① 배깅 (Bagging)
② 부스팅 (Boosting)
③ 랜덤 포레스트 (Random Forest)
④ 시그모이드 (Sigmoid)

288 다중 클래스 분류에서 각 클래스가 정답일 사후확률을 계산하고, 모든 클래스 확률의 합이 1이 되도록 정규화하는 함수는 무엇인가?

① 시그모이드(Sigmoid)
② 소프트맥스(Softmax)
③ 렐루(ReLU)
④ 하이퍼볼릭 탄젠트(Tanh)

289 다음 중 부스팅(Boosting)에 대한 설명으로 옳은 것은?

① 모형의 예측력을 높이고자 순차적으로 진행하는 앙상블 분석 기법이다.
② 모든 약한 학습기를 동시에 학습시켜 평균을 구하는 방식이다.
③ 동일한 데이터 표본을 반복 사용하며 분산을 줄이는 앙상블 기법이다.
④ 잘 예측된 데이터에 더 큰 가중치를 부여하여 성능을 개선한다.

290 계층적 군집을 수행할 때 거리 측정 방법과 관련이 없는 것은?

① 최단 연결법
② 최장 연결법
③ K-평균 군집
④ 평균 연결법

291 구매 항목 간에 '조건-결과' 형식으로 유용한 패턴 및 규칙을 발견하는, 흔히 장바구니 분석이라고 불리는 분석 방법은?

① 연관분석
② 의사결정나무
③ 앙상블 모형
④ 로지스틱 회귀분석

292 아래의 오분류표(confusion matrix)를 참고할 때, 특이도(Specificity)는 얼마인가?

실제값		예측값	
		Positive	Negative
	Positive	40	60
	Negative	60	40

① 0.40
② 0.50
③ 0.60
④ 0.70

293 다음은 한 데이터 세트에 대해 계층적 군집분석(Hierarchical Clustering)을 수행한 결과 생성된 덴드로그램이다. 이때, height가 10일 때의 군집 수는 얼마인가?

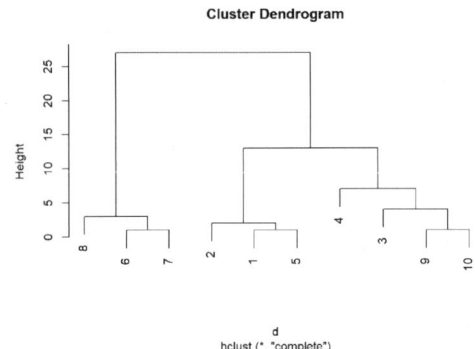

① 1
② 2
③ 3
④ 4

294 로지스틱 회귀분석(Logistic Regression)에서 exp(β)는 설명변수 x_1이 한 단위 증가할 때마다 성공의 (   )가 몇 배 증가하는지를 의미한다. 빈칸에 들어갈 가장 알맞은 용어는?

① 확률 (Probability)
② 가능도 (Likelihood)
③ 오즈 (Odds)
④ 비율 (Ratio)

295 연관분석을 수행하기 위해 빈발 아이템 집합과 연관 규칙이라는 두 가지 형태로 관계를 분석하는 대표적인 알고리즘은 무엇인가?

① K-Means
② Apriori
③ Naive Bayes
④ Random Forest

296 아래의 로그-가능도(log-likelihood) 변화 그래프는 혼합모형을 EM 알고리즘으로 적합한 결과이다. 이 그래프에 대한 해석으로 가장 적절한 것은?

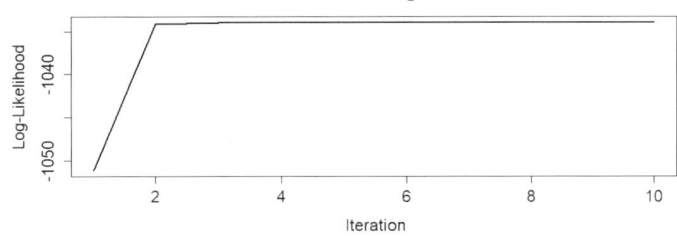

① 반복 횟수 2회 만에 로그-가능도 함수가 최대로 수렴했음을 알 수 있다.
② 혼합분포 군집은 밀도 기반 군집 방법이다.
③ 잠재 변수의 기대치를 계산하는 단계를 M 단계라 한다.
④ EM 알고리즘은 이상값에 민감하지 않다.

297 다음 완전 연결 인공신경망의 연결 가중치 수(바이어스 제외)를 구하시오.

- 입력층: 20개 노드
- 은닉층: 50개 노드
- 출력층: 3개 노드

① 1150
② 1250
③ 1850
④ 2000

298 어떤 슈퍼마켓에서 고객 5명의 장바구니 구입 품목이 다음과 같다고 한다. 이때 연관 규칙 '빵 → 우유'에 대한 신뢰도(Confidence)는 얼마인가?

장바구니	item
1	빵, 맥주, 우유
2	빵, 우유, 계란
3	맥주, 우유
4	빵, 맥주, 계란
5	빵, 맥주, 우유, 계란

① 3/4
② 2/3
③ 3/7
④ 3/8

299 다음은 거래 데이터를 기반으로 추출된 연관 규칙 중 하나인 "콜라 → 맥주"에 대한 문제이다. 이 규칙의 향상도(Lift)를 구하시오.

거래번호	판매상품
1	소주, 콜라, 맥주
2	소주, 콜라, 와인
3	소주, 주스
4	콜라, 맥주
5	소주, 콜라, 맥주, 와인
6	주스

① 0.5
② 1.5
③ 0.25
④ 0.45

300 다음 두 점 사이의 유클리드 거리를 구하시오.

a(185,70), b(180,75)

① $\sqrt{50}$
② $\sqrt{40}$
③ $\sqrt{30}$
④ $\sqrt{20}$

301 시그모이드 활성 함수는?

① $z = \exp(\frac{z}{2})^2$
② $z = \frac{1}{1+\exp(-z)}$
③ $z = \tanh(z)$
④ $z = \max(0, z)$

302 K-means와 같은 비계층적 군집분석에서는 군집의 개수 k를 분석자가 사전에 설정해야 한다. 다음 중 군집 수를 결정할 때 활용하는 그래프로 가장 적절한 것은?

① 엘보우 기법
② 향상도 곡선
③ ROC 그래프
④ 덴드로그램

303 다음은 5개의 위치 데이터를 이용한 계층적 군집분석 결과이다. 최단 연결법(single linkage)을 사용하여 이 데이터를 3개의 군집으로 나눌 때, 군집 구성으로 가장 적절한 것은?

데이터	(x_1, y_1)
a	(1,5)
b	(2,4)
c	(4,6)
d	(4,3)
e	(5,3)

① (a, b), (d, e), (c)
② (a, b, c), (d), (e)
③ (a, c), (b, d), (e)
④ (a, d), (b, c), (e)

304 다음 중 과대적합(Overfitting)에 대한 설명으로 가장 부적절한 것은?

① 학습 데이터(training data)에서는 높은 정확도를 보이지만, 테스트 데이터(test data)에서는 정확도가 낮게 나오는 경우를 말한다.
② 테스트 데이터에서 작은 변화에도 민감하게 반응하지 않는다.
③ 과소적합(underfitting)은 머신러닝 모델이 데이터의 복잡성을 충분히 학습하지 못하여, 학습 데이터와 새로운 데이터 모두에서 성능이 낮은 상태를 의미한다.
④ 과대적합 문제를 방지하기 위해, 모델에 규제를 가하는 정규화(regularization) 기법을 사용할 수 있다.

305 다음 중 로지스틱 회귀 모형에 대한 설명으로 가장 부적절한 것은?

① 로지스틱 회귀모형은 목표변수가 알려진 데이터를 기반으로, 설명변수의 관점에서 각 범주 내 관측치 간의 유사성을 찾는 데 활용된다.
② 로짓 함수는 설명변수들의 선형 결합으로 표현되며, 이를 기반으로 한 회귀 모형을 로지스틱 회귀모형이라 한다.
③ 오즈(Odds)란 범주 1에 속할 확률 p에 대한 범주 0에 속할 확률 (1−p)의 비로 정의된다.
④ 로지스틱 회귀모형은 종속변수가 범주형일 때 사용하는 분석 방법이다.

306 다음은 오분류표(confusion matrix)이다. 이때, 정분류율(Accuracy)을 계산한 값으로 가장 적절한 것은?

실제값		예측값	
		Positive	Negative
	Positive	a	b
	Negative	c	d

① $\dfrac{a+d}{a+b+c+d}$

② $\dfrac{a}{a+b}$

③ $\dfrac{a}{a+c}$

④ $\dfrac{a+b}{a+b+c+d}$

307 다음 설명에 해당하는 앙상블 기법은 무엇인가?

> 원자료로부터 부트스트랩 샘플을 추출하고, 각 샘플에 대해 결정 트리를 형성해 나가는 과정은 배깅과 유사하다. 하지만 새로운 데이터에 대한 예측은 분류 문제의 경우 다수결, 회귀 문제의 경우 예측값의 평균을 사용하는 앙상블 방법이다.

① 배깅
② 랜덤 포레스트
③ 부스팅
④ 스태킹

308 두 벡터 A와 B 사이의 코사인 각도를 이용하여 유사도를 측정하는 방법은 무엇인가?

① 자카드 유사도
② 맨하탄 거리
③ 유클리디안 거리
④ 코사인 유사도

309 고차원의 데이터를 이해하기 쉬운 저차원의 뉴런 공간에 정렬하여 지도의 형태로 시각화하는 군집 분석 기법은 무엇인가?

① K-평균 군집
② 계층적 군집 분석
③ DBSCAN
④ 자기조직화 지도(Self-Organizing Map, SOM)

310 다음 오분류표(혼동행렬)를 이용하여 F1 점수를 계산하면 얼마인가?

		예측값	
		Positive	Negative
실제값	Positive	40	60
	Negative	60	40

① 0.4
② 0.6
③ 0.8
④ 1.0

중요도 ★★★ 상중**하** 난이도 27회 출제

311 다음 중 군집 간의 거리보다는 군집 내 오차 제곱합(Error Sum of Squares, ESS)을 기준으로 군집을 수행하는 계층적 군집분석의 거리 측정 방법은 무엇인가?

① 중심 연결법
② 평균 연결법
③ 와드 연결법
④ 최단 연결법

중요도 ★★★ 상중**하** 난이도 27회 출제

312 앙상블 모형에 대한 설명 중 적절하지 않은 것은?

① 부스팅(Boosting)은 배깅과 유사하지만, 재표본(Re-sampling) 과정에서 각 데이터에 동일한 확률을 부여한다.
② 아다부스팅(AdaBoosting: Adaptive Boosting)은 가장 널리 사용되는 부스팅 알고리즘이다.
③ 배깅(Bagging)은 Bootstrap aggregating의 약자로, 원자료 집합에서 복원추출을 통해 여러 개의 표본(붓스트랩 표본)을 생성하고, 각 표본으로부터 분류기를 학습시켜 결과를 앙상블 하는 방법이다.
④ 배깅은 복원추출을 사용하기 때문에 하나의 표본에 동일한 데이터가 여러 번 포함될 수 있으며, 일부 데이터는 포함되지 않을 수도 있다.

중요도 ★★★ 상**중**하 난이도 27회 출제

313 의사결정나무의 분리 기준에 대한 설명 중 적절하지 않은 것은?

① 카이제곱 통계량의 p값이 가장 작은 예측 변수와 그때의 최적 분리로 자식 마디를 형성한다.
② 엔트로피 지수가 가장 작은 예측 변수와 그때의 최적 분리로 자식 마디를 형성한다.
③ 지니 지수를 크게 하는 예측 변수와 그때의 최적 분리로 자식 마디를 선택한다.
④ 분산의 감소량을 최대화하는 기준의 최적 분리로 자식 마디를 형성한다.

314 다음 중 입력 신호의 총합을 그대로 사용하지 않고, 출력신호로 변환하는 신경망의 함수는?

① 활성화 함수
② 로짓 함수
③ 비용 함수
④ 임계 함수

315 다음 설명에 해당하는 알고리즘으로 가장 적절한 것은?

> 혼합분포 군집은 모형 기반의 군집 방법으로, 데이터가 K개의 모수적 모형의 가중합으로 표현되는 모집단 모형으로부터 생성되었다는 가정하에 분석을 수행한다.
> K개의 각 모형은 군집을 의미하며, 이 혼합모형의 모수와 가중치의 최대 가능도 추정에 사용되는 알고리즘이다.

① 역전파 알고리즘
② 전방 패스 알고리즘
③ EM 알고리즘
④ 탐욕적 알고리즘

316 다음 혼동행렬(confusion matrix)을 바탕으로 오분류율(Error Rate)을 계산하면 얼마인가?

		예측값	
		Positive	Negative
실제값	Positive	40	4
	Negative	20	86

① 16%
② 20%
③ 24%
④ 26%

317 다음 설명에 해당하는 활성화 함수는 무엇인가?

> 입력받은 값을 0~1 사이의 값으로 정규화하고, 출력값들의 총합이 항상 1이 되도록 만드는 다중 클래스 분류 문제에서 출력층에 주로 사용되는 활성화 함수는 무엇인가?

① 시그모이드 함수 (Sigmoid Function)
② 소프트맥스 함수 (Softmax Function)
③ ReLU 함수 (Rectified Linear Unit)
④ 하이퍼볼릭 탄젠트 함수 (Tanh Function)

318 로지스틱 회귀분석에서는 종속변수의 값이 0과 1 사이의 확률값을 가지는 이진형(binary) 변수이므로, 독립변수들의 선형 결합으로부터 예측된 값이 전체 실수 범위($-\infty \sim +\infty$)를 가지는 것을 확률값으로 변환해야 한다. 이를 위해 반응변수에 대한 함수적 변환을 수행하는데, 이 변환을 무엇이라 하는가?

① 소프트맥스 함수 (Softmax Function)
② 로짓 함수 (Logit Function)
③ 시그모이드 함수 (Sigmoid Function)
④ 항등 함수 (Identity Function)

319 다음은 모형 기반 군집분석(Model-based Clustering)의 결과에 대한 설명이다. 아래 설명과 그림을 참고할 때, 최적의 군집 수(K)는 몇 개인가?

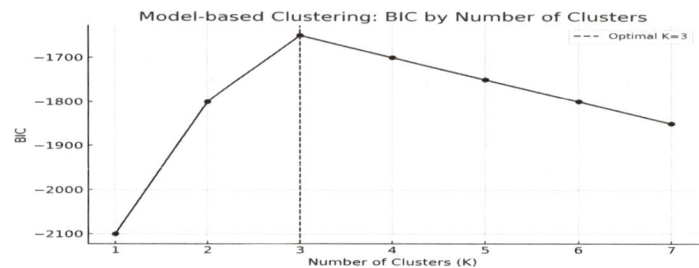

① 1
② 2
③ 3
④ 4

320 모델링 목적에 따라 목적 변수를 정의하고, 필요한 데이터를 데이터마이닝 소프트웨어에 적용할 수 있도록 적합한 형식으로 변환하는 데이터마이닝 프로세스 단계는?

① 데이터 가공
② 목적 정의
③ 데이터 준비
④ 검증

321 카탈로그 배열, 교차판매(Cross-Selling) 등과 같은 마케팅 전략 수립에 가장 적합한 데이터 마이닝 기법은?

① 연관규칙 학습
② 군집분석
③ 회귀분석
④ 인공신경망

322 다음 중 인공신경망에 대한 설명으로 올바르지 않은 것은?

① 데이터를 정규화하지 않으면 지역 최적해에 빠질 위험이 있다.
② 인공신경망은 결과 해석이 쉽지 않다.
③ 은닉층의 뉴런 수와 개수는 신경망 모형에서 자동으로 설정된다.
④ 모델이 복잡할수록 학습 시간은 더 오래 걸릴 수 있다.

323 의사결정나무 모형에서 과대적합(Overfitting)의 발생을 방지하기 위한 방법은?

① 가지치기
② 부스팅
③ 랜덤 포레스트
④ 배깅

324 K-means 군집분석 방법 중 부적절한 것은?

① 계층적 군집분석보다 많은 양의 자료를 처리할 수 있다.
② 한 번 군집이 형성되면 군집에 속하는 개체들은 다른 군집으로 이동할 수 없다.
③ 잡음이나 이상값에 영향을 받기 쉽다.
④ 사전에 군집의 수를 분석자가 설정해야 한다.

325 군집분석에 대한 설명 중 부적절한 것은?

① 군집분석에서 안정성을 확인하기 위해 군집을 두 개로 나누어 교차검증을 실시하며 지도학습과 동일한 평가지표를 갖는다.
② 비지도 학습이다.
③ 계층적 군집분석은 덴드로그램의 형태로 표현된다.
④ 계층적 군집은 한 번 군집이 형성되면 다른 군집으로 이동할 수 없다.

326 후보 빈발 항목 집합을 생성하지 않고 Apriori 알고리즘의 단점을 보완한 방법은 무엇인가?

① FP-Growth
② CART
③ C5.0
④ C4.5

327 DBSCAN 군집분석과 같이 임의적인 모양의 군집을 탐색하는 데 가장 효과적인 군집분석 방법은 무엇인가?

① 밀도 기반 군집
② K-means
③ K-중앙값 군집
④ 혼합 분포 군집

328 연관 규칙의 측정 지표인 향상도(Lift)에 대한 설명으로 올바른 것은?

① 향상도가 1보다 크면 해당 규칙은 결과를 예측하는 데 있어 우수하다.
② 향상도가 1이면 두 품목은 독립 관계가 아니다.
③ 향상도가 1보다 크면 두 품목 간의 관련성이 낮다는 것을 의미한다.
④ 향상도가 1보다 작으면 두 품목 간의 연관성이 높다고 할 수 있다.

329 이질적인 모집단을 세분화하여 유사한 특성을 지닌 집단으로 나누는데 가장 적합한 분석 기법은?

① 군집분석
② 연관분석
③ 회귀분석
④ 인공신경망

330 다음 중 의사결정나무(Decision Tree) 모형의 특징으로 가장 적절한 것은?

① 선형성, 정규성, 등분산성 등의 가정을 충족해야 한다.
② 설명변수 간 다중공선성 문제가 발생하면 사용하기 어렵다.
③ 데이터의 분포에 대한 가정이 필요 없는 비모수적 모형이다.
④ 연속형 변수만을 입력 변수로 사용할 수 있다.

331 의사결정나무에서 더 이상 트리의 분리가 일어나지 않도록 하기 위한 규칙을 무엇이라 하는가?

① 분기 규칙
② 가지치기 규칙
③ 정지 규칙
④ 분산 최소화 규칙

332 군집분석의 평가지표로, 군집의 밀집 정도(응집도)를 평가하는 군집화 타당성 지표는 무엇인가?

① 실루엣 계수
② 혼동행렬
③ 이익 도표
④ 향상도 곡선

333 로지스틱 회귀분석에 대한 설명 중 옳지 않은 것은?

① 로지스틱 회귀분석에서는 모수 추정에 최대우도법(MLE)을 사용한다.
② 로지스틱 회귀는 종속변수가 범주형인 경우에도 적용할 수 있으며, 오차의 정규성이나 등분산성 가정을 필요로 하지 않는다.
③ 로짓 변환을 통해 곡선을 직선 형태로 변환함으로써 해석이 쉬워진다.
④ 로지스틱 회귀분석에서는 일반 선형회귀와 동일하게 F-검정과 t-검정을 사용하여 유의성을 판단한다.

334 다음 중 시그모이드(Sigmoid) 함수 $y = \dfrac{1}{1+e^{-x}}$ 의 출력 범위로 올바른 것은?

① $-1 \leq y \leq 1$
② $0 < y < 1$
③ $1 \leq y \leq 2$
④ $-0.5 \leq y \leq 1$

335 다음은 Default 데이터 세트를 이용해 로지스틱 회귀분석을 수행한 결과이다. 종속변수 default는 신용카드 사용자의 부도 여부를 나타내며, Yes=부도 발생, No=부도 없음을 의미한다. 이에 대한 해석으로 옳지 않은 것은?

```
glm(formula = default ~ income + balance, family = binomial(),
    data = Default)
Coefficients:
            Estimate  Std. Error  z value  Pr(>|z|)
(Intercept) -1.154e+01 4.348e-01  -26.545  < 2e-16 ***
income       2.081e-05 4.985e-06   4.174   2.99e-05 ***
balance      5.647e-03 2.274e-04  24.836   < 2e-16 ***
Signif. codes: 0 '***' 0.001 '**' 0.01 '*' 0.05 '.' 0.1 ' ' 1
(Dispersion parameter for binomial family taken to be 1)
    Null deviance: 2920.6  on 9999  degrees of freedom
Residual deviance: 1579.0  on 9997  degrees of freedom
```

① 해당 분석은 로지스틱 회귀분석이며, 종속변수는 부도 여부(default)이다.
② balance 변수가 증가할수록 부도(default) 확률이 증가한다.
③ balance를 고정한 상태에서, income 변수는 유의수준 0.05에서 통계적으로 유의하며, income이 증가할수록 부도 확률이 감소한다.
④ 표본 개수는 10,000개이다.

336 의사결정나무의 분류 기준에 대한 설명 중 가장 적절하지 않은 것은?

① 상위 노드로부터 하위 노드로 나무 구조를 형성하는 각 단계에서 분류 변수와 분할 기준값의 선택이 중요하다.
② 지니 지수(Gini index)는 클수록 좋은 분할이므로, 지니 값이 커지는 방향으로 모형을 만든다.
③ 카이제곱 통계량의 p-값은 작을수록 자식 노드 간의 이질성이 크다는 것을 의미한다.
④ 엔트로피는 p=0.5일 때 이질성이 가장 크고, p=0 또는 p=1일 때 이질성이 가장 작다.

337 목표변수가 연속형인 회귀 나무(Regression Tree)의 경우 사용하는 분류 기준은 무엇인가?

① 카이제곱 통계량, 지니 지수
② 지니 지수, 엔트로피 지수
③ 엔트로피 지수, 분산 감소량
④ 분산 감소량, F-통계량의 p-값

338 ROC 그래프에 대한 설명 중 올바르지 않은 것은?

① ROC의 가장 이상적인 완벽한 분류 모형은 x축이 0, y축이 1인 지점을 지나는 경우이다.
② ROC 그래프의 곡선 아래 면적(AUC)이 넓을수록 분류 성능이 우수한 모형으로 평가된다.
③ ROC의 x축은 민감도, y축은 특이도로 나타내어 이 두 평가값의 관계로 모형을 평가한다.
④ y축을 참 긍정률(TPR), x축을 거짓 긍정률(FPR)이라 하면 이 둘의 관계는 반비례 관계는 아니다.

339 인공신경망의 은닉층 노드 수가 너무 적을 때 발생할 수 있는 문제는 무엇인가?

① 네트워크가 복잡한 의사결정 경계를 만들 수 없다.
② 네트워크의 일반화가 어렵다.
③ 훈련 데이터에서는 만족스러운 결과를 보이지만, 실제 적용 시 분류 정확도가 낮아지는 과적합 현상이 발생할 수 있다.
④ 출력층 노드의 수는 입력 차원의 수에 따라 결정된다.

340 KNN 알고리즘에 대한 설명 중 올바르지 않은 것은?

① KNN의 단점으로는 데이터의 지역 구조에 민감하다는 것이다.
② 새로운 데이터가 들어왔을 때 기존 데이터 사이의 거리를 측정해서 이웃들을 뽑기 때문에 게으른 학습(lazy learning)이라고 한다.
③ 분류 기준이 명확하지 않으면 사용하기 어렵다.
④ 지도학습에 속하는 알고리즘이다.

341 모델이 과대적합(overfitting) 또는 과소적합(underfitting)되는 것을 방지하기 위해 하이퍼파라미터를 미세 조정할 때 사용하는 데이터는 무엇인가?

① 학습 데이터 (Training Data)
② 검증 데이터 (Validation Data)
③ 테스트 데이터 (Test Data)
④ 평가 데이터 (Evaluation Data)

342 Bootstrap aggregating의 줄임말로, 하나의 원시 데이터 집합으로부터 크기가 같은 표본을 여러 번 단순 임의 복원 추출한 뒤, 각 표본에 대해 분류기를 생성하고 그 결과를 앙상블 하는 방법을 무엇이라고 하는가?

① Stacking
② Bagging
③ Boosting
④ Cross Validation

343 두 군집 사이의 거리를, 각 군집에서 하나씩 관측값을 선택했을 때 가능한 거리 중 최솟값으로 측정하며, 고립된 군집을 찾는 데 중점을 두는 군집 방법은 무엇인가?

① 단일 연결법 (Single Linkage)
② 완전 연결법 (Complete Linkage)
③ 평균 연결법 (Average Linkage)
④ 중심 연결법 (Centroid Linkage)

344 유클리드 거리와 맨해튼 거리를 일반화한 민코우스키(Minkowski) 거리의 수식으로 가장 올바른 것은?

① $d(x,y) = \sum_{j=1}^{m} |x_i - y_i|$

② $d(x,y) = \sqrt{\sum_{i=1}^{m} (x_i - y_i)^2}$

③ $d(x,y) = \left[\sum_{i=1}^{m} |x_i - y_i|^m \right]^{1/m}$

④ $Can(x,y) = \sum_{i=1}^{d} \frac{|x_i - y_i|}{|x_i| + |y_i|}$

345 변수의 표준화와 함께 변수 간의 상관성(분포 형태)을 동시에 고려한 통계적 거리를 무엇이라 하는가?

① 표준화(Standardized) 거리
② 마할라노비스(Mahalanobis) 거리
③ 맨해튼(Manhattan) 거리
④ 유클리드(Euclidean) 거리

346 다음 중 앙상블 모형에 대한 설명으로 적절하지 않은 것은?

① 이상값에 대한 대응력이 뛰어나다.
② 각 모형 간의 상호 연관성이 높을수록 정확도가 향상된다.
③ 전체적인 예측값의 분산을 줄여 정확도를 높일 수 있다.
④ 복잡한 현상의 원인을 분석하기에는 적합하지 않다.

347 연관분석의 측정 지표 중 전체 거래 중에서 품목 A와 품목 B가 동시에 포함된 거래의 비중을 나타내는 지표는 무엇인가?

① 지지도(Support)
② 신뢰도(Confidence)
③ 향상도(Lift)
④ 향상도 곡선(Lift Curve)

348 다음 중 다차원 척도법(Multidimensional Scaling, MDS)의 활용 사례로 옳은 것은?

① 제품 결함률의 시간별 변화 추세 분석
② 영화 간 유사성 분석 및 시각화
③ 범주형 데이터의 연관 규칙 분석
④ 주가 예측을 위한 시계열 모델링

349 SOM(Self-Organizing Maps, 자기조직화지도) 알고리즘은 고차원의 데이터를 이해하기 쉬운 저차원의 뉴런으로 정렬하여 지도(map) 형태로 시각화한다. 이러한 SOM 모델은 두 개의 인공신경망 층으로 구성되어 있으며, 입력 벡터의 특성에 따라 벡터가 한 점으로 클러스터링 되는 층을 무엇이라 하는가?

① 입력층(Input layer)
② 경쟁층(Competitive layer)
③ Best Matching Unit
④ Back Propagation

350 여러 개의 개별 모델을 조합하여 예측 성능을 향상하고, 단일 모델보다 더 나은 일반화 성능을 얻는 분석 기법을 무엇이라 하는가?

① 의사결정나무(Decision Tree)
② 서포트 벡터 머신(Support Vector Machine)
③ 앙상블(Ensemble)
④ K-최근접 이웃(K-Nearest Neighbors)

351 혼동행렬에서 실제값이 TRUE인 경우와 예측값이 TRUE인 경우가 각각 100건이며, 민감도(Sensitivity)가 0.8일 때, 정확도(Precision)는 얼마인가?

① 0.6
② 0.7
③ 0.8
④ 0.9

352 편향-분산 트레이드 오프(Bias-Variance Tradeoff)에 대한 아래 보기 빈칸에 알맞은 용어는?

> 분석 모형이 유연할수록 분산(Variance)은 ( ), 편향(Bias)은 ( )

① 높고, 높다.
② 낮고, 낮다.
③ 낮고, 높다.
④ 높고, 낮다.

353 이상값(Outlier)에 민감한 K-평균 군집의 단점을 보완하기 위해 고안된 군집 방법은 무엇인가?

① K-medoids
② 밀도 기반
③ 혼합분포
④ 퍼지

354 아래 표는 회귀분석 예측 결과이다. 회귀 모형 평가지표 중 하나인 MAPE 값은?

실제값	예측값
2	1.8
4	3.6
6	5.4

① 10%
② 12%
③ 14%
④ 16%

355 아래 거래 데이터에서 연관 규칙 커피 → 우유의 향상도(Lift)는?

품목	거래 건수
커피	200
우유	100
커피, 우유	100
전체 거래 건수	400

① 1
② 2
③ 3
④ 4

356 연관성 분석의 측정 지표 중, 전체 거래 중 항목 A와 항목 B를 동시에 포함하는 거래의 비율을 의미하는 것은?

① 지지도 (Support)
② 신뢰도 (Confidence)
③ 향상도 (Lift)
④ 민감도 (Sensitivity)

357 다음 중 머신러닝 학습 기법의 유형이 다른 것은?

① 의사결정나무 (Decision Tree)
② 인공신경망 (Artificial Neural Network)
③ 자기조직화 지도 (Self-Organizing Map, SOM)
④ 앙상블 모형 (Ensemble Model)

358 아래 보기가 설명하는 분석 기법을 무엇이라 하는가?

- 수학 및 통계학의 확률과 기댓값 개념을 기반으로 한다.
- 원인과 결과의 직접적인 인과 관계로 해석해서는 안 되며, 두 개 또는 그 이상의 품목 사이의 상호 관련성으로 해석해야 한다.
- 고객이 동시에 구매한 장바구니 내 상품들을 분석함으로써 거래되는 상품들의 관련성을 발견하는 기법이다.
- 조건과 반응의 관계를 If-Then 형식으로 표현한다.

① 연관성 분석 (Association Analysis)
② 분류 (Classification)
③ 예측 (Prediction)
④ 군집 (Clustering)

359 다음 중 베이즈 추론을 기반으로 하여 분류 문제를 해결하는 대표적인 알고리즘은 무엇인가?

① 서포트 벡터 머신 (SVM)
② 나이브 베이즈 (Naive Bayes)
③ 결정 트리 (Decision Tree)
④ 랜덤 포레스트 (Random Forest)

360 cluster 1과 cluster 2에 속하는 데이터 중 가장 가까운 데이터들 사이의 거리를 군집 간 거리로 정의하는 군집 방법은 무엇인가?

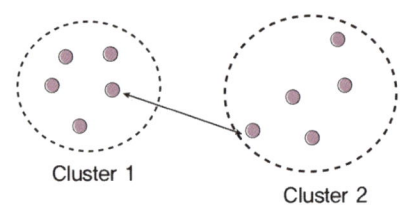

① 평균 연결법 (Average Linkage Method)
② 중심 연결법 (Centroid Linkage Method)
③ 단일 연결법 (Single Linkage Method)
④ 완전 연결법 (Complete Linkage Method)

361 아래 예시와 같이 텍스트 마이닝의 전처리 과정 중에서, 변형된 단어 형태에서 접사 등을 제거하고 단어의 어간 또는 원형을 찾아내는 작업을 무엇이라고 하는가?

> 예시: "argue", "argued", "arguing", "argus" → "argu"

① 토큰화(Tokenization)
② 표제어 추출(Lemmatization)
③ 정제(Cleansing)
④ 어간 추출(Stemming)

362 TRUE로 예측한 관측치 중 실제값이 TRUE인 정도를 나타내는 분류 모형 평가지표를 무엇이라 하는가?

① Precision
② Accuracy
③ Recall
④ Sensitivity

363 이질적인 모집단을 동질성을 지닌 그룹별로 세분화하는 데이터 마이닝 기법을 무엇이라 하는가?

① 연관분석
② 인공신경망
③ 군집분석
④ 로지스틱 회귀분석

364 군집분석 중 모형기반(Model-Based)의 군집 방법으로, 데이터가 k개의 모수적 모형의 가중합으로 표현되는 모집단의 모형이라고 가정하고, 모수와 가중치를 자료로부터 추정하는 방법은?

① 밀도기반 군집
② 혼합분포 군집
③ 비계층적 군집
④ 격자기반 군집

365 다음 오분류표에서 민감도(Sensitivity)는 얼마인가?

실제값		예측값	
		Positive	Negative
	Positive	40	60
	Negative	60	40

① 0.2
② 0.4
③ 0.6
④ 0.8

366 다음 중 특이도(Specificity)를 계산하는 식으로 올바른 것은?

실제값		예측값	
		Positive	Negative
	Positive	TP	FN
	Negative	FP	TN

① TP / (TP + FP)
② TP / N
③ TN / N
④ TN / (TN + FP)

367 비계층적 군집분석인 K-means 군집분석의 수행 순서로 올바른 것은?

가) 초기 군집의 중심으로 k개의 객체를 임의로 선택한다.
나) 각 자료를 가장 가까운 군집 중심에 할당한다.
다) 각 군집 내의 자료들의 평균을 계산하여 군집의 중심을 갱신한다.
라) 군집 중심의 변화가 거의 없을 때까지 단계2와 단계3을 반복한다.

① 가 → 나 → 다 → 라
② 나 → 가 → 다 → 라
③ 다 → 나 → 가 → 라
④ 라 → 가 → 나 → 다

368 K-fold 교차 검증에 대한 설명 중 적절하지 않은 것은?

① 교차 검증은 주어진 데이터를 가지고 반복적으로 성과를 측정하여 그 결과를 평균한 것으로 분류분석 모형을 평가하는 방법이다.
② 대표적인 K-fold 교차 검증은 일반적으로 10-fold 교차 검증이 사용된다.
③ 전체 데이터 N개에서 2개의 샘플을 선택하여 그것을 평가 데이터 세트로 모델 검증에 사용하고 나머지 N-2개는 모델을 학습시키는 교차 검증을 LOOCV라고 한다.
④ 교차 검증을 하는 이유는 과적합을 피하고 일반화된 모델을 생성할 수 있다.

369 아래 빈칸에 알맞은 용어는?

- 인공 신경망의 노드가 많을수록 변수의 복잡성을 학습하기 쉽지만 ( ) 문제가 발생한다.
- 훈련용 데이터에서는 높은 성능을 보이지만, 일반화시키기는 어렵다.

① 과소적합(Underfitting)
② 과대적합(Overfitting)
③ 다중공선성(Multicollinearity)
④ 차원의 저주(Curse of Dimensionality)

370 동물의 뇌신경계를 모방하여 분류 또는 예측을 위해 만들어진 기계학습 모형을 무엇이라 하는가?

① 의사결정나무(Decision Tree)
② 인공신경망(Artificial Neural Network)
③ 군집모형(Clustering Model)
④ 선형회귀모형(Linear Regression Model)

371 다음 중 x축이 1-특이도(False Positive Rate), y축이 민감도(True Positive Rate)로 구성되어 분류 모델의 성능을 시각적으로 평가하는 그래프는 무엇인가?

① 이익 도표(Gain Chart)
② 향상도 곡선(Lift Curve)
③ 혼동행렬(Confusion Matrix)
④ ROC 커브(Receiver Operating Characteristic Curve)

372 이익(Gain)은 목표 범주에 속하는 개체들이 등급별로 얼마나 분포하는지를 나타내는 값이다. 분류된 관측치가 등급별로 얼마나 포함되는지를 시각화하는 평가지표는?

① 이익 도표(Gain Chart)
② 향상도(Lift)
③ 누적 반응률(Cumulative Response Rate)
④ ROC 곡선(ROC Curve)

373 신경망 모형에서 입력 신호의 가중합을 그대로 사용하지 않고, 출력신호로 변환하는 함수를 무엇이라 하는가?

① 활성화 함수
② 로짓 함수
③ 오즈 함수
④ 역전파 함수

374 다음은 오분류표(confusion matrix)이며, 이를 기준으로 계산한 F1 점수(F1 Score)로 옳은 것은?

		예측값	
		Positive	Negative
실제값	Positive	200	300
	Negative	300	200

① 0.15
② 0.30
③ 0.40
④ 0.55

375 "실제 값이 참(Positive)인 사례 중, 모델이 참으로 올바르게 예측한 비율"을 의미하는 지표는 무엇인가?

① 정밀도(Precision)
② 특이도(Specificity)
③ 정확도(Accuracy)
④ 재현율(Recall)

376 연관분석(Association Analysis)의 단점으로 적절하지 않은 것은?

① 분석 품목 수가 증가하면 계산량이 기하급수적으로 증가한다.
② 너무 세분된 품목 간의 연관성을 분석하면 의미 없는 결과가 도출될 수 있다.
③ 상대적으로 거래량이 적은 품목은 분석에서 제외될 수 있다.
④ 분석한 품목 간의 구체적인 인과 관계를 설명하기 쉽다.

377 다음은 피자와 햄버거의 거래 관계를 나타낸 것이다. 이 표를 바탕으로 피자와 햄버거 구매에 대한 설명 중 옳은 것은?

	햄버거 구매함	햄버거 미구매	합계
피자 구매함	2000	1000	3000
피자 미구매	500	1500	2000
합계	2500	2500	5000

① 지지도가 0.6으로, 전체 거래 중 피자와 햄버거가 함께 구매되는 경향이 높다.
② 정확도가 0.7로, 피자와 햄버거의 구매 관련성이 높다고 할 수 있다.
③ 향상도가 1보다 크므로, 피자와 햄버거 사이에 양의 연관성이 존재한다.
④ '햄버거 → 피자'의 신뢰도보다 '피자 → 햄버거'의 신뢰도가 더 높다.

378 의사결정나무 모형에 대한 설명으로 옳지 않은 것은?

① 이익 도표 또는 교차 타당성 검증 등을 이용하여 평가한다.
② 분리 변수의 p차원 공간에 대한 현재 분할은 이전 분할의 영향을 받지 않고 이루어지며, 공간을 분할하는 모든 직사각형의 순수도를 가능한 한 높게 한다.
③ 각 마디에서의 최적 분리 규칙은 분리 변수의 선택과 분리 기준에 의해 결정된다.
④ 가지치기는 분류 오류가 크거나 부적절한 규칙을 포함한 가지를 제거하는 작업이다.

379 SOM(Self-Organizing Map)에 대한 설명으로 적절하지 않은 것은?

① SOM은 입력 벡터를 신경망에 반복적으로 제시하며, 자율적으로 연결 가중치를 조정하는 방법이다.
② SOM은 경쟁 학습을 통해 각 뉴런이 입력 벡터와의 거리를 계산하고, 그에 따라 연결 강도를 반복적으로 조정한다.
③ 출력 뉴런들은 승자 뉴런이 되기 위해 경쟁하며, 오직 승자만이 학습에 참여한다.
④ SOM을 이용한 군집분석은 역전파 알고리즘을 사용하여 수행 속도가 빠르고 군집 성능이 우수하다.

380 다음은 미국 50개 주의 범죄 유형에 대한 군집분석 결과로 생성된 덴드로그램이다. Height = 60에서 군집을 나눌 경우, 도출되는 군집의 수로 옳은 것은?

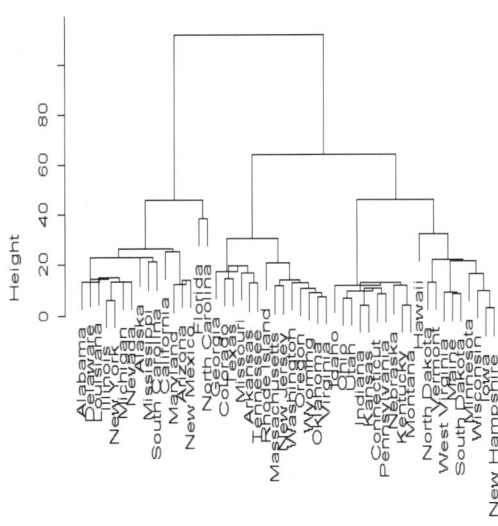

① 2
② 3
③ 4
④ 5

381 인공신경망에서 사용하는 활성화 함수 중, 출력값 z가 여러 개이고 목표변수가 다범주일 때, 각 범주에 속할 사후확률을 제공하는 함수는?

① ReLU
② Tanh
③ Sigmoid
④ Softmax

382 다음 중 인공신경망(ANN)에 대한 설명으로 옳지 않은 것은?

① 렐루(ReLU) 함수를 적용하면 은닉층이 없는 인공신경망은 로지스틱 모형과 동일한 특성을 가진다.
② 은닉층이 없는 단층 퍼셉트론은 선형회귀 모형과 유사한 특징을 가진다.
③ 다층 퍼셉트론에서 시그모이드 활성화 함수는 로지스틱 회귀 모형과 유사한 특성을 보인다.
④ 렐루(ReLU) 함수를 적용하면 기울기 소실 문제를 완화할 수 있다.

383 다음 중 인공신경망(ANN)에 대한 설명으로 옳지 않은 것은?

① 역전파는 손실함수의 기울기를 이용해 가중치를 갱신한다.
② 은닉층의 노드 수는 모든 층에서 동일해야 한다.
③ 다층 퍼셉트론은 충분한 은닉 노드와 적절한 활성화가 있으면 임의의 연속 함수를 근사할 수 있다.
④ ReLU 활성화는 시그모이드보다 기울기 소실을 완화하는 데 도움이 된다.

384 인공신경망 모형에서 역전파(Backpropagation) 알고리즘에서, 입력층으로 거슬러 올라갈수록 기울기(gradient)가 점점 작아져 결국 변화가 거의 없어지는 현상을 무엇이라 하는가?

① 기울기 소실 문제
② 기울기 폭발 문제
③ 과적합 문제
④ 차원의 저주

385 군집 결과 분석에 대한 설명으로 적절하지 않은 것은?

① 형성된 군집에 대해서는 논리성과 안정성을 검증할 수 없다.
② 새로운 데이터가 투입되었을 때도 군집의 변화가 적어야 한다.
③ 군집분석의 평가 요소로 군집 간 거리, 군집의 지름, 군집의 분산 등을 고려한다.
④ 데이터를 두 집단으로 나눈 뒤 각 집단에서 군집분석을 한 후 합쳐서 군집 분석한 결과와 비교하여 비슷하면 군집 분석 결과가 안정적이라고 할 수 있다.

386 연관 규칙 학습에서 Apriori 알고리즘의 분석 절차로 가장 적절한 것은?

(가) 최소 지지도(minimum support)를 설정한다.
(나) 단일 품목 중 최소 지지도를 만족하는 품목들을 추출한다.
(다) 이전 단계에서 선택된 품목들로부터 두 개의 품목 조합을 만들고, 지지도를 확인한다.
(라) 반복적으로 품목 집합을 확장하며, 최소 지지도를 만족하는 세 개 이상의 품목 집합을 찾는다.
(마) 위 절차를 반복하여 모든 빈발 품목 집합을 탐색한다.

① (가) → (마) → (다) → (나) → (라)
② (가) → (나) → (다) → (라) → (마)
③ (가) → (마) → (라) → (나) → (다)
④ (나) → (가) → (다) → (마) → (라)

387 연관 규칙 학습에 대한 설명 중 적절하지 않은 것은?

① 지나치게 세분된 품목으로 연관 규칙을 탐색하면 의미 없는 결과가 나올 수 있다.
② 연관 규칙 학습은 가설 없이 데이터를 기반으로 관계를 발견하는 비목적성 분석 기법이다.
③ 조건과 결과 형태로 표현되는 연관 규칙은 해석이 비교적 쉽다.
④ 품목이 많아져도 연관 규칙 탐색 시 계산량은 크게 증가하지 않는다.

388 의사결정나무에 대한 설명 중 적절하지 않은 것은?

① 비지도 학습 방법으로 상향식 접근방법을 이용한다.
② 구조가 단순하여 해석이 쉽다.
③ 입력 변수와 예측 변수 간의 교호작용 분석이 가능하다.
④ 선형성, 정규성, 등분산성 등의 수학적 가정이 불필요한 비모수적 모형이다.

389 ROC(Receiver Operating Characteristic) 그래프에서 이상적인 완벽 분류 모형의 X축과 Y축값으로 가장 적절한 것은? 단, X값, Y값은 각각 위양성률(FPR), 민감도(TPR)를 의미한다.

① (0, 0)
② (0, 1)
③ (1, 0)
④ (1, 1)

390 앙상블 모형에 대한 설명으로 적절한 것은?

① 보팅의 경우 일반적으로 같은 알고리즘을 가진 분류기를 결합하는 방법을 의미한다.
② 앙상블 모형의 대표적인 방법으로 배깅, 부스팅이 있다.
③ 부스팅 알고리즘은 분류가 잘못된 데이터에 동일한 확률을 주어 표본을 추출한다.
④ 상호 연관성이 높을수록 분류하기 쉽다.

391 KNN 알고리즘에 대한 설명으로 적절하지 않은 것은?

① KNN 알고리즘은 모형을 미리 만들지 않고 새로운 데이터가 들어오면 그때부터 계산하기 때문에 게으른 학습(lazy learning)이라고도 한다.
② 모든 데이터와의 거리는 유클리드 거리를 사용한다.
③ K는 K개의 가까운 이웃들을 참고한다는 의미이다.
④ K가 클수록 과대적합이 발생하게 된다.

392 인공신경망 모형에서 훈련 데이터를 이용해 가중치와 바이어스를 변화시키는 과정을 반복적으로 수행하여 손실함수가 최솟값이 되도록 하는 알고리즘을 무엇이라 하는가?

① 경사하강법 (Gradient Descent)
② 역전파 알고리즘 (Backpropagation)
③ 정규화 기법 (Normalization)
④ 활성화 함수 (Activation Function)

393 의사결정나무 CART에서 사용하는 불순도 측도이며, 이 값이 클수록 이질적이며 순수도가 낮다는 것을 의미하는 불순도 측정 지표는?

① 엔트로피(Entropy)
② 지니 지수(Gini index)
③ 분산(Variance)
④ 카이제곱 통계량(Chi-square)

394 목표변수가 연속형인 회귀 나무에서 분할 변수와 기준값을 선택하는 기준으로 가장 적절한 것은?

① 카이제곱 통계량, 지니 지수
② 지니 지수, F-통계량
③ F-통계량의 p-값, 분산 감소량
④ 분산 감소량, 엔트로피 지수

395 SOM(Self-Organizing Map)에 대한 설명으로 적절하지 않은 것은?

① 입력층과 출력층으로 구성되어 있다.
② 한 개의 입력층과 한 개의 출력층을 가진다.
③ 입력층과 출력층이 부분 연결되어 있다.
④ 뉴런들은 승자 뉴런이 되기 위해 경쟁하고 오직 승자만이 학습한다.

396 인공신경망에서 입력 신호의 총합을 출력신호로 변환하는 함수로, 로지스틱 회귀모형의 작동 원리와 유사한 활성화 함수는 무엇인가?

① 계단 함수
② tanh 함수
③ ReLU 함수
④ 시그모이드 함수

397 군집의 수를 사전에 지정하지 않아도 탐색적 기법에 적합한 군집 방법은?

① SOM(Self-Organizing Map)
② K-평균 군집(K-means Clustering)
③ 계층적 군집(Hierarchical Clustering)
④ 혼합분포 군집(Gaussian Mixture Model, GMM)

398 혼합분포 군집의 특징으로 가장 적절하지 않은 것은?

① 확률분포를 도입하여 군집을 수행하는 모형 기반의 군집 방법이다.
② 군집을 몇 개의 모수로 표현할 수 있다.
③ EM 알고리즘을 이용한 모수 추정에서 데이터가 커지면 수렴하는 데 시간이 걸릴 수 있다.
④ 군집의 크기가 작을수록 추정이 쉬워진다.

399 과대적합(Overfitting)을 방지하기 위한 방법이 아닌 것은?

① 홀드아웃(Hold-out)
② 교차검증(k-fold)
③ 부트스트랩(Bootstrap)
④ 의사결정나무

400 분류 모형에 대한 설명으로 옳은 것은?

① 현상을 이해하기 위해 어떤 사실들을 분류하고, 범주화하고, 등급으로 나눈다.
② 같은 아이템의 연관성을 파악하는 분석이다.
③ 이질적인 모집단을 동질적인 그룹으로 세분화하는 것을 의미한다.
④ 장바구니 분석이라고 불린다.

중요도 ★★★ 난이도 상중**하** 35회 출제

401 로지스틱 회귀(Logistic Regression)에 대한 특징으로 가장 적절한 것은?

① 반응변수가 범주형일 때 적용되는 회귀분석이다.
② 종속변수가 비율척도일 때 적합하다.
③ 최소제곱법으로 분석 모형을 추정한다.
④ 로지스틱 회귀계수는 해당 변수가 1단위 증가할 때 오즈비로 해석할 수 없다.

중요도 ★★★ 난이도 상중**하** 35회 출제

402 연관분석의 특징으로 적절한 것은?

① 품목 수의 증가와 관계없이 계산량은 동일하다.
② 너무 세분된 품목이 연관 규칙 분석에 적합하다.
③ 거래량이 적은 품목이 연관 규칙 분석에 적합하다.
④ 조건 반응(if-then)으로 표현되는 연관분석의 결과를 이해하기 쉽다.

중요도 ★★★ 난이도 상중**하** 35회 출제

403 K-평균 군집에 대한 설명 중 옳은 것은?

① K-평균 군집은 오목 군집이 존재할 때 성능이 우수하다.
② 잡음이나 이상값에 영향을 받지 않는다.
③ K개의 초기 중심값에 따라 군집 결과가 크게 달라질 수 있다.
④ 군집의 수는 자동으로 결정된다.

중요도 ★★ 난이도 상중**하** 35회 출제

404 데이터를 무작위로 훈련용과 검증용으로 나누어, 모델 학습과 성능 평가에 사용하는 검증 기법은 무엇인가?

① 홀드 아웃(hold-out) 방법
② K-겹 교차검증(k-fold cross validation)
③ 부트스트랩(bootstrap)
④ LOOCV(Leave-One-Out Cross Validation)

405 인공신경망 활성화 함수인 시그모이드 함수의 출력값 범위는?

① 0 ~ 1
② −1 ~ 1
③ −1 ~ 0
④ −0.5 ~ 0.5

406 분류 모형(Classification Model)을 평가하는 데 사용되는 평가지표가 아닌 것은?

① ROC 곡선(Receiver Operating Characteristic Curve)
② 혼동행렬(Confusion Matrix)
③ 향상도 곡선(Lift Curve)
④ 엔트로피 지수(Entropy Index)

407 데이터 마이닝(Data Mining)을 위한 데이터 분할과 관련된 설명 중 알맞지 않은 것은?

① 데이터 마이닝에서 데이터 분할은 주로 모델의 평가를 위한 과정으로 사용된다.
② 전체 데이터를 학습, 검증, 테스트 세트로 나눈다.
③ 검증 데이터(Validation data)는 모델을 훈련할 때는 사용하지 않는다.
④ 테스트 데이터(Test data)는 모델이 실전에서 얼마나 잘 작동하는지 최종적으로 평가하는 데 사용되는 데이터이다.

408 의사결정나무(Decision Tree)의 특징으로 알맞지 않은 것은?

① 의사결정나무는 데이터의 특성을 기반으로 샘플을 분류하거나 값을 예측하는 모델을 생성한다.
② 재귀적 분할은 트리의 각 분기에서 최적의 분할을 찾는 데 사용된다.
③ 선형성, 정규성, 등분산성의 가정이 필요치 않다.
④ 연관성이 높은 변수가 있어도 영향을 받지 않는다.

409 다음 중 군집분석에 해당하지 않는 것은?

① K-Means
② K-Medoids
③ DBSCAN
④ Silhouette Coefficient

410 군집분석 결과를 시각적으로 표현하여 군집 간의 병합 과정을 확인할 수 있는 도구는 무엇인가?

① 군집분석 결과에 대한 타당성과 안정성에 대한 검정으로 교차 타당성을 이용할 수 있다.
② 계층적 군집분석은 덴드로그램을 활용할 수 있다.
③ 군집분석은 비지도 학습(Unsupervised Learning)이다.
④ 군집분석은 집단 간 이질성과 집단 내 동질성이 모두 낮아지도록 군집을 형성한다.

411 군집분석을 평가하기 위한 지표로 올바른 것은?

① MAE (Mean Absolute Error) 평균 절대 오차
② MSE (Mean Squared Error) 평균 제곱 오차
③ RMSE (Root Mean Squared Error) 평균 제곱 오차의 제곱근
④ 덴드로그램 (Dendrogram)

412 아래의 의사결정나무(Decision Tree)를 기준으로 다음 조건을 만족하는 D의 값을 구하시오.

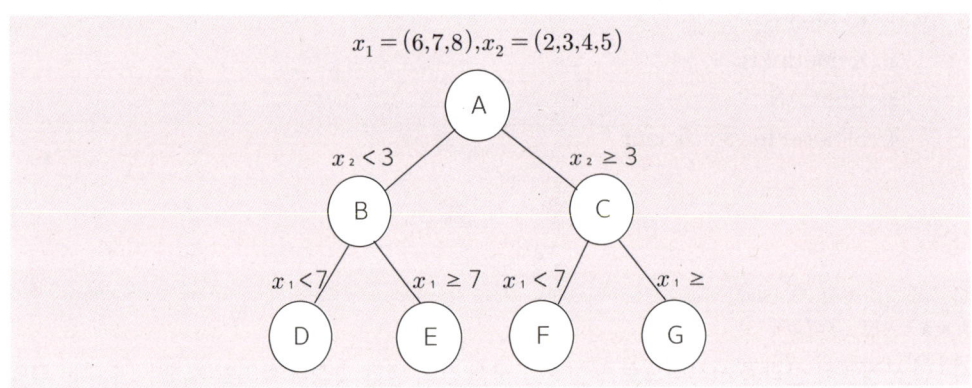

① (x_1 = 6, x_2 = 2)
② (x_1 = 7, x_2 = 2)
③ (x_1 = 6, x_2 = 3)
④ (x_1 = 7, x_2 = 3)

413 머신러닝 모델의 성능을 평가하고 조정하는 데 사용되는 데이터이며, 모델의 과대적합 또는 과소적합 등의 미세 조정을 하는 데이터를 무엇이라 하는가?

① 훈련 데이터 (train data)
② 검증 데이터 (validation data)
③ 평가 데이터 (test data)
④ 추정 데이터 (estimate data)

414 혼합분포군집 모형에서 최대 가능도(Maximum Likelihood Estimation)와 관련 있는 알고리즘은?

① K-Means
② DBSCAN
③ EM 알고리즘
④ K-Medoids

415 연관분석에 대한 설명 중 옳지 않은 것은?

① apriori 알고리즘은 최소 지지도가 높은 항목을 선택하는 방법이다.
② 연관분석의 시작은 두 구매 항목에서 동시 구매 항목을 찾는 것으로 시작한다.
③ A, B 구매가 서로 연관이 없을 때 향상도는 1이다.
④ 시차 연관분석은 시계열 데이터에서 변수 간 선후 관계를 파악할 수 있지만, 인과 관계로 해석할 수는 없다.

416 인공신경망 모형에 대한 설명 중 옳지 않은 것은?

① 인공신경망은 복잡한 비선형 관계를 모델링하고 패턴을 학습할 수 있는 강력한 도구로 사용한다.
② 은닉층의 노드 수와 뉴런 수는 자동으로 설정되며 은닉층이 많을수록 예측력이 우수하다.
③ 가중치 초깃값에 따라 모델의 성능이나 수렴 속도가 달라질 수 있다.
④ 역전파(Backpropagation) 알고리즘은 인공신경망에서 사용되는 학습 알고리즘 중 하나로, 오차를 최소화하도록 가중치를 조정하는 데 사용한다.

417 붓스트랩핑(Bootstrapping)을 통해 한 샘플이 뽑힐 확률이 1/d라고 했을 때, 샘플 추출을 d번 진행 하였을 때 어떤 샘플이 한 번도 뽑히지 않을 확률은?

① $(1-1/d)/d$
② $1-1/d$
③ $(1-1/d)^d$
④ $1+1/d$

418 A 제품과 B 제품을 판매하고 있다. A → B의 지지도(Support)는 0.3이고, 신뢰도(Confidence)는 0.6이다. 또한 A 제품과 B 제품의 판매 수량이 동일할 때, A → B의 향상도(Lift)를 구하시오.

① 0.5
② 0.9
③ 1.0
④ 1.2

419 아래 의사결정나무에서 B의 지니 지수를 계산한 결과로 적절한 것은?

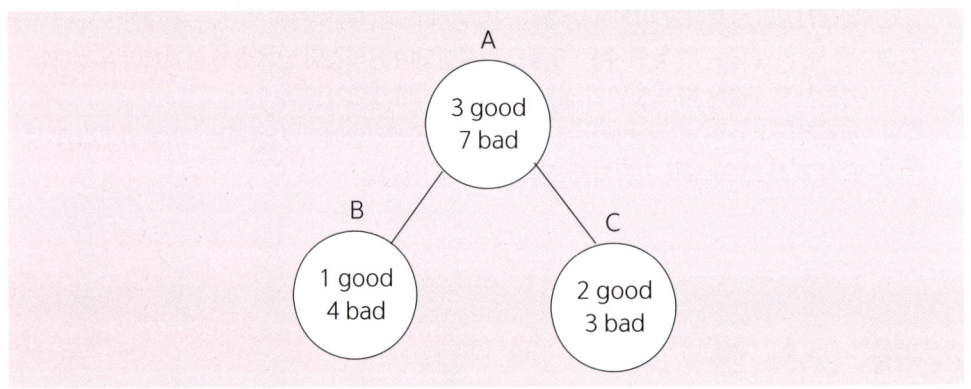

① 0.5
② 0.48
③ 0.38
④ 0.32

420 다음 중 분석 기법이 다른 것은?

① K-평균 군집화 (K-means)
② DBSCAN (Density-Based Spatial Clustering of Applications with Noise)
③ 주성분 분석 (Principal Component Analysis, PCA)
④ 평균 연결법 (Average Linkage Method)

421 신경망의 노드 중 일부를 무작위로 선정하여 다수의 모형을 구성하고 학습한 뒤, 각 모형의 결과를 결합해 분류 및 예측을 수행하는 기법은 무엇인가?

① 미니 배치 (Mini-batch)
② 드롭아웃 (Dropout)
③ 배깅 (Bagging)
④ 아다부스팅 (AdaBoosting)

422 모형 평가에 대한 설명으로 적절하지 않은 것은?

① 데이터를 나누어 학습 데이터, 검증 데이터, 그리고 테스트 데이터로 구분한다.
② 데이터를 분할하는 이유는 모델이 학습 데이터에 과대적합(Overfitting)되는 것을 방지하기 위함이다.
③ 검증 데이터(Validation data)는 최종적으로 모델의 성능을 검증할 때 사용한다.
④ 데이터가 부족한 경우에는 모델의 성능을 신뢰할 수 있도록 교차 검증을 한다.

423 다음은 어떤 온라인 마켓에서 고객 5명의 장바구니별 구입 품목이 다음과 같다. '빵 → 우유'에 대한 향상도(Lift)를 구하시오.

장바구니	구입 품목
1	빵, 맥주, 우유
2	빵, 우유, 계란
3	맥주, 우유
4	빵, 맥주, 계란
5	빵, 맥주, 우유, 계란

① 3/5
② 3/4
③ 3/16
④ 3/14

424 배깅(Bagging)에 대한 설명으로 적절한 것은?

① 데이터 간 거리 측정이 가능하다.
② 반복 추출 방법 사용으로 한 표본에서 동일한 데이터가 여러 번 추출이 가능하지만, 어떤 데이터는 추출이 안 될 수도 있다.
③ 장바구니 분석에서 빈번한 발생 규칙을 찾기 위해 활용된다.
④ 고차원 데이터를 이해하기 쉽게 저차원 구성으로 정렬하여 지도의 형태로 시각화한다.

425 NCI 종양 데이터를 활용한 군집분석의 덴드로그램(Dendrogram) 결과 해석으로 옳지 않은 것은?

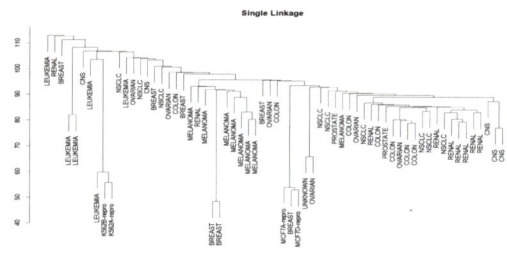

① 최단 연결법(Single Linkage)을 이용한 계층적 군집분석이다.
② 계층적 군집분석에서 최단 연결법은 두 군집 간의 가장 가까운 점들 사이의 거리를 사용하여 군집을 합치는 방법이다.
③ 계층적 군집분석(Hierarchical Clustering)은 데이터 포인트를 군집으로 나누는 방법 중 하나로, 군집 간의 유사성을 계층적으로 표현한다.
④ 최단 연결법은 연쇄 효과(Chaining Effect)로 인해 고립된 군집을 항상 명확히 구분하지 못하는 단점이 있다.

426 나이, 신분, 수입을 기준으로 월평균 신용카드 사용 금액에 대한 적합한 분석모델은?

① 능형 회귀모델 (Ridge Regression)
② 로지스틱 회귀모델 (Logistic Regression)
③ 군집분석 모델 (Clustering Model)
④ 나이브 베이즈 분류모델 (Naive Bayes Classification Model)

427 의사결정나무의 분리 기준으로 사용하는 엔트로피(Entropy) 지수의 계산식을 올바르게 나타낸 것은?

① $1-\sum_{i=1}^{n} p_i^2$

② $1-\max(p_i)$

③ $-\sum_{i=1}^{c} p_i \times \log_2(p_i)$

④ $\sum \frac{(O_i - E_i)^2}{E_i}$

428 계층적 군집 분석에서 군집 간의 병합 방법으로 적절하지 않은 것은?

① 최단 연결법(단일 연결법, Single Linkage)
② 최장 연결법(완전 연결법, Complete Linkage)
③ 평균 연결법(Average Linkage)
④ 편차 연결법(Deviation Linkage)

429 다차원 공간에서 두 점 사이의 거리를 계산할 수 있는 아래 수식의 거리 측정 방법은?

$$d(x,y) = (\sum_{i=1}^{n} |x_i - y_i|^p)^{\frac{1}{p}}$$

① 유클리드 거리(Euclidean Distance)
② 맨하튼 거리(Manhattan Distance)
③ 마할라노비스 거리(Mahalanobis Distance)
④ 민코우스키 거리(Minkowski Distance)

430 F_β 지표에 대한 설명 중 옳은 것은?

① F_β는 -1과 1사이의 범위를 갖는다.
② β가 1일 경우 precision에 2배 가중치를 두어 평균한다.
③ β가 0.5일 경우 recall에 2배 가중치를 두어 평균한다.
④ F_β값은 정밀도와 재현율에 가중치를 부여하여 평균을 구할 때 사용된다.

431 앙상블 모형(Ensemble Model)에 대한 설명으로 올바른 것은?

① 앙상블 모형은 단일 모델을 여러 번 반복하여 동일한 데이터를 예측하는 방법이다.
② 대표 개념으로 배깅(Bagging)과 부스팅(Boosting)이 있다.
③ 앙상블 모형은 항상 단일 모델보다 예측 성능이 떨어진다.
④ 랜덤 포레스트는 과적합을 방지하기 위해 트리의 깊이를 무제한으로 설정한다.

432 k-평균 군집화(k-means clustering)에 대한 설명으로 옳은 것은?

① k-평균 알고리즘은 항상 최적의 군집화를 보장한다.
② k-평균 알고리즘은 이상치(outliers)나 잡음(noise)에 민감하지 않다.
③ k-평균 알고리즘은 복잡한 비구형 군집에서도 높은 성능을 보인다.
④ k-평균 알고리즘은 군집의 수 k를 알고리즘 시작 전에 미리 설정해야 한다.

433 군집분석(Clustering)에서 데이터 변수들의 단위가 다를 경우, 적절한 전처리 기법은 무엇인가?

① Elimination (제거)
② Sampling (표본추출)
③ Averaging (평균화)
④ Scaling (스케일링)

434 인공신경망(Artificial Neural Network)의 함수에 대한 설명으로 옳지 않은 것은?

① 활성 함수에는 시그모이드, 계단함수, 쌍곡탄젠트 함수 등이 있고 비선형 함수이다.
② 계단함수는 활성화 혹은 비활성화 형태로 나타난다.
③ 쌍곡탄젠트 함수는 항상 0~1 사잇값으로 나타난다.
④ 소프트맥스 함수는 다범주 함수이다.

435 연속형 데이터에서는 분산 감소량(Variance Reduction), 범주형 데이터에서는 지니지수(Gini Index)를 사용하여 데이터를 분할하는 알고리즘은 무엇인가?

① CHAID (Chi-squared Automatic Interaction Detection)
② C5.0
③ CART (Classification and Regression Trees)
④ ID3 (Iterative Dichotomiser 3)

436 다음 중 계층적 군집분석(Hierarchical Clustering)에 대한 설명으로 옳은 것은 무엇인가?

① 계층적 군집분석은 군집의 수를 미리 정한 상태에서 개체를 포함해 가는 방법이다.
② 계층적 군집분석에서 군집들은 중복되지 않는 부분집합으로 구성된다.
③ K-Means와 K-Medoids는 계층적 군집분석의 대표적인 알고리즘이다.
④ 계층적 군집분석은 분할적 군집분석(Partitional Clustering)에 속한다.

437 다음 중 의사결정나무(Decision Tree)에 대한 설명으로 옳은 것은 무엇인가?

① 지니 지수가 0일 때 노드의 순수도가 최대이다.
② 카이제곱 통계량이 작을수록 분리된 노드는 이질적이다.
③ 엔트로피값이 클수록 불순도는 낮아진다.
④ 이진 분리(Binary Split)는 고윳값의 수만큼 많은 파티션으로 나뉜다.

438 의사결정나무(Decision Tree)에 대한 설명 중 옳지 않은 것은?

① 가지치기를 통해 과적합을 줄이고, 학습 데이터에 대한 성능을 향상할 수 있다.
② 이익 도표 또는 검증용 자료에 의한 교차 검증 등을 이용해 의사결정나무를 평가한다.
③ 각 노드에서 최적 분리 규칙은 분리 변수의 선택과 분리 기준에 의해 결정된다.
④ 대표적인 적용 사례로는 대출 신용평가, 환자 증상 진단, 채무 불이행 가능성 예측 등이 있다.

439 다층 신경망(Multi-Layer Perceptron, MLP)에서 노드의 개수가 적을 때 발생할 수 있는 특징으로 옳은 것은 무엇인가?

① 활성화 함수를 사용할 수 없다.
② 의사결정이 단순해진다.
③ 기울기 소실(Gradient Vanishing) 문제가 심화된다.
④ 학습 시간이 길어지는 경향이 있다.

440 앙상블 모형의 배깅(Bagging)에 대한 설명으로 옳지 않은 것은?

① 배깅은 모델의 분산(Variance)을 감소시켜 과대적합(Overfitting)을 증가시킬 수 있다.
② 배깅은 부트스트랩(Bootstrap) 방식을 사용하여 데이터의 다양성을 확보한다.
③ 배깅은 종속변수가 범주형 데이터일 경우 하드 보팅(Hard Voting)을 적용한다.
④ 대표적인 배깅방식은 랜덤 포레스트(Random Forest) 알고리즘이다.

441 로지스틱 회귀분석에 대한 설명으로 옳지 않은 것은?

① 로지스틱 회귀분석의 모델 탐색은 최대 우도 추정법(Maximum Likelihood Estimation)을 사용한다.
② 로지스틱 회귀분석은 독립변수의 정규성과 등분산성에 대한 가정을 필요로 하지 않는다.
③ 로지스틱 회귀분석은 독립변수의 변환 없이 직관적으로 해석이 가능하다.
④ 로지스틱 회귀분석은 로짓 변환을 통해 비선형 곡선을 선형 형태로 변환할 수 있다.

442 군집분석에 대한 설명 중 옳지 않은 것은?

① 계층적 군집분석은 덴드로그램의 형태로 표현된다.
② 비지도 학습이다.
③ 데이터에 명확한 기준이 없으면 적용하지 못한다.
④ 계층적 군집화에서는 일단 군집이 형성되면 다른 군집으로 이동할 수 없다는 제약이 있다.

443 공간 내 두 점 사이의 거리를 측정하는 방법에 대한 설명 중 틀린 것은?

① 군집분석은 군집 내 유사도와 군집 간 유사도의 비율로 검증한다.
② 맨하튼 거리는 최단 직선 방법이다.
③ 코사인 유사도(Cosine Similarity)는 두 벡터 간의 유사도를 측정하는 방법이다.
④ 유클리드 거리는 각 속성 간의 차이를 모두 고려한다.

444 최장 연결법을 이용하여 군집분석을 수행한 결과에 대한 설명으로 옳지 않은 것은?

① 덴드로그램은 계층적 군집분석의 결과를 시각적으로 표현한 도표이다.
② 덴드로그램의 높이는 군집 간 거리 또는 유사도를 나타낸다.
③ 동일한 데이터와 동일한 군집화 방법을 사용하더라도, 다시 계산하면 결과가 달라질 수 있다.
④ 평균 연결법을 사용하면 결과가 달라질 수 있다.

445 연관규칙 중 '맥주 → 기저귀'의 지지도(Support)와 신뢰도(Confidence)로 옳은 것은?

장바구니	품목
1	맥주,기저귀,빵
2	기저귀,우유
3	빵,맥주
4	맥주,기저귀,우유
5	빵,바나나
6	맥주,기저귀
7	맥주,기저귀
8	빵,우유
9	기저귀
10	빵,우유

① 지지도 40% 신뢰도 80%
② 지지도 40% 신뢰도 66.6%
③ 지지도 66.6% 신뢰도 40%
④ 지지도 80% 신뢰도 40%

446 연관분석에 대한 설명으로 틀린 것은?

① Apriori 알고리즘은 최소지지도 이상의 빈발 항목 집합을 탐색한 후 해당 항목들에 대해 연관 규칙을 생성한다.
② FP-Growth 알고리즘은 Apriori 알고리즘의 탐색 효율 문제를 개선하기 위해 고안된 방법이다.
③ 품목 A와 B가 독립일 경우 지지도는 1이다.
④ 고객들의 구매 데이터에서 항목 간의 연관성을 파악하는 데 사용되는 분석 기법이다.

447 앙상블 기법(Ensemble Methods)이 아닌 것은?

① 시그모이드(Sigmoid)
② 배깅(Bagging)
③ 부스팅(Boosting)
④ 스태킹(Stacking)

448 의사결정트리에서 범주형 변수의 분할 방법으로 사용되지 않는 것은?

① 카이제곱 통계량(Chi-Square Statistic)
② 지니 지수(Gini Index)
③ 엔트로피 지수(Entropy Index)
④ 분산 감소량(Reduction in Variance)

449 K-평균(K-means) 군집분석에서 초기 군집 중심점(K값) 설정 방식으로 가장 적절한 것은 무엇인가?

① 데이터 전체의 중앙값을 중심점으로 설정한다.
② 데이터 세트 내 개별 관측값 중에서 무작위로 K개의 중심점을 선택한다.
③ 데이터에서 가장 자주 등장하는 값을 중심점으로 설정한다.
④ 데이터 전체의 평균값을 중심점으로 설정한다.

450 군집분석에서 군집 수(K)를 결정하는 방법으로 올바른 것은?

① 엘보우 방법(Elbow Method)
② 상관계수(Correlation Coefficient)
③ 유클리드 거리(Euclidean Distance)
④ 최적 가지치기법(Optimal Pruning Method)

451 DBSCAN에 대한 설명 중 틀린 것은?

① 임의 형태의 군집으로 분류하는 데 유용하다.
② 밀도 기반의 클러스터링 알고리즘이다.
③ 초기 군집 수 K를 설정해야 한다.
④ 다차원 자료의 경우 '차원의 저주'로 인해 유용하지 않다.

452 인공신경망에 대한 설명 중 틀린 것은?

① 은닉층이 적으면 과대적합(Overfitting), 은닉층이 많으면 과소적합(Underfitting)의 가능성이 높다.
② 계단함수는 x가 0 또는 양수일 때 y=1, 음수일 때 y=0이다.
③ 활성화 함수(Activation Function)는 비선형성을 도입하여 복잡한 패턴을 학습할 수 있도록 돕는다.
④ Softmax 함수는 결과가 다범주인 경우 각 범주에 속할 사후 확률을 제공하는 활성화 함수이다.

453 의사결정트리에서 더 이상 세분화하지 않고 멈출 때 사용하는 기법은 무엇인가?

① 정지 규칙(Stopping Rule)
② 가지치기(Pruning)
③ 과대적합(Overfitting)
④ 정보 획득 임곗값 설정(Information Gain Thresholding)

454 아래 내용이 설명하는 연관 규칙 측정 지표는 무엇인가?

• A가 주어지지 않았을 때 B의 확률 대비, A가 주어졌을 때 B의 확률 증가 비율

① 지지도(Support)
② 신뢰도(Confidence)
③ 향상도(Lift)
④ 재현율(Recall)

455 아래 구매 건수는 특정 기간 동안 판매된 음료 구매 건수를 나타낸 것이다. 커피 → 우유의 지지도(Support)를 구하시오.

항목	구매 건수
커피	100
우유	100
녹차	100
커피, 우유, 녹차	50
우유, 녹차	200
커피, 우유	250
커피, 녹차	200

① 0.2
② 0.3
③ 0.4
④ 0.5

456 Apriori 알고리즘에 대한 설명으로 옳은 것은?

① 연관 규칙을 도출하기 위해 데이터에서 모든 조합을 계산한다.
② 구조화된 트리를 사용하여 빈발 항목 집합을 효율적으로 추출한다.
③ 사전에 정의된 최소 지지도를 가정으로 한다.
④ 빈발 항목 집합을 찾고 유의미한 연관 규칙만을 탐색한다.

457 인공신경망(Artificial Neural Network)에 대한 설명으로 옳지 않은 것은?

① 각 층은 완전히 연결되어 있다.
② 역전파 알고리즘을 사용해 기울기를 갱신하는 방법으로 학습한다.
③ 결과에 대한 해석이 어렵고, 복잡한 비선형관계에 유용하다.
④ 이상치와 잡음에 대해 민감하게 반응한다.

458 두 벡터 간의 방향적 유사성을 측정하는 지표로, 두 벡터 사이의 각도를 사용하여 유사도를 평가하는 방법은?

① 자카드 유사도(Jaccard Similarity)
② 피어슨 유사도(Pearson Correlation Coefficient)
③ 코사인 유사도(Cosine Similarity)
④ 캔버라 거리(Canberra Distance)

459 인공신경망에서 가중치의 의미로 올바른 것은?

① 모델의 규모를 축소할 때
② 예측의 정확성을 높일 때
③ 입력 변수의 영향을 조절할 때
④ 모델의 복잡성을 높일 때

460 앙상블 기법의 목적으로 가장 적절한 것은?

① 모델의 속도 향상
② 데이터의 차원 축소
③ 분류의 정확성 향상
④ 단일 모델의 복잡성을 줄이기 위해

461 앙상블(Ensemble) 모형에 대한 설명으로 가장 적절하지 않은 것은?

① 랜덤 포레스트는 분할에 사용할 예측 변수를 중요도에 따라 선택하고, 선택한 변수 내에서 최적의 분할을 만들어 나가는 방법이다.
② 부스팅은 분류가 잘못된 데이터에 더 큰 가중치를 부여하여 학습을 진행하는 방식이다.
③ 배깅은 원자료 집합으로부터 크기가 같은 여러 개의 부트스트랩 표본을 생성하고, 각 부트스트랩 표본에 대해 분류기를 생성한 후 그 결과를 앙상블 하는 방법이다.
④ 스태킹(Stacking)은 동일한 타입의 모델을 조합하는 방식과는 달리, 서로 다른 학습 알고리즘으로 구성된 모델을 결합하는 방법이다.

462 계층적 군집 분석에서 두 군집 간 거리를 측정할 때, 가장 먼 개체 간의 거리를 사용하는 방법은 무엇인가?

① 최단 연결법(Single Linkage)
② 최장 연결법(Complete Linkage)
③ 중심 연결법(Centroid Linkage)
④ 평균 연결법(Average Linkage)

463 의사결정나무에서 가지치기(Pruning) 하는 이유로 알맞은 것은?

① 과대적합을 방지하기 위해
② 모델의 복잡성을 줄여 정확도를 낮추기 위해
③ 예측 성능을 감소시키기 위해
④ 불필요한 분할을 제거하여 데이터 분산을 최소화하기 위해

464 의사결정나무에서 가지치기(Post-pruning) 시 평가 기준으로 사용되기 어려운 것은?

① 지니 지수(Gini Index)
② 엔트로피 지수(Entropy Index)
③ 카이제곱 통계량(Chi-square Statistic)
④ 잔차 제곱합(Sum of Squared Residuals)

465 분석과 분석 기법의 연결이 옳은 것은?

① 분류 분석 – 회귀 분석(Regression Analysis)
② 군집 분석 – 의사결정나무(Decision Tree)
③ 연속형 예측 – 로지스틱 회귀(Logistic Regression)
④ 연관 분석 – 장바구니 분석(Market Basket Analysis)

466 연관분석에 대한 설명 중 옳지 않은 것은?

① 연관분석 결과는 이해하기 쉽다.
② 거래 횟수(거래량)가 적은 품목의 규칙은 쉽게 발견할 수 있다.
③ 거래량이 감소했을 때 충분한 표본 크기를 확보하는 것이 중요하다.
④ 데이터를 변환하지 않아도 된다.

467 K-평균 군집에 대한 설명으로 가장 적절하지 않은 것은?

① 군집이 형성되는 과정에서 한 개체가 여러 군집에 배정될 수 있다.
② 초기 군집 중심을 임의로 선택할 수 있다.
③ K값을 미리 정해야 한다.
④ 이상값에 영향을 많이 받는다.

468 다음 중 연관분석의 장점이 아닌 것은?

① 결과가 조건 반응 형태로 표현되어 이해하기 쉽다.
② 유사한 품목을 묶어서 계산하면 계산량이 기하급수적으로 증가하는 것을 방지할 수 있다.
③ 분석 방향이나 목적이 명확하지 않은 경우에도 유용하다.
④ 거래 내용 기반 데이터를 별도의 변환 없이 간단한 자료 구조로 분석할 수 있다.

469 다음 중 k-NN(K-최근접 이웃) 알고리즘의 특징으로 틀린 것은?

① 사전 학습 없이 새 데이터를 분류한다.
② 가장 가까운 이웃 그룹을 식별한다.
③ 주변의 k개 데이터를 탐색하여 분류 기준으로 활용한다.
④ k가 너무 크면 과대적합이 발생한다.

470 "우유 → 커피" 연관 규칙의 신뢰도(Confidence)를 구하시오.

- 우유를 구매한 거래 수: 40
- 우유와 커피를 함께 구매한 거래 수: 30

① 30 / 40 = 0.75
② 30 / 50 = 0.60
③ 40 / 50 = 0.80
④ 40 / 40 = 1.00

471 K-means 군집분석을 활용할 수 있는 그래프는 무엇인가?

① 오차 제곱합
② ROC 그래프
③ 집단내 제곱합 그래프
④ 향상도 곡선

472 두 변수가 강한 양의 상관관계를 가질 경우, 이 상관관계를 고려하여 거리를 계산할 때 적절한 거리는?

① 유클리드 거리
② 표준화 거리
③ 맨해튼 거리
④ 마할라노비스 거리

473 다음 거래 정보에 따라 연관 규칙 X ⇒ Y의 향상도(Lift)를 구하시오.

- X 구매 거래 수: 10
- Y 구매 거래 수: 12
- X와 Y를 동시에 구매한 거래 수: 3
- 전체 거래 수: 25

① 0.12
② 0.19
③ 0.52
④ 0.625

474 다음 중 군집분석(Clustering)에 대한 설명으로 옳지 않은 것은?

① 국어, 수학, 영어, 과학, 사회 점수를 기준으로 세 집단을 나누려면 K-means를 사용해야 한다.
② 고차원 벡터를 2차원으로 국가별 군집 분석하려면 SOM(Self-Organizing Map)을 사용해야 한다.
③ 계층적 군집 분석(Hierarchical Clustering)은 군집 수를 미리 정하지 않고도 사용할 수 있다.
④ 사용자 간 거리를 기준으로 군집을 형성할 수 있다.

475 다음 중 연관분석(Association Analysis)에 대한 설명으로 옳지 않은 것은?

① 연관분석은 항목 간의 발생 패턴과 규칙을 발견하는 기법이다.
② 지지도보다 신뢰도가 중요하다.
③ 향상도(Lift)는 두 항목 간의 독립성을 검증하는 지표로 사용된다.
④ A → B의 지지도와 B → A의 지지도는 항상 같다.

476 Apriori 알고리즘의 분석 순서이다. 다음 중 수행 순서를 올바르게 나열한 것은?

가. 최소 지지도를 설정한다.
나. 반복적으로 수행하여 최소 지지도를 넘는 빈발 품목 집합을 찾는다.
다. 찾은 개별 품목을 이용해 2가지 품목을 찾는다.
라. 개별 품목 중에서 최소 지지도를 넘는 모든 품목을 찾는다.

① 가 - 라 - 다 - 나
② 가 - 다 - 라 - 나
③ 라 - 다 - 가 - 나
④ 가 - 라 - 나 - 다

477 100개의 변수를 대상으로 부트스트랩(bootstrap)을 이용해 100번 복원 추출할 경우, 어떤 특정한 변수 하나가 단 한 번도 추출되지 않을 확률은?

① $\frac{1}{100}$
② $1-(\frac{1}{100})^{99}$
③ $(1-\frac{1}{100})^{100}$
④ $(1-(1-\frac{1}{100}))^{100}$

478 참으로 예측한 값 중에서 실제 값이 참인 정도를 설명하는 용어는 무엇인가?

① 정밀도 (Precision)
② 재현율 (Recall)
③ 민감도 (Sensitivity)
④ 정확도 (Accuracy)

479 거리를 측정할 때, 성격이 다른 거리 척도는 무엇인가?

① 맨하튼 거리 (Manhattan Distance)
② 체비셰프 거리 (Chebyshev Distance)
③ 마할라노비스 거리 (Mahalanobis Distance)
④ 자카드 거리 (Jaccard Distance)

480 ROC 그래프에서 데이터를 가장 잘 설명하는 이상적인 모형의 좌표 (x, y) 값으로 옳은 것은?

① (1, 1)
② (1, 0)
③ (0, 1)
④ (0, 0)

481 배깅(Bagging)과 부스팅(Boosting)에 대한 설명으로 옳은 것은?

① 배깅은 재표본 추출을 사용하지 않는다.
② 부스팅은 잘못 분류된 데이터에 더 큰 가중치를 부여한다.
③ 배깅은 항상 단일 모델보다 높은 정확도를 보장한다.
④ 부스팅은 과대 적합(overfitting)을 완전히 방지할 수 있다.

482 인공신경망(Artificial Neural Network, ANN)에 대한 설명으로 옳지 않은 것은?

① 은닉층의 개수가 많다고 해서 반드시 모델의 정확도가 향상되는 것은 아니다.
② 은닉층의 노드(뉴런) 개수는 분석가가 임의로 설정할 수 있다.
③ 은닉층에서 사용하는 활성화 함수(activation function)에 따라 선형 또는 비선형 모형 설계가 가능하다.
④ 인공신경망에서는 변수 간의 관계를 명확히 설명할 수 있는 가중치를 도출할 수 있다.

483 로지스틱 회귀분석(Logistic Regression)을 적용하기에 가장 적절한 예측 대상은 무엇인가?

① 학생들의 성적 예측
② 마케팅 성공 여부 예측
③ 정년(퇴직 연령) 예측
④ 물건 판매량 예측

484 의사결정나무에 대한 설명으로 옳지 않은 것은?

① 최종 노드(단말 노드, leaf)가 많아질수록 과대적합(overfitting) 발생 가능성이 커진다.
② 종속 변수가 연속형일 경우, 가지 분할 시 분산(Variance)을 기준으로 나눌 수 있다.
③ 종속 변수가 범주형일 경우, 가지 분할 시 엔트로피(Entropy) 지수를 활용할 수 있다.
④ 가지치기(Pruning)를 통해 학습 데이터 세트에서 정확도를 높일 수 있다.

485 K-means 클러스터링에 대한 설명 중 잘못된 것은?

① 군집의 수(K값)를 사용자가 직접 지정해야 한다.
② K-means는 각 데이터 포인트를 가장 가까운 중심(centroid)에 할당한다.
③ 클러스터 중심은 군집 내 데이터의 평균을 기반으로 계산된다.
④ 군집 개수(K)는 알고리즘이 자동으로 결정한다.

486 자기조직화지도(SOM, Self-Organizing Map)에 대한 설명으로 옳지 않은 것은?

① 고차원 데이터를 저차원 데이터로 시각화하는 데 활용된다.
② 입력 벡터 간의 유사도를 기반으로 최적 뉴런(BMU)을 결정한다.
③ 입력층과 경쟁층은 부분적으로(local) 연결되어 있다.
④ 순전파(feedforward) 방식으로 작동한다.

487 다차원척도법(Multidimensional Scaling, MDS)에 대한 설명으로 옳지 않은 것은?

① 객체 간 유사성 또는 거리 정보를 이용하여 시각화할 수 있다.
② 고차원 데이터를 저차원 공간에 배치하여 구조적 관계를 파악할 수 있다.
③ MDS 결과의 좌표는 상대적 위치만 해석할 수 있다.
④ MDS는 각 점의 절대적인 좌표 위치를 기반으로 해석한다.

488 계층적 군집 분석을 수행한 후 생성된 덴드로그램이다. 군집 간 거리 기준 50에서 수평선으로 나누었을 때, 형성되는 클러스터의 수는 몇 개인가?

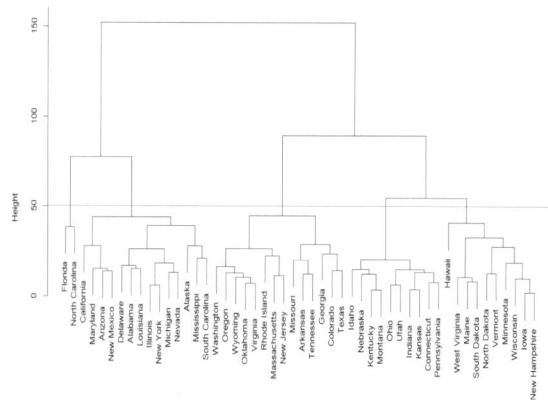

① 2개
② 3개
③ 4개
④ 5개

489 다음은 100건의 거래 데이터를 바탕으로 산출된 버터(Butter)와 빵(Bread)에 대한 연관분석 결과이다. 다음 중 올바르게 해석된 것을 고르시오.

품목	거래 건수
버터	40
빵	24
버터, 빵	30
전체 거래 건수	100

① 버터를 구매한 고객의 75%는 빵도 함께 구매하였다.
② 전체 고객의 40%는 버터와 빵을 모두 구매하였다.
③ 향상도(Lift) 1.25는 버터와 빵의 구매가 서로 독립적이라는 것을 의미한다.
④ 신뢰도(Confidence)가 0.75이므로 빵을 구매한 고객의 75%는 버터를 함께 구매하였다.

490 연관분석에서 항목 B의 지지도(Support)는 무엇을 의미하는가?

① 전체 거래 중에서 A를 구매한 비율
② 전체 거래 중에서 B를 구매한 비율
③ 전체 거래 중에서 A와 B를 함께 구매한 비율
④ A를 구매했을 때 B를 함께 구매할 조건부 확률

491 해킹 등의 이상 행위를 탐지하거나, 비정상적인 컴퓨터를 조기에 발견하고자 할 때 주로 사용되는 데이터 마이닝 기법은 무엇인가?

① 혼합분포 군집
② 인공신경망 군집
③ 로지스틱 회귀분석
④ 앙상블 모형

492 다음은 K-평균 군집(K-means clustering)의 장점에 대한 설명이다. 가장 적절하지 않은 것은?

① K-평균 군집은 알고리즘이 단순하며, 빠르게 수행된다. 계층적 군집보다 많은 양의 자료를 처리할 수 있다.
② 잡음이나 이상값에 영향을 거의 받지 않는다.
③ 안정된 군집은 보장하나 전체적으로 최적이라는 것은 보장하지 못한다.
④ 계층적 군집보다 많은 양의 자료를 처리할 수 있다.

493 다음은 계층적 군집 분석(Hierarchical Clustering)에 대한 설명이다. 올바르지 않은 것은?

① 관측치의 특성에 따라 여러 개의 배타적인 집단으로 나누는 분석 방법이다.
② 계층적 군집을 수행할 때 두 군집 간의 거리를 측정하는 방법에 따라 병합 방법이 달라진다.
③ 최단 거리로 거리 측정을 하면 사슬 모양이 생길 수 있으며, 고립된 군집을 찾는 데 중점을 둔 방법이다.
④ 평균 연결법은 모든 항목에 대한 거리 평균을 구하면서 군집화하기 때문에 계산량이 단순하다.

494 다음 중 비계층적 군집분석(Non-Hierarchical Clustering)의 단점으로 적절하지 않은 것은?

① 초기 군집 수를 사전에 정해야 하므로 설정에 어려움이 있다.
② 변수 간 가중치 설정과 거리 측정 방식의 정의가 어렵다.
③ 최종 군집 결과는 초기 군집 중심값 설정에 민감하다.
④ 한 번 군집이 잘못 형성되면 이후 단계에서 수정할 수 없다.

495 다음 중 의사결정나무(Decision Tree) 모형의 특징이 아닌 것은 무엇인가?

① 유용한 입력 변수를 식별하고, 예측 변수 간의 상호작용 및 비선형성도 고려할 수 있다.
② 구조가 단순하여 결과 해석이 쉽다.
③ 계산 비용이 낮아 대규모 데이터 세트에서도 비교적 빠르게 분석할 수 있다.
④ 변수의 수가 많아지더라도 아무런 사전 작업 없이 항상 빠르게 알고리즘을 수행할 수 있다.

496 다음 중 인공신경망(Artificial Neural Network)의 장점이 아닌 것은?

① 전체적인 최적해(Global Optimum)가 아닌 지역적 최적해(Local Optimum)에 머무를 수 있다.
② 통계적 분석 없이도 예측 및 분류를 수행할 수 있다.
③ 통계적 가정이 적어 다양한 문제에 유연하게 적용될 수 있다.
④ 불완전하거나 잡음이 많은 데이터에서도 일반적으로 강건한 예측 성능을 보인다.

497 ROC 커브에 대한 설명으로 틀린 것을 고르시오.

① 대부분의 분류 모형은 확률값을 예측한 후, 해당 값이 설정된 임곗값보다 높으면 긍정(Positive)으로, 그렇지 않으면 부정(Negative)으로 분류한다.
② 민감도(TPR)와 거짓 긍정률(FPR)은 비례 관계에 있으며, ROC 커브는 TPR을 y축에, FPR을 x축에 배치하여 시각화한 것이다.
③ ROC 곡선 아래의 면적을 AUC(Area Under Curve)라고 하며, 면적이 넓을수록 분류 성능이 뛰어난 모형이다.
④ AUC의 최댓값은 1이며, 1에 가까울수록 예측력이 높은 분류 모형이다.

498 다음 중 로지스틱 회귀분석에 대한 설명으로 옳은 것은?

① 로지스틱 회귀분석에서는 독립변수로 연속형 변수만 사용할 수 있다.
② 로짓 변환은 오즈비에 로그를 취한 값이다.
③ 로지스틱 회귀분석은 최소제곱법을 사용하여 모수를 추정한다.
④ 로지스틱 회귀분석은 이항 분류 문제를 분석하기 위해 시그모이드 함수를 사용한다.

499 단층 퍼셉트론(Single-layer Perceptron)으로는 해결할 수 없는 문제는 무엇인가?

① OR 연산
② XOR 연산
③ AND 연산
④ NAND 연산

500 연관성 분석에서 주로 사용하는 알고리즘인 Apriori와 FP-Growth에 대한 설명 중 가장 적절하지 않은 것은?

① Apriori 알고리즘은 데이터베이스를 반복적으로 스캔한다.
② FP-Growth 알고리즘은 FP-트리를 상향식 방법으로 탐색하여 빈발 아이템 집합을 생성한다.
③ Apriori 알고리즘은 최소 지지도보다 작은 지지도를 가지는 품목을 포함하는 모든 집합을 제거한다.
④ Apriori 알고리즘과 FP-Growth 알고리즘은 후보 빈발 아이템 집합을 생성한다.

501 다음 중 데이터 분할에 대한 설명으로 가장 부적절한 것은?

① 평가용 데이터는 학습 과정과 모형의 평가를 위한 과정에 사용된다.
② 모형이 주어진 데이터에 대해서만 높은 성능을 보이는 과대적합 문제를 예방하여, 2종 오류인 잘못된 귀무가설을 채택하는 오류를 방지하는 데 목적이 있다.
③ 데이터가 충분하지 않을 때 학습용 데이터와 평가용 데이터로만 분할하여 사용하기도 한다.
④ 검증용 데이터(Validation Data)는 구축된 모델의 과잉 또는 과소 맞춤(overfitting/underfitting)에 대한 미세 조정을 위해 사용되는 데이터이다.

502 다음 중 의사결정나무(Decision Tree)의 구성요소에 대한 설명으로 옳지 않은 것은?

① 뿌리 마디(Root node)는 분류의 시작점에 해당하는 최상위 노드를 말한다.
② 가지(Branch)는 하나의 마디로부터 끝마디까지 연결된 마디들의 경로를 의미한다.
③ 깊이(Depth)는 가지를 이루는 마디(노드)의 개수를 말한다.
④ 중간 마디(Internal node)는 각 나무줄기의 끝에 위치하는 마디를 의미한다.

503 다음 중 인공신경망의 활성화 함수에 대한 설명으로 가장 부적절한 것은?

① 활성화 함수는 순입력 함수로부터 전달받은 값을 출력값으로 변환해 주는 함수이다.
② 활성화 함수에는 계단 함수, 부호 함수, 선형 함수, 시그모이드 함수, tanh 함수, ReLU 함수 등이 있다.
③ 인공신경망은 입력값을 받아 출력값을 생성하기 위해 활성화 함수를 사용한다.
④ 활성화 함수 대부분은 선형 함수이다.

504 다음 중 퍼셉트론(Perceptron)에 대한 설명으로 가장 부적절한 것은?

① 퍼셉트론은 입력층과 출력층으로만 구성된 최초의 인공신경망이다.
② 퍼셉트론은 XOR을 선형적으로 분리할 수 없는 문제로, 다층 퍼셉트론을 통해 XOR 문제를 해결할 수 있게 되었다.
③ 퍼셉트론은 입력값, 가중치, 순입력 함수, 활성화 함수, 출력값으로 구성되어 있다.
④ 퍼셉트론에 입력층(Input Layer)을 다층으로 하여 만든 것이다.

505 다음 중 ROC 곡선(Receiver Operating Characteristic Curve)에 대한 설명으로 가장 부적절한 것은?

① 가로축(x축)은 혼동행렬의 거짓 긍정률(False Positive Rate), 세로축(y축)은 민감도(True Positive Rate)로 하여 시각화한 그래프이다.
② FP 비율(FP Rate, 1−특이도)과 민감도(TP Rate)는 서로 비례 관계에 있다.
③ AUC(Area Under the ROC Curve)는 ROC 곡선 아래 면적으로, 이를 모형의 평가지표로 사용한다.
④ AUC 값은 항상 0.5에서 1 사이의 값을 가지며, 1에 가까울수록 좋은 모형이다.

506 다음 중 홀드 아웃 교차 검증(Hold-out validation)에 대한 설명으로 가장 적절한 것은?

① 전체 데이터에서 평가 데이터를 학습에도 사용하므로 데이터 손실이 발생하지 않는다.
② 전체 데이터를 비복원 출 방식으로 랜덤하게 학습 데이터(Training set)와 평가 데이터(Test set)로 나누어 검증하는 기법이다.
③ 평가 데이터(Test set)는 구축된 모델의 과잉 또는 과소 맞춤 등에 대한 미세 조정을 위해 사용되는 데이터이다.
④ 데이터 집합을 무작위로 동일 크기를 갖는 K개의 부분집합으로 나누고, 그중 1개를 평가 데이터(Test set), 나머지(K−1)개를 학습 데이터(Training set)로 하여 분석 모형을 평가하는 기법이다.

507 다음 중 부트스트랩(Bootstrap)에 대한 설명으로 가장 적절하지 않은 것은?

① 부트스트랩은 데이터를 무작위로 복원 추출하는 방식이다.
② 복원추출이므로 하나의 데이터가 여러 번 선택될 수 있다.
③ 원본 데이터와 동일한 크기로 샘플을 생성하며, 이를 학습 데이터로 활용한다.
④ 부트스트랩에서는 모든 원본 데이터가 반드시 한 번 이상 선택된다.

508 다음 중 로지스틱 회귀분석의 유형 및 특성에 대한 설명으로 가장 알맞지 않은 것은?

① 반응변수가 범주형인 경우 적용되는 회귀분석 모형이다.
② 로지스틱 모형은 적절한 변환을 통해 곡선을 직선 형태로 바꿀 수 있다.
③ 오즈(Odds)는 p / (1 − p)로 계산된다.
④ 로지스틱 모형에 포함된 회귀계수가 양수이면 예측값은 역(逆) S자 형태를 보인다.

509 다음 중 분류분석의 정의로 가장 올바른 것은?

① 이미 분류된 데이터를 바탕으로 새로운 데이터가 어떤 그룹에 속하는지 예측하는 분석 기법이다.
② 수치형 변수를 기반으로 연속적인 값을 예측하는 분석 기법이다.
③ 데이터 간의 유사도를 계산하여 비슷한 특성을 가진 집단으로 묶는 분석 기법이다.
④ 변수 간의 상관관계와 영향력을 파악하여 인과 관계를 도출하는 분석 기법이다.

510 다음 중 데이터 분석 모형의 오류에 대한 설명으로 가장 적절하지 않은 것은?

① 일반화 오류는 분석모델이 주어진 데이터의 특성에 과도하게 맞춰져 발생하는 오류이다.
② 일반화 오류는 모델이 과소적합 된 경우에 나타난다.
③ 모델의 복잡도가 높아질수록 학습 데이터에 대한 오류는 줄어들 수 있으나, 일정 수준을 넘으면 실제 데이터에 대한 오류가 오히려 증가할 수 있다.
④ 일반화란 학습 데이터와 다른 실제 데이터에 대해서도 모델의 성능이 안정적으로 유지되는 것을 의미한다.

511 다음 중 앙상블 분석(Ensemble Learning)에 대한 설명으로 가장 적절하지 않은 것은?

① 앙상블 알고리즘은 주어진 자료로부터 여러 개의 예측 모형을 만든 뒤, 이들을 조합하여 하나의 최종 예측 모형을 생성하는 기법이다.
② 앙상블 기법 중 배깅(Bagging)은 잘못 분류된 개체에 가중치를 부여하고, 이 과정을 반복해 새로운 분류 규칙을 만드는 알고리즘이다.
③ 랜덤 포레스트(Random Forest)는 배깅 기법에 특성(feature)의 무작위 선택을 결합한 앙상블 모델이다.
④ 랜덤 포레스트는 별도의 테스트 데이터를 생성하지 않더라도, OOB(Out-of-Bag) 데이터를 통해 모델 성능을 추정할 수 있다.

512 다음 중 부트스트랩(Bootstrap) 기법에 대한 설명으로 가장 옳지 않은 것은?

① 선택적 복원추출 기법으로, 전체 데이터에서 중복을 허용하지 않고 데이터 크기만큼 샘플을 추출하여 이를 학습 데이터(Training Set)로 사용한다.
② 주어진 자료에서 단순 랜덤 복원추출을 통해 동일한 크기의 표본을 여러 개 생성하는 샘플링 기법이다.
③ 전체 데이터가 N개일 때, 부트스트랩으로 N개의 샘플을 복원 추출하면 특정 샘플이 적어도 한 번 이상 포함될 확률은 약 63.2%이다.
④ 부트스트랩으로 100개의 샘플을 추출해도, 한 번도 선택되지 않는 데이터가 존재할 수 있으며, 그 비율은 전체의 약 36.8%에 해당한다.

513 다음과 같은 특징을 가지는 머신러닝의 성능 평가 지표는 무엇인가?

- 모형의 예측값과 실제값이 우연히 일치할 확률을 제외하여 반영한다.
- 값의 범위는 0에서 1 사이이다.
- 값이 0에 가까울수록 모형의 예측이 실제와 일치하지 않음을 의미한다.

① 민감도 (Sensitivity)
② 정확도 (Accuracy)
③ 특이도 (Specificity)
④ 카파 통계량 (Kappa Statistics)

514 다음과 같은 특징을 가지는 머신러닝의 성능 평가 지표는 무엇인가?

- 정밀도(Precision)와 민감도(Recall)를 하나로 통합한 지표이다.
- 정밀도와 민감도의 조화 평균으로 계산된다.

① F1-Score
② 정확도 (Accuracy)
③ 특이도 (Specificity)
④ 정밀도 (Precision)

515 다음 중 ROC(Receiver Operating Characteristic) 곡선을 이용한 모형 성능 평가 방법에 대한 설명으로 가장 옳지 않은 것은?

① ROC 곡선은 머신러닝 성능 평가 지표 중 하나로, 거짓 긍정률(FP rate)과 참 긍정률(TP rate, 민감도) 간의 관계를 시각적으로 표현하는데 사용된다.
② 임곗값(threshold)에 따라 특이도와 민감도의 곡선에는 영향을 주지 않는다.
③ 분석 모형의 평가 결과에서 TP rate가 클수록, FP rate가 작을수록 성능이 우수한 모형으로 평가된다.
④ FP rate가 동일하다면, TP rate가 더 큰 모형이 더 우수한 성능을 가진 것으로 평가된다.

516 다음 중 ROC(Receiver Operating Characteristic) 곡선에 대한 설명으로 가장 옳지 않은 것은?

① 모형 분석 결과 TP rate(참 긍정률)가 동일한 경우, FP rate(거짓 긍정률)가 클수록 우수한 성능의 모형으로 평가된다.
② 일반적인 성능 비교는 ROC 곡선의 아래 영역인 AUC(Area Under the Curve) 값을 통해 이루어진다.
③ 분석에 사용되는 데이터 세트의 크기가 클수록, 모형에 따라 더 복잡한 형태의 ROC 곡선이 만들어질 수 있다.
④ ROC 곡선에서 대각선에 가까울수록, 해당 분석 모형의 예측 성능이 낮음을 의미한다.

517 다음 중 의사결정나무(Decision Tree)의 장점에 대한 설명으로 바람직하지 않은 것은?

① 중요한 변수의 선정이 쉽다.
② 모델의 구조가 직관적이어서 이해하기 쉽다.
③ 의사결정나무는 선형성 및 정규성을 가정하는 모수적 방법이다.
④ 분석 결과의 해석이 쉽고 시각화가 쉽다.

518 다음과 같은 특징을 갖는 군집화(Clustering) 방법은 무엇인가?

> - 각 군집에서 대표 객체(medoid)를 선택하여 전체 n개의 객체 중에서 k개의 군집을 형성함
> - 노이즈나 이상값(outlier)에 강건한 특성을 보임
> - PAM(Partitioning Around Medoids) 알고리즘으로도 불림

① DBSCAN
② 퍼지 군집화(Fuzzy Clustering)
③ K-평균 군집화(K-means)
④ K-메도이드 군집화(K-medoids clustering)

519 인공신경망 분석에서 입력 신호들의 중요도에 따라 가중치를 부여하고, 이들의 가중합을 바탕으로 출력 결과를 결정하기 위해 사용되는 함수는 무엇인가?

① 뉴런 함수
② 다중 퍼셉트론 함수
③ XOR 함수
④ 활성화 함수 (Activation Function)

520 EM 알고리즘(Expectation-Maximization algorithm)에 대한 설명으로 틀린 것은 무엇인가?

① 최대 가능도 추정을 위한 수치적 방법이다.
② 초깃값 설정이 필요하다.
③ 잠재 변수의 도입이 요구된다.
④ 정규분포에 대한 모수 추정 기법이다.

521 연관분석에서 최소 지지도를 2로 설정했다. 다음 보기 중 최대 길이의 빈발 항목 집합으로 옳은 것은?

{a,b,c}, {b,c,e}, {c,e}, {a,b,c,e}, {b,c}

① {a, b, e}
② {b, c, e}
③ {a, c, e}
④ {b, c}

2026
ADsP 데이터 분석 자격검정 실전문제

해설편

1과목   데이터 이해
2과목   데이터의 분석 기획
3과목   데이터 분석

데이터 이해

1과목

01 정답 ①
- 데이터베이스 설계는 요구 사항 분석 → 개념적 → 논리적 → 물리적 설계 순으로 진행한다.

02 정답 ④
- 어트리뷰트(Attribute)는 테이블의 열(column)을 의미한다. 행(row)은 튜플(Tuple)이라고 하며, 하나의 레코드 단위를 의미한다.

03 정답 ③
- "예측"이라는 행위는 단순한 데이터나 정보 해석을 넘어선 지식 기반 판단이다.

04 정답 ②
분리된 데이터는 데이터 간의 연결 고리를 찾아서 관계(상관, 인과)가 생성될 때 정보가 된다.

05 정답 ①
- 데이터(Data): 가공되지 않은 사실이나 수치 → "A 마트 100원, B마트 300원"
- 정보(Information): 데이터를 비교·분석하여 의미를 부여 → "A 마트가 더 싸다."
- 지식(Knowledge): 정보를 바탕으로 행동 방안 도출 → "A 마트에서 사야겠다."
- 지혜(Wisdom): 지식을 일반화·추론하여 전략적 판단 → "다른 상품도 A 마트가 더 쌀 것"

06 정답 ④
- '추상화'는 SECI 모델의 네 단계에 포함되지 않는 개념이므로, 암묵지와 형식지의 상호작용과 관련이 없다.

07 정답 ④
- 암묵지(Tacit Knowledge)와 형식지(Explicit Knowledge)는 지식(knowledge)의 분류이며, 데이터(data)는 이러한 지식보다 하위 개념이다.

08 정답 ③
- OLTP (Online Transaction Processing) → 실시간 거래 데이터를 빠르게 처리하는 시스템을 의미
- BI (Business Intelligence) → 조직의 데이터 자산을 활용하여 리포트, 대시보드, KPI 모니터링 등을 통해 의사결정을 지원하는 도구
- BA (Business Analytics) → 통계, 수학, 머신러닝 기법 등을 통해 예측 및 최적화 모델을 만들어 내는 고급 분석 도구

09 정답 ②
- OLTP는 거래 처리, OLAP는 조회·분석에 활용한다.

10 정답 ①
- 객체지향 DBMS(Object-Oriented DBMS)는 객체지향 개념을 활용하여 복잡한 데이터 구조(예: 이미지, 동영상, 공간 정보 등)를 표현하고 저장할 수 있으며, 비정형 데이터 모델링에 유리하다.
- 관계형 DBMS는 정형 데이터에 적합하고, 계층형/네트워크형 DBMS는 오래된 구조로 현대의 복잡한 비정형 데이터를 처리하기엔 한계가 있다.

11 정답 ①
- 데이터웨어하우스(Data Warehouse)는 여러 출처에서 수집된 데이터를 분석 목적에 맞게 통합하고 변환하여 저장하는 시스템이다.

12 정답 ③
- BI(Business Intelligence)는 기업 내외부의 데이터를 수집하고 분석하여 시각화 보고서나 대시보드 형태로 제공함으로써 사용자의 전략적 의사결정을 지원하는 도구이다.

13 정답 ③
- CRM (Customer Relationship Management): 고객의 구매 이력, 문의 내역, 반응 등 다양한 데이터를 수집하고 분석하여 고객 특성에 맞춘 맞춤형 마케팅, 서비스 개선, 고객 만족도 향상 등을 수행하는 고객 관리 시스템이다.

14 정답 ①
- 연관 규칙 학습 (Association Rule Learning)은 대형 거래 데이터에서 상품 간의 동시 구매 패턴을 분석하는 데 활용되는 대표적인 기법이다.

15 정답 ①
①은 반정형 데이터로, 태그나 구조는 존재하지만, 정형화된 스키마는 없는 데이터 형식이다.

16 정답 ③
- NEIS는 교육행정정보시스템으로, 16개 시·도 교육청의 행정 및 인사업무를 처리하기 위한 솔루션이다.

17 정답 ③
- MapReduce는 구글이 2004년에 발표한 대용량 데이터 처리를 위한 분산 병렬 컴퓨팅 프레임워크이다.
- 데이터를 Map(분할 및 분산처리) → Reduce(결과 집계) 단계로 처리한다.

18 정답 ②
- 블록체인(Blockchain)은 분산 원장 기술(DLT)의 일종으로, 중앙 기관 없이 모든 참여자의 거래 내역을 검증하고 저장하는 구조이다.
- 거래는 블록 단위로 저장되고, 이를 체인처럼 연결하여 위변조가 어렵다.

19 정답 ④
- 데이터베이스는 동적인 특성을 가지며 데이터의 추가, 삭제, 갱신이 가능합니다. 따라서 "Unchanged"는 부적절한 설명이다.

20 정답 ①
- 통합된 데이터(Integrated Data)는 동일한 데이터가 불필요하게 중복되지 않도록 통합·관리된다.
- 저장된 데이터(Stored Data)는 컴퓨터로 접근 가능한 저장 매체에 저장된다.
- 공용 데이터(Shared Data)는 여러 사용자와 응용 프로그램이 공동으로 사용한다.
- 변화하는 데이터(Operational Data)는 최신의 값으로 계속 갱신되는 것이 특징이며, 반드시 과거 이력을 항상 보존하는 것은 아니다.

21 정답 ①
- 데이터베이스 시스템의 특징은 오히려 데이터와 응용 프로그램의 독립성을 보장하는 것이다.
- 데이터를 수정하거나 구조를 변경하더라도 응용 프로그램이 영향을 받지 않도록 설계된다.
- 따라서 '응용 프로그램의 종속성'은 데이터베이스의 특징과 반대되는 개념이다.

22 정답 ④
- ①~③은 모두 '정보의 축적 및 전달 측면'의 핵심 요소(기계 가독성, 검색 가능성, 원격 조작성)에 해당한다.
- ④는 '정보기술 발전 측면'의 내용으로, '정보의 축적 및 전달 측면'이 아니라 다른 범주의 설명이다.

23 정답 ④
- 지식관리시스템(Knowledge Management System, KMS)은 조직 구성원이 보유한 암묵지(경험, 노하우)와 형식지(문서, 보고서)를 수집·정리하여 공유 및 재활용함으로써, 조직의 지식 자산을 극대화하는 데 목적이 있다.

24 정답 ①
- CREATE는 데이터 정의어(DDL)로, 데이터의 구조(테이블 등)를 정의한다.
- 나머지 선택지인 SELECT, UPDATE, INSERT는 모두 데이터 조작어(DML)로, 테이블에 저장된 데이터를 조회하거나 수정하는 데 사용한다.

25 정답 ③
- DML(데이터 조작어)는 테이블의 데이터를 삽입(INSERT), 조회(SELECT), 수정(UPDATE), 삭제(DELETE)하는 명령어를 포함한다.
- CREATE는 테이블이나 데이터베이스 등의 구조를 생성하는 명령으로, DDL(Data Definition Language)에 해당한다.

26 정답 ③
- N:1 관계란, 여러 개의 상품 개체가 하나의 고객 개체와 대응할 수 있지만, 하나의 고객 개체는 단 하나의 상품 개체와만 대응하는 관계를 의미한다.

27 정답 ①
- ERP (Enterprise Resource Planning):
- 기업의 자원(인사, 회계, 생산, 구매 등)을 하나의 통합 시스템으로 관리하기 위한 소프트웨어. 회계, 구매, 생산, 재고, 공급망 등 다양한 프로세스를 통합적으로 관리하는 데 초점을 둔다.

28 정답 ③
- SCM은 제조업체, 물류업체, 유통업체 등 다양한 유통 주체들이 정보를 공유하고 협력하여 재고를 최소화하고 전체적인 공급망의 효율을 극대화하는 시스템이다.

29 정답 ①
- MySQL은 관계형 데이터베이스(RDBMS)로, SQL 기반의 테이블 구조를 사용한다.
- MongoDB, HBase, Redis는 모두 NoSQL 데이터베이스이며, 각각의 방식은 다음과 같다.
- MongoDB: 문서 지향(document-oriented) DB
- HBase: 칼럼 지향(column-oriented) DB
- Redis: 키-값(key-value) 저장 방식

30 정답 ④
- 데이터베이스는 정형 데이터뿐만 아니라 반정형 데이터(예: XML, JSON), 비정형 데이터(예: 이미지, 영상, 오디오 등)도 저장하고 관리할 수 있다.

31 정답 ①
- 데이터웨어하우스(Data Warehouse)는 조직의 의사결정을 지원하기 위한 분석 중심의 데이터 저장소로, 다음의 4가지 특징을 가진다.
- 주제 지향성 (Subject-Oriented): 비즈니스 주제별로 데이터를 구성
- 통합성 (Integrated): 다양한 출처의 데이터를 일관성 있게 통합
- 시계열성 (Time-Variant): 시간에 따른 데이터를 보존하여 변화 추적 가능
- 비휘발성 (Nonvolatile): 분석 목적이므로 데이터가 자주 변경되지 않음

32 정답 ①
- 데이터베이스 관리 시스템은 데이터의 저장, 검색, 수정, 보안, 무결성 등을 효율적으로 처리해 주지만, 모든 문제를 완전히 해결할 수는 없다.
- 예를 들어, 비정형 데이터 처리, 고성능 분산 환경 대응 등에서는 한계가 있을 수 있다.

33 정답 ②
- 데이터 마트(Data Mart)는 전체 조직이 아닌 특정 부서나 사용자 그룹의 요구에 맞게 구축된 소규모 데이터 저장소이다. 따라서 "모든 사람이 볼 수 있다."라는 설명은 잘못된 설명이다.

34 정답 ①
- DBMS는 데이터베이스 관리 시스템으로, 사용자와 데이터베이스 사이에서 데이터를 효율적으로 관리하고, 저장, 검색, 갱신, 삭제 등의 작업을 수행한다.

35 정답 ④
- SQL(Structured Query Language)은 관계형 데이터베이스에 저장된 데이터를 조회, 삽입, 수정, 삭제하는 등의 작업을 수행하기 위해 특별히 설계된 데이터베이스 전용 언어이다.

36 정답 ④
- 데이터베이스는 다양한 형태의 데이터(문자, 숫자, 기호, 음성, 영상 등)를 구조화하여 효율적으로 저장, 관리, 검색할 수 있도록 구성된 정보의 집합체이다. 단순한 데이터가 아니라, 이를 체계적으로 정리하여 활용할 수 있도록 만든 구조라는 점에서 문제의 정의에 가장 적합하다.

37 정답 ③
- 통합성은 동일 개념의 데이터를 전사적으로 일관된 형식으로 정의하고 사용하는 것을 의미한다.

38 정답 ④
- 데이터베이스의 모든 데이터가 반드시 2차원 테이블 형태로 표현되지는 않는다.
- 관계형 데이터베이스에서는 테이블 형태(2차원)를 사용하지만, 비관계형 데이터베이스(NoSQL, 그래프 DB 등)는 다양한 구조(문서, 키-값, 그래프 등)로 데이터를 저장한다. 따라서 보기 ④는 옳지 않다.

39 정답 ②
- 표출화(Externalization)는 개인의 암묵지(Tacit Knowledge)를 형식지(Explicit Knowledge)로 변환하는 과정으로, 암묵적인 지식을 문서, 매뉴얼, 보고서 등으로 표현하여 다른 사람이 활용 가능하도록 만드는 것이다.

40 정답 ②
- 데이터는 현실 세계의 관찰이나 측정을 통해 수집된 객관적 사실이다.
- 그러나 개별 데이터 자체로는 의미가 없으며, 분석과 해석, 가공 과정을 통해 정보와 지식으로 전환될 때 비로소 가치가 부여된다.

41 정답 ②
- 정성적(qualitative) 데이터는 주로 비정형(텍스트, 이미지, 영상 등) 형태이므로, 정량적 데이터보다 저장·분석·처리에 더 많은 비용과 기술이 필요하다.

42 정답 ①
- 비정형 데이터는 일반적으로 메타데이터가 명확히 정의되지 않거나 없으며, 구조화되지 않은 형태로 존재한다. 예를 들어, 이메일, 이미지, 영상, 소셜미디어 글 등은 비정형 데이터에 해당한다.

43 정답 ③
- 데이터웨어하우스가 기업 전체의 원천 데이터를 통합 관리하는 큰 규모이다.

44 정답 ④
- Tableau는 데이터 시각화 도구(Visualization Tool)이지, 데이터베이스가 아니다.

45 정답 ②
- 가. 공통화(Socialization) → B.개인에게 축적된 지식을 조직의 지식으로 만듦 → 암묵지 ↔ 암묵지
- 나. 표출화(Externalization) → C.개인의 암묵지를 언어나 기호, 숫자 등의 형태로 만듦 → 암묵지 → 형식지
- 다. 연결화(Combination) → D. 다른 개인이 또 다른 개인의 지식 습득 → 형식지 ↔ 형식지
- 라. 내면화(Internalization) → A. 현장 경험을 통해 개인에게 지식 축적 → 형식지 → 암묵지

46 정답 ④
- ITS는 교통 분야의 공공·사회 인프라 시스템으로 기업 내부와 무관하다.

47 정답 ①
- 비트(Bit)가 데이터의 최소 단위이며, 0 또는 1로 표현된다.

48 정답 ③
- 음성, 문자 등 구조화되지 않은 데이터에 해당하는 올바른 답은 ③ Unstructured data

49 정답 ②
- DIKW 모델은 Data → Information → Knowledge → Wisdom의 계층으로 구성되며, insight(통찰)는 공식적인 DIKW 단계에 포함되지 않으므로 ②번이 틀린 설명이다.

50 정답 ④
- 콘텐츠(Content)는 다양한 전달 매체(텍스트, 이미지, 영상 등)를 통해 전달 가능한 데이터, 정보, 지식 등의 집합으로, 사용자에게 인지 가능한 가치를 제공하므로 ④번이 정답이다.

51 정답 ③
- 기상특보는 특정 조건(예: 폭우, 태풍 등)이 충족될 때 발령되는 이벤트성 데이터이다. 수치가 아닌, "특보 발령" 또는 "해제"와 같은 상태(범주형)로 기록된다.
- 즉, 연속적인 수치가 아니라 특정 시점에 발생하는 알림 또는 분류 정보인 정성적 데이터이다.

52 정답 ③
- 통합된 데이터: 조직 전반의 데이터를 중복을 최소화하고 일관된 스키마로 통합해 관리한다.
- 저장 데이터: 데이터는 컴퓨터가 접근 가능한 저장 매체(디스크 등)에 물리적으로 저장된다.
- 공용 데이터: 여러 사용자/응용이 공동으로 이용하며, 이를 위해 권한 관리·동시성 제어가 필요하다.
- 변화되는 데이터: 업무 처리로 상시 삽입·수정·삭제가 일어나며 최신 정확성을 유지한다(과거 이력 보존은 필수 요건 아님).

53 정답 ②
①: 정보의 축적 및 전달 측면 (기계 가독성, 검색 가능성 → 정보 전달)
③: 정보의 이용 측면 → 다양한 정보의 신속한 활용
④: 정보의 기술 발전 측면 → 네트워크 기술, ICT 발전

54 정답 ①
①: 정형 데이터 → 수치로 구성된 구조화된 데이터 (숫자, 표 형태)
②: 비정형 데이터 (이미지)
③: 비정형 데이터 (영상)
④: 비정형 데이터 (텍스트, 멀티미디어)

55 정답 ①
- 정보 이용 측면은 사용자가 필요한 정보를 얼마나 빠르고 효율적으로 접근하고 활용할 수 있는지와 관련된 요소이다.

56 정답 ③
- 반정형 데이터는 일정한 구조는 존재하지만 고정된 스키마는 없는 데이터로, 대표적인 예로 HTML, XML, JSON 등이 있다.

57 정답 ②
- 데이터 마트(Data Mart)는 특정 부서나 비즈니스 목적에 특화된 데이터 저장소로, 모든 데이터에 공동 적용되어 재활용 가능한 구조는 데이터웨어하우스에 해당한다.
- 따라서 ②번은 데이터 마트가 아닌 데이터웨어하우스의 특징으로, 옳지 않은 설명이다.

58 정답 ①
- 데이터베이스는 여러 사용자가 서로 다른 목적으로 데이터를 활용할 수 있도록 설계되어 있다.

59 정답 ②
- 데이터의 무결성은 데이터가 정확하고 일관되도록 유지하는 DBMS의 중요한 기능이다. 이를 통해 중복, 오류, 불일치 등을 방지할 수 있다.

60 정답 ①
- 유전 알고리즘은 상관관계 분석이 아니라, 최적화 기법임 (진화 메커니즘을 모방한 탐색 방법)
- 감정 분석은 소셜 관계 분석이 아니라, 텍스트에 담긴 감정(긍정/부정 등)을 분석하는 기법임

61 정답 ③
- 사생활 침해 문제를 개인정보 제공자의 동의에만 의존하여 해결하기보다는, 개인정보 사용자에게 책임을 부여함으로써, 개인정보 사용 주체가 더 적극적으로 보호 장치를 마련하도록 유도하는 효과를 기대할 수 있다.

62 정답 ①
- 표본조사와 인과 관계는 빅데이터 시대 이전의 전통적 분석 방식으로, 빅데이터 시대의 본질적 변화에 해당하지 않음

63 정답 ②
- 빅데이터 시대에는 개별 데이터의 질보다 데이터의 양(Volume) 자체가 더 큰 가치를 가지며, 대량 데이터 축적이 분석의 핵심 동력이 된다.

64 정답 ④
- 유형 분석은 대상이 어떤 유형에 속하는지 예측하거나, 유형별로 특성 차이를 파악하는데 활용된다.

65 정답 ①
- 클라우드 컴퓨팅은 빅데이터 처리에 필요한 막대한 연산 자원과 저장 공간을 필요한 만큼만 사용하고 비용을 절감할 수 있게 해주는 기술이다.

66 정답 ④
- 데이터 마스킹은 원본 데이터를 식별할 수 없도록 가리는 방식으로, 예를 들어 '홍길동' → '홍씨' 같이 정보를 일정 수준으로 일반화하거나 변형하여 식별 가능성을 낮춘다.

67 정답 ①
- 데이터는 재사용, 재조합, 다목적 활용이 가능하므로 언제, 어디서, 누가 사용할지 예측하기 어렵다는 특징이 있다.

68 정답 ③
- 비즈니스 관점에서 플랫폼(platform)은 서비스, 애플리케이션, 데이터 등을 통합하여 여러 사용자나 조직이 상호작용하고 데이터를 공동 활용할 수 있도록 지원하는 유·무형의 기반 구조를 의미한다.

69 정답 ③
- 성과가 높은 기업일수록 분석 역량을 적극 활용하고 있으며, 분석을 통해 경쟁력을 강화하고 있다.
- 데이터 분석 능력이 높더라도 전략적 통찰력(Insight)을 내재화하는 것은 어려운 과제이다.
- 단순한 데이터 최적화가 아니라, 전략적 가치 창출로 이어지는 분석이 중요하다.

70 정답 ④
- 빅데이터는 인과 관계보다 상관관계에 집중하며, 설명력보다는 예측력을 중시한다.

71 정답 ①
- 유형 분석은 고객, 제품, 행동 등을 유사한 패턴으로 분류하는 데 사용되며, 클러스터링 기법이 대표적이다.
- 반면, 택배 차량 배치는 최적화 문제로, 경로 최적화(예: TSP 문제)에 해당하며 수리 최적화, 유전 알고리즘, 시뮬레이션 최적화 기법 등이 적합하다.

72 정답 ①
- 빅데이터 분석에서는 반드시 인과 관계를 밝히지 않더라도, 상관관계(correlation) 또는 연관성을 기반으로 의미 있는 패턴을 찾아 실무에 적용하는 것이 특징이다.

73 정답 ④
- 데이터양의 급격한 증가(데이터 폭증)는 빅데이터 출현의 핵심 배경 중 하나이다.
- 저장 장치 가격 하락, 네트워크 발달, 클라우드 기술, 병렬처리 기술(Hadoop 등)의 발전이 빅데이터 처리 기반을 마련했다.
- 디지털화 전환(Analog → Digital)은 다양한 데이터의 자동 수집과 활용을 가능하게 했다.

74 정답 ④
- 분석의 성패는 데이터의 양보다, 문제 해결에 적합하고 의미 있는 데이터를 어떻게 수집하고 정제하며 분석하느냐에 달려 있다.

75 정답 ①
- 단위가 올라갈수록 1,024배씩 증가한다.
- KB < MB < GB < TB < PB < EB < ZB < YB

76 정답 ①
- 범죄 예측 프로그램으로 '예측된 행위'만으로 사전 체포하는 것은 책임의 주체와 원인을 불명확하게 하여 '책임 훼손'에 해당한다.

77 정답 ①
- 행태 정보는 개인이나 집단이 디지털 환경에서 실제로 보이는 행동을 기록한 데이터를 말한다.
- ②, ③, ④는 모두 사용자의 행동 기록에 해당하므로 행태 정보이다.
- ①은 여론조사나 설문 등을 통한 인식이나 태도 변화를 의미하며, 정의상 '태도 정보(Attitudinal Data)'에 가깝다.

78 정답 ②
- 구글의 자동번역 시스템은 전 세계의 막대한 양의 텍스트와 언어 데이터를 수집하고 처리한다.
- 이처럼 대규모의 데이터를 다룬다는 점에서 빅데이터의 '크기(Volume)' 속성에 해당한다.

79 정답 ②
- 유형 분석(Profiling, Segmentation):고객의 성별, 연령, 구매 행동, 지역 등 공통된 속성이나 패턴을 기준으로 집단을 구분하고, 각 집단의 특성을 도출하는 분석 기법이다.

80 정답 ③
- 빅데이터는 잠재적 활용처가 다양하고 예측하기 어려운 가치를 창출하기 때문에, 전통적인 방식으로는 가치를 산정하기 어렵다.

81 정답 ②
- 미래 사회는 복잡성, 불확실성, 융합, 리스크 등의 특성을 가지며, 이에 대응하기 위해 빅데이터는 각각 예측, 창조력, 대응력 등의 역할을 한다.
- "단순화 – 경쟁력"은 빅데이터의 핵심 기능이나 사회 변화의 본질을 적절히 반영하지 못해 부적절한 연결이다.

82 정답 ③
- 빅데이터는 기존의 정형 데이터뿐만 아니라 텍스트, 이미지, 영상, 센서 데이터 등 비정형 데이터의 활용을 중시하는 방향으로 변화하고 있다.

83 정답 ④
- ④는 빅데이터 활용 자체가 아니라 활용을 위한 전 단계로서, 단순한 수집과 저장은 '활용 사례'에 해당하지 않는다.

84 정답 ②
- 데이터화(Datafication)란, 사람, 사물, 활동, 환경 등 다양한 요소를 데이터로 전환하는 과정으로, 사물인터넷(IoT)과 가장 밀접하게 연관된 개념이다.

85 정답 ④
- 거래처 선정은 일반적으로 구매나 조달 부서의 업무이며, 재무 분석의 주요 대상은 비용 분석, 자금 흐름, 수익성 분석 등이다.

86 정답 ④
- 가: 익명화 기술은 사생활 침해 위험을 줄일 수 있지만, 재식별 가능성이나 데이터 결합을 통한 역추적 가능성이 존재하므로 "근본적으로 차단"할 수 없다.
- 나: 빅데이터는 과거 데이터를 기반으로 미래를 예측하지만, 패턴은 반복되더라도 100% 정확하지 않음. 이는 빅데이터 예측의 한계이자 특징이다.
- 다: 개인정보 보호 통제 방안으로 동의제에서 책임제로 전환하자는 논의가 있다.
- 라: 범죄 예측 알고리즘이 범죄 예방에 활용될 수 있다는 점은 맞지만, 윤리적 논란, 편향 데이터, 오판 위험성 등 여러 문제가 있다.
- 마: 알고리즈미스트는 알고리즘이 편향되거나 부당하게 작동하지 않도록 감시하고 설명하는 전문가로, 데이터 윤리와 통제 측면에서 그 중요성이 부각되고 있다.

87 정답 ③
- 머신러닝(Machine Learning)은 인공지능의 하위 분야로, 명시적인 프로그래밍 없이도 컴퓨터가 데이터로부터 학습하고, 예측이나 분류 같은 작업을 수행할 수 있도록 하는 기술이다.

88 정답 ④
- ④ DBMS(Database Management System): 데이터베이스를 생성·관리·운영하는 소프트웨어로, 데이터 저장, 검색, 수정, 삭제, 보안, 무결성, 동시성 제어 등을 지원하는 가장 포괄적인 개념.
- ① SQL: 데이터베이스 질의 언어로, DBMS에서 데이터를 조작·조회할 때 사용

② OLAP: 다차원 분석을 지원하는 데이터 처리 기법
③ OLTP: 실시간 거래 처리에 특화된 시스템

89 정답 ①
- 사물인터넷(IoT)은 Internet of Things의 약자로, 센서나 통신 기능이 내장된 기계나 사물이 인터넷에 연결되어 사람과 사물, 혹은 사물과 사물 간의 정보를 주고받으며 자동으로 통신하는 기술이다.
- 예시로는 스마트홈, 자율주행차, 스마트 팩토리 등이 있으며, 이는 기계 간(M2M) 통신을 포함한 광범위한 자동화 및 연결성 환경을 제공한다.

90 정답 ①
- 빅데이터는 산업 전반에 걸쳐 혁신, 비용 절감, 생산성 향상, 의사결정의 효율화, 고객 맞춤형 서비스 제공 등을 가능하게 한다.

91 정답 ③
- 결과 기반 책임 원칙이 훼손되는 문제는 결과의 설명 가능성을 확보하고 책임 소재를 명확히 함으로써 통제할 수 있다.
- 데이터 오용에 대한 적절한 통제 방안은 데이터의 접근권 제공이다.

92 정답 ③
- 빅데이터 활용은 오히려 기업 경쟁력을 강화하는 경우가 많으며, 위기 요인으로 보지 않는다.

93 정답 ③
- 빅데이터 환경에서는 전체 데이터를 수집하고 처리할 수 있는 기술적 기반이 마련되어 있으므로, 표본조사의 필요성은 상대적으로 낮아진다.

94 정답 ④
- ④는 오히려 빅데이터 활용이 확대되고 있다는 점을 설명한 것이며, 가치 측정의 어려움과는 직접적인 관련이 없다.

95 정답 ④
- 개인의 동의 없이 온라인에서 개인정보를 수집하는 행위는 명백한 사생활 침해이다.

96 정답 ①
- 1차 분석이라도 해당 부서나 업무에 직접적인 효과를 줄 수 있으며, 빠른 시범 분석(Pilot analysis)을 통해 실질적인 인사이트와 개선점을 도출할 수 있다.

97 정답 ①
- 익명화(Anonymization)는 개인을 식별할 수 없도록 개인정보를 처리하는 기술로, 사생활 침해를 방지하기 위한 대표적인 방법이다.

98 정답 ④
- 사물인터넷(IoT)의 발달은 기계 간 자동화와 데이터 수집을 기반으로 사람의 개입을 최소화하는 방향으로 나아간다.
- 따라서 "사람이 최대로 개입하게 되었다"라는 표현은 빅데이터 시대의 특징과 맞지 않으며, 잘못된 설명이다.

99 정답 ③
- 개인의 정보는 공공의 이익이나 정책 수립을 위한 목적 등 정당한 사유가 있을 때만 활용되어야 하며, 정부의 이익을 위해 개인정보를 활용한다는 표현은 부적절하다. 이는 개인정보 보호 원칙에도 위배되는 내용이다.

100 정답 ③
- 집값은 연속형 변수이므로 회귀분석(Regression Analysis)에 해당한다.
- 분류분석은 결과 변수가 범주형(예: 합격/불합격, 고객 등급, 질병 유무 등)일 때 적용된다.

101 정답 ③
- 문항에서 설명한 기법은 유전 알고리즘(Genetic Algorithm)으로, 자연 선택과 유전의 개념을 응용한 최적화 기법이다.
- 다윈의 진화론에서 착안해 '선택, 교차, 돌연변이' 등의 연산을 반복하며 해를 개선해 나간다. 특히, 정해진 해답이 없거나 계산 복잡도가 높은 문제에서 최적해를 탐색하는 데 효과적으로 사용된다.

102 정답 ③
- 빅데이터는 다양한 산업과 일상생활에서 시간과 비용을 절약하고, 개인화, 자동화, 효율성 증대를 통해 생활 전반의 편리함을 높이는 데 기여하고 있다.

103 정답 ④
- 개인도 스마트폰, SNS, 검색 데이터, 웨어러블 기기 등 다양한 형태의 데이터를 적극적으로 활용하고 있으며, 맞춤형 정보, 소비 패턴 분석, 건강관리 등 다양한 분야에서 데이터 기반 혜택을 받고 있다.

104 정답 ①
- 중앙집중 처리는 과거의 전통적인 방식으로, 대규모 데이터 처리에는 한계가 있으며, 빅데이터 시대의 기술적 배경과는 반대되는 개념이다.

105 정답 ④
- 가치 기반 분석은 기존 유지가 아닌 새로운 가치 창출과 전략적 변화를 목표로 한다.

106 정답 ③
- 한국어는 언어 특성상 감정 분석에 어려움이 있을 수 있다는 주장은 일반화된 사실이 아니다. 한국어 감정 분석도 자연어 처리(NLP) 기술의 발전으로 정확도가 높아지고 있으며, 언어 특성 자체가 감정 분석의 정확성을 결정적으로 제한한다고 보기는 어렵다.

107 정답 ①
- 빅데이터의 가치 산정이 어려운 이유는 데이터가 새로운 가치를 창출하고, 다양한 활용 방식과 분석 기술의 발전으로 기존 가치 평가 기준이 적용되기 어렵기 때문이며, 폐쇄적 데이터 활용은 가치 산정의 어려움과 직접적인 관련이 없으므로 ①번이 적절하지 않다.

108 정답 ①
- 빅데이터는 고객의 다양한 니즈에 맞춘 맞춤형 서비스 제공에 활용되며, 오히려 획일화된 서비스와는 반대의 방향으로 발전한다.

109 정답 ③
- 빅데이터 시대에는 기존의 개인정보 보호 원칙(책임성, 투명성 등)을 보강하고 강화해야 사생활 침해를 예방할 수 있다.

110 정답 ①
- 정형 데이터 증가는 기존 데이터 분석 시대의 특징으로, 빅데이터 등장과 직접적인 관련성은 낮다.

111 정답 ④
- 가: 대량의 데이터 축적 → 출현 배경 (데이터 폭증)
- 나: 휴대폰 및 클라우드 발전 → 출현 배경 (데이터 생성과 저장 확대)
- 다: 분석 처리 기술 발전 → 출현 배경 (빅데이터 활용 가능성 증가)

112 정답 ④
- 택배 차량 배치(배송 최적화, 차량 경로 문제)는 유전 알고리즘(Genetic Algorithm) 과 같은 최적화 알고리즘이 대표적으로 활용한다.

113 정답 ②
- 개인정보 보호법은 알고리즘 소유권을 보장하지 않는다.

114 정답 ①
- 디지털 데이터 단위는 1024를 기준으로 하여, 단위가 올라갈 때마다 1024배씩 증가한다.
- 1PB = 1024TB
- 1EB = 1024PB
- 1ZB = 1024EB
- 1YB = 1024ZB

115 정답 ②
- ② 거래처 선정은 재무 관리보다는 영업 관리 또는 공급망 관리(SCM)의 분석 사례에 더 가깝다. 재무 관리는 자산, 부채, 수익, 비용 등 재무제표 분석에 집중하는 영역이다.

116 정답 ①
- 연관분석은 소비자의 구매 패턴을 파악하기 위한 분석 기법으로, 주로 장바구니 분석(Market Basket Analysis)에 활용된다.

117 정답 ②
- 계절에 따른 시간 흐름에 따라 변화하는 데이터를 기반으로 미래값을 예측하는 데는 시계열 분석이 가장 적합하다.
- 또한 판매량과 같은 연속형 수치를 예측하기 위해서는 회귀분석도 함께 사용될 수 있다.

118 정답 ④
- ④는 빅데이터의 가치 산정이 어려운 이유라기보다는 활용도 증가에 관한 설명이다.

119 정답 ①
- 빅데이터는 다양한 데이터를 분석하여 개인의 특성과 선호를 파악하고, 이를 기반으로 개인 맞춤형 서비스 제공이 가능하다.

120 정답 ③
- 유전자 알고리즘은 자연 선택과 진화의 원리를 모방하여, 다양한 조합 중에서 가장 좋은 결과를 낼 수 있는 조합을 찾는 방법이다. 반복적으로 여러 조합을 만들어 실험해 보고, 더 나은 조합을 선택해 가며 최적의 해답에 가까워지도록 한다.

121 정답 ②
- 마스킹(Masking)은 개인정보를 삭제하는 것이 아니라, 일부 값을 숨기거나 감추는 방식으로 처리하는 기법이다.

122 정답 ①
- 빅데이터 환경에서는 사전에 모든 개인정보 활용 동의를 받는 것이 현실적으로 어렵기 때문에, 동의 기반 접근은 한계가 있다. 따라서 '동의 강화'보다는 책임성과 투명성 강화, 사후적 통제 등이 대안으로 논의된다.

123 정답 ①
- 빅데이터 활용에서 개인정보는 보호되어야 하며, 동의 없는 대규모 공유는 개인정보 침해로 이어질 수 있어 법적으로도 제한된다.

124 정답 ④
- ④는 전통적인 정성적 조사 방법에 해당하며, 빅데이터 기반 분석 방식이라고 보기 어렵다.
- ①~③은 모두 빅데이터를 수집·분석하여 의사결정과 문제 해결에 활용하는 사례로, 실제 활용 분야에서 널리 사용되고 있다.

125 정답 ④
- '경고'는 과거 또는 현재의 정보(Information)를 기반으로 한 모니터링 수준의 질문에 해당한다.
- 반면, 통찰력(Insight)은 '어떻게, 왜 그런 일이 발생했는가?'에 대한 분석으로, 실험 설계나 모델링을 포함한다.
- 따라서 경고는 통찰력보다는 정보 활용 수준에 해당하는 항목이다.

126 정답 ③
- 딥러닝은 머신러닝의 한 분야로, 다층 신경망(Neural Networks)을 기반으로 하며 복잡한 패턴 인식과 예측을 수행한다.
- K-NN(K-Nearest Neighbors)는 신경망을 사용하지 않으며, 딥러닝이 아닌 전통적인 지도학습(기초 분류 기법)에 해당한다.

127 정답 ④
- 소프트 스킬은 개인 간의 소통, 협업, 문제 해결 능력 등과 같은 비기술적 역량을 의미한다.
- '빅데이터에 대한 이론적 지식'은 기술적 역량(하드 스킬, Hard Skill)에 해당하므로, 소프트 스킬 설명으로는 부적절하다.

128 정답 ①
- 데이터 사이언스는 정형 데이터뿐 아니라 비정형 데이터(텍스트, 이미지, 로그 등)도 포함하여 다양한 형태의 데이터를 분석 대상으로 한다.

129 정답 ③
- Data Visualization은 분석 결과를 사용자나 이해관계자에게 효과적으로 전달하기 위한 시각적 표현 기술로, 커뮤니케이션 중심의 소프트 스킬적 성격을 지닌 역량이다.

130 정답 ②
- '최적화 능력 자체'가 가치 창출의 핵심이라고 오해할 수 있으나, 데이터 분석에서 가장 중요한 것은 의사결정과 통찰력 제공을 통한 전략적 가치 창출이다.

131 정답 ①
- 데이터 분석가는 전문적인 분석 도구와 논리적 사고, 창의성, 통찰력을 바탕으로 문제를 해결한다.
- "천재적인 직관력"은 과학적 분석보다는 비합리적 추론에 가까운 개념으로, 실무적인 데이터 분석 업무와는 다소 거리가 있다.

132 정답 ②
- 과학적 분석이라 하더라도, 가설 설정, 모델링, 변수 선택 등의 과정에는 분석가의 주관적 판단과 해석이 개입한다.

133 정답 ①
- 빅데이터 활용의 3요소는 분석의 기반이 되는 데이터, 이를 처리·분석하는 기술, 그리고 인사이트를 도출하는 인력으로 구성된다.

134 정답 ④
- 기술 발전과 데이터 분석 역량 향상과 관련된 내부 요인으로, 인문학 열풍을 촉진한 외부 환경 변화로 보기 어렵다.

135 정답 ③
- 데이터 과학(Data Science)은 데이터로부터 의미 있는 인사이트와 지식을 추출하기 위한 학문으로, 구조적/비구조적 데이터를 포함한 다양한 형태의 데이터를 다루며, 통계학, 컴퓨터공학, 인공지능, 도메인 지식 등을 통합하는 총체적 접근방식을 특징으로 한다.

136 정답 ②
- 데이터 사이언스는 단순한 '정확성'보다는 예측 가능성, 의사결정 지원, 해석력, 실행 가능성, 효율성 등 종합적인 가치에 중점을 둔다.

137 정답 ①
- 1차 분석이라도 해당 부서나 업무에 직접적인 효과를 줄 수 있으며, 빠른 시범 분석(Pilot analysis)을 통해 실질적인 인사이트와 개선점을 도출할 수 있다.

138 정답 ④
- 알고리즈미스트(Algorithmist)는 알고리즘을 설계·개발하는 전문가로서, 최근에는 알고리즘의 공정성, 투명성, 책임성을 고려해 편향이나 부당한 차별이 발생하지 않도록 설계하고 감독하는 역할까지 포함한다.

139 정답 ②
- 데이터 사이언스(Data Science)는 정형·비정형 데이터를 활용해 가치와 인사이트를 도출하고 이를 의사결정에 활용하는 융합 학문이다.

140 정답 ②
- 알고리즘에 의해 부당한 피해를 구제하는 역할은 데이터 사이언티스트의 직접적인 역할이 아니며, 주로 알고리즈미스트(Algorithmist) 역할에 가깝다.

141 정답 ④
- 빅데이터 3요소: 데이터(Data), 기술(Technology), 인력(People)

142 정답 ②
- 빅데이터 가치 패러다임은 디지털 환경과 데이터 활용 방식의 발전에 따라 다음과 같은 순서로 변화해 왔다.
- Digitalization (디지털화), Connection (연결), Agency (자율성, 지능화)

143 정답 ③
- 하드 스킬 (Hard Skills): 프로그래밍, 통계, 수학, 머신러닝, 데이터베이스 등 기술적·전문적 능력
- 소프트 스킬 (Soft Skills): 문제 해결, 커뮤니케이션, 창의성, 비즈니스 통찰력 등 비기술적 역량

144 정답 ③
- 데이터 사이언티스트는 다양한 팀(IT, 마케팅, 경영, 현업 등)과 협업하는 일이 많아 커뮤니케이션 능력과 스토리텔링이 매우 중요하다. 개인 작업만으로는 업무 성과를 내기 어렵다.

145 정답 ④
- 가트너 기준 데이터 사이언티스트의 역량은 비즈니스 분석 역량, 분석 모델링 역량, 데이터 관리 역량, 그리고 소통·협업·문제 해결 등의 소프트 스킬을 바탕으로 비즈니스 가치를 창출하는 능력이다.

146 정답 ③
- 통찰력 있는 분석을 위해서는 창의적 사고, 논리적 비판, 호기심과 같은 사고력과 문제 해결 역량이 필수이며, 연구 윤리는 분석자의 기본적인 태도이지 통찰력과 직접적인 관련은 없어서 ③번이 정답이다.

147 정답 ③
- 에이전시(Agency)란 빅데이터 환경에서 개인, 기기, 사물이 자율적으로 데이터를 수집·분석하고 그 결과에 따라 능동적으로 의사결정과 행동을 수행하는 것을 의미한다.

148 정답 ②
- 데이터 사이언스는 정확도만을 최우선으로 하지 않으며, 의사결정 지원, 효율성, 실행 가능성, 신속성 등도 중요하게 고려한다.

149 정답 ②
- 데이터베이스 구축은 정보기술(IT) 또는 데이터 엔지니어링의 영역에 가깝고, 데이터 사이언스는 기존 데이터를 활용해 문제 해결과 인사이트 도출을 위한 분석에 초점을 맞춘다.

150 정답 ②
- 분석가는 필요시 프로젝트나 프로그램 관리 업무와 병행할 수 있으며, 실제 조직 내에서 두 역할을 겸하는 경우도 많다.

데이터 분석 기획 2과목

01 정답 ①
- Optimization: 분석 대상과 분석 방법이 모두 명확히 정의되어 있으며, 이를 기반으로 문제를 최적화하는 단계

02 정답 ④
- 모델 적용성 평가는 모델이 비즈니스 목적에 적합한지, 현업에 실제 적용 가능한지를 판단하는 작업이다.
- 이 작업은 CRISP-DM의 '평가(Evaluation)' 단계에 해당한다.

03 정답 ③
- 분석 과제 정의서란 데이터 분석 프로젝트 초기에 작성되는 문서로서, 프로젝트 수행을 위한 방향성, 주요 항목, 분석 범위, 난이도 등을 정의하는 매우 중요한 문서이다.
- 분석 과제 정의서는 프로젝트 계획서를 작성하기 위한 핵심 기반 문서임. 구성 항목으로 반드시 도출되어야 한다.
- 알고리즘이나 Feature까지 포함하는 것은 분석 과제 정의서의 필수 요소는 아니다.

04 정답 ②
- 빅데이터 분석 프로젝트에서는 데이터 준비(정제, 정형화 등)와 데이터 분석(모델링, 통계 분석 등) 사이에서 피드백이 가장 빈번하게 발생한다.
- 추가적인 파생 변수나 외부 데이터가 필요할 때 다시 데이터 준비 단계로 되돌아가 데이터 가공 또는 확보 작업을 반복할 수 있다.

05 정답 ①
- 정형 데이터: Demand Forecasts, ERP, CRM
- 반정형 데이터: Email, 웹 로그 (HTML/XML 기반 구조)
- 비정형 데이터: 블로그, 트위터, 콜센터 녹취, 영상 등 자유형식

06 정답 ①
- 프로토타이핑(Prototyping) 방식이란?
- 신속하게 시제품(모형)을 만들어 사용자 요구사항을 확인하고 수정해 나가는 개발 방식
- 상향식 접근(Bottom-up approach)에 해당
- 최종 결과보다 개념 검증·빠른 반복에 중점

07 정답 ③
- 프레이밍 효과는 동일한 정보라도 어떻게 표현되느냐에 따라 사람의 판단이나 선택이 달라지는 심리적 현상이다.

08 정답 ④
- 분석 프로젝트는 반복적(iterative)이고 유연한 특성이 있지만, 목표 달성을 위해 일정 관리가 필요하다.
- 타임박싱 기법은 정해진 시간 내에 산출물을 도출하도록 제한하는 일정 관리 기법이다.
- 따라서 "일정을 제한하는 계획은 적절하지 못하다"라는 표현은 분석 프로젝트 관리 원칙과 맞지 않으므로 부적절한 설명이다.

09 정답 ①
- 시스템 구현 단계에서는 정보보안이 매우 중요한 고려 요소이다.

10 정답 ①
- 상향식(Bottom-up) 접근방식은 명확한 문제 정의가 없는 상태에서 데이터 탐색을 통해 인사이트나 문제를 발견하는 방식이다.
- 반면, 문제 정의가 명확한 경우에는 보통 하향식(Top-down) 접근을 사용하며, 이는 문제를 해결하기 위한 구체적인 분석을 설계하는 방향이다.

11 정답 ④
- 경쟁자 확대 관점은 기존의 직접 경쟁자뿐 아니라 간접적인 경쟁 위협까지 포함하여 시장을 넓게 보는 전략적 분석 관점이다.
- 대표적으로 다음 세 가지 영역이 이에 포함한다.
- 대체재 영역: 기존 제품을 대체할 수 있는 다른 방식의 솔루션
- 경쟁자 영역: 동일한 시장에서 유사한 제품/서비스를 제공하는 기존 업체
- 신규 진입자 영역: 장벽을 뚫고 새로 시장에 진입하려는 잠재적 경쟁자

12 정답 ①
- "위대한 실패(Greatest Failure)"란? 모델의 기술적 성능(정확도, AUC, RMSE 등)은 매우 우수하지만, 비즈니스 목표를 해결하지 못한 경우를 의미한다.

13 정답 ④
- 복잡하고 정교한 모형이 반드시 더 효과적이라는 보장은 없으며, 전략적 통찰 없이 복잡한 모델은 오히려 실행력과 설명력을 떨어뜨릴 수 있다.

14 정답 ③
- 데이터 탐색(Data Exploration)은 CRISP-DM 방법론의 두 번째 단계인 "데이터 이해(Data Understanding)" 단계에 속한다.

15 정답 ②
- 문제 정의 단계에서는 문제 탐색 단계에서 도출된 비즈니스 과제를 바탕으로, 이를 데이터 분석 관점에서 구체화하며 필요한 데이터와 분석 방법을 설계한다.

16 정답 ②
- 모델링(Modeling)은 정제된 데이터를 바탕으로, 통계 기법 또는 머신러닝 알고리즘을 이용해 예측, 분류, 군집 등의 목적을 달성하는 단계이다.

17 정답 ①
- 하향식 접근 방식에서는 기업이 직면한 주요 유스케이스(Use Case)를 활용하여 분석 과제를 도출하는 것이 일반적이다.
- 새로운 이슈 탐색보다는 기존의 사업 전략이나 업무에서의 유스케이스 활용이 문제 탐색의 출발점이 된다.

18 정답 ①
- 하향식(Top-Down) 접근법은 조직의 비즈니스 목표나 전략에서 출발하여, 이를 달성하기 위한 문제를 탐색하고 정의한 뒤 해결책을 모색하는 방식이다.

19 정답 ②
- 데이터 변환 (Transformation) 단계는 KDD 프로세스에서, 차원 축소, 정규화, 특성 생성, 데이터의 포맷 변경 등을 통해 마이닝 알고리즘에 적합한 형태로 데이터 세트를 가공하는 과정이다.

20 정답 ③
- 프로젝트 위험에 대한 주요 대응 전략은 다음과 같다.
- 회피(Avoid): 위험이 발생하지 않도록 근본적으로 제거
- 전이(Transfer): 위험의 책임을 제삼자에게 이전 (예: 보험, 아웃소싱)
- 완화(Mitigate): 위험의 발생 가능성 또는 영향을 줄이는 조치
- 수용(Accept): 위험을 감수하고 특별한 조처를 하지 않음 (ex: 잔여 리스크)

21 정답 ③
- 분석의 활용 측면에서는 일반적으로 Accuracy(정확도)가, 안정성(일관성) 측면에서는 Precision(정밀도)이 더 중요하다.

22 정답 ①
- 빅데이터의 7V 속성은 다음과 같다.
- Volume: 데이터의 양
- Variety: 데이터의 다양성
- Velocity: 데이터 생성 및 처리 속도
- Veracity: 데이터의 신뢰도
- Validity: 데이터의 타당성
- Volatility: 데이터의 수명 또는 변화 가능성
- Value: 데이터로부터 창출되는 가치

23 정답 ①
- 분석 기획 단계에서는 가용한 데이터를 확보하고, 이를 기반으로 실현할 수 있는 분석 과제를 설계하는 것이 핵심이다.

24 정답 ①
- 상향식 접근법(Bottom-Up Approach)은 명확한 문제 정의가 어려운 상황에서 데이터를 먼저 탐색하고, 패턴이나 통찰을 기반으로 문제를 재정의하며 해결 방안을 점진적으로 찾아가는 방식이다.

25 정답 ④
- ① 지도 학습보다는 비지도 학습(Unsupervised Learning), EDA 등 탐색적 접근이 주로 활용
- ② 명확한 문제 정의가 된 경우는 하향식 접근법(Top-Down Approach)에 적합
- ③ 수렴(Converge)은 해결 방안 확정 단계이며, 발산(Diverge)이 문제 발굴 단계에 해당

26 정답 ④
- Accuracy & Deploy는 마스터플랜 단위의 장기적 분석 내재화와 관련된 요소이며, 단기 과제 중심 방식의 특징으로 보기에는 부적절하다.

27 정답 ②
- 상향식 접근 방식에서 업무 프로세스를 먼저 이해하고, 그 흐름 속에서 분석이 필요한 요건을 식별한 후, 구체적인 분석 문제로 정의하는 순서로 진행한다.
- 상향식 접근은 개별적인 사실, 사례, 데이터로부터 출발하여, 패턴이나 관계를 발견하고, 이를 통해 일반적인 법칙이나 결론을 도출하는 방식이다.

28 정답 ②
- 분석 유즈케이스(Use Case)는 분석 기회를 구체적인 문제 형태로 구조화하기 전 단계에서 각 기회가 어떤 문제를 다루고, 해결 시 어떤 효과가 기대되는지를 설명하는 문서 또는 표현 방식이다.

29 정답 ②
- 하향식 접근(Top-down Approach)의 문제 탐색 단계에서는 비즈니스 모델 기반 탐색, 외부 참조모델 기반 탐색, 분석 유스 케이스 도출 등이 핵심 방법이다.
- 반면, 데이터 기반 탐색은 실제로 상향식 접근(Bottom-up Approach)에 해당하며, 이미 확보된 데이터에서 출발해 분석 기회를 발굴하는 방식이므로 하향식 접근의 문제 탐색 단계와는 성격이 다르다.

30 정답 ④
- 프로토타이핑은 제품 또는 서비스 개발 초기에, 아이디어나 개념을 빠르게 시각화하거나 구체화해 실험하고 개선하는 과정이다.
- 이를 통해 사용자 피드백을 조기에 확보하고, 반복적으로 설계를 다듬을 수 있다.
① 가설의 생성
  → 문제 해결을 위한 아이디어나 접근방식에 대한 가설을 세우는 것은 프로토타이핑의 출발점이다.
② 디자인에 대한 실험
  → 프로토타입을 통해 디자인이 실제 사용자 요구에 맞는지 실험하는 것은 핵심 활동이다.
③ 실제 환경에서의 테스트
  → 프로토타입은 가능한 한 실제 사용 환경과 유사한 조건에서 테스트 되어야 효과적인 피드백을 얻을 수 있다.

31 정답 ①
- 통찰력 있는 데이터 분석은 내부 문제뿐만 아니라 외부 환경, 경쟁사, 고객, 산업 변화 등 폭넓은 시각에서 접근해야 한다.
- 업계 내부에만 한정된 시각은 편협한 분석으로 이어질 수 있으며, 혁신적 통찰력 도출에 한계가 있다.

32 정답 ④
- STEEP로 요약되는 사회(Social), 기술(Technological), 경제(Economic), 환경(Environmental), 정치(Political) 영역으로 나누어서 좀 더 폭넓게 기획 탐색을 수행한다.

33 정답 ①
- CRISP-DM은 폭포수 모델처럼 한 방향이 아니라, 필요시 이전 단계로 반복(iteration)하여 개선할 수 있다.
- 데이터 준비 단계는 필수이며, 모델링 단계에서 자동으로 해결되지 않는다. 데이터 품질 확보를 위해 반드시 별도로 수행해야 한다.
- CRISP-DM은 산업 전반에 걸쳐 범용적으로 적용할 수 있는 표준 프로세스이며, 특정 산업 전용이 아니다.

34 정답 ②
- SOW(Statement of Work)는 프로젝트 수행 시 과업의 범위(Scope), 목적(Objective), 주요 업무(Task), 일정(Schedule) 등을 명확히 정의하여, 프로젝트 참여자들의 역할과 책임을 일치시키는 데 목적이 있다.

35 정답 ①
- 빅데이터 분석 방법론의 대표적인 5단계는 다음과 같다.
- 분석 기획(Planning): 분석 목적과 방향 설정
- 데이터 준비(Preparing): 데이터 수집, 정제, 가공
- 데이터 분석(Analyzing): 모델 개발, 패턴 추출
- 시스템 구현(Developing): 분석 시스템 및 자동화 구현
- 평가 및 전개(Deploying): 성과 평가, 적용 및 확산

36 정답 ③
- 하향식 접근법은 일반적으로 비즈니스나 조직의 전략적 목표에 따라 기존에 주어진 문제를 정의하고, 그 문제를 해결하기 위한 데이터 분석 과제를 도출하는 방식이다.
- 따라서 "새로운 문제를 탐색하여 발굴"한다는 설명은 상향식 접근법에 해당하므로, 보기 ③은 적절하지 않다.

37 정답 ③
- 프레이밍 효과(Framing Effect)란 동일한 정보라도 그것을 어떻게 표현하거나 제시하느냐에 따라 사람들의 판단이나 의사결정이 달라지는 심리적 현상이다.

38 정답 ④
- 빅데이터 분석 방법론은 단계(Phase) → 태스크(Task) → 스텝(Step)의 3단계 계층 구조를 따른다.
- 보기 ①의 마지막 계층은 '태스크'가 아니라 스텝(Step)이며,
- 보기 ②에서 기준선으로 관리되는 단위는 단계(Phase) 또는 프로젝트 전체이지 태스크가 아님,
- 보기 ③의 설명 또한 스텝(Step)에 대한 설명이다.

39 정답 ①
- 필요 데이터 정의는 데이터 준비(Preparing) 단계의 태스크에 해당한다.

40 정답 ④
- 나선형 분석 모형(Spiral Model)은 반복(iteration) 기반으로 프로젝트를 점차 완성해 가는 방식이다.
- 장점: 위험 관리에 유리하며, 요구사항이 명확하지 않은 초기 프로젝트에 적합하다.
- 단점: 명확한 관리 체계가 없으면 반복 과정이 늘어나 복잡도가 커지고, 프로젝트가 지연될 수 있다.

41 정답 ①
- 데이터 분석 프로젝트는 창의성을 요하더라도 명확한 일정, 자원, 범위 내에서 이루어져야 하며, 일정 및 시간제한은 필수적이다. 일정 관리 없이는 프로젝트를 관리할 수 없다.

42 정답 ③
- 평가 단계에서 모델이 적합하지 않다고 판단되면, 이전 단계로 돌아가 재설계할 수 있다. 따라서 모델은 고정되지 않으며, 평가 결과에 따라 변경될 수 있다.

43 정답 ①
- 시스템 구현 단계는 분석 결과를 실제 비즈니스에 적용하기 위한 시스템을 개발·구축하는 단계이다.

44 정답 ④
- 문제 탐색 단계는 세부 구현 및 솔루션 중점보다는 문제를 해결함으로써 발생하는 가치에 중점을 둔다.
- 문제 정의는 분석 수행자뿐 아니라 경영진·실무자의 관점도 함께 고려해야 한다.
- 해결 방안 탐색 단계에서는 단순히 분석 시스템뿐 아니라 데이터 가용성, 분석 기법, 조직 내 자원 등도 사전 검토한다.

45 정답 ②
- 문제 정의: 탐색 된 문제를 데이터 기반 문제로 구체화하고, 분석 목표 및 지표를 설정하는 단계이다.

46 정답 ②
- ①: 데이터 입수 난이도와 분석 난이도도 정의서에 포함되어야 한다.
- ③: 분석 과제 정의서는 프로젝트와 과제의 성격에 따라 유연하게 작성할 수 있다.
- ④: 분석 과제 정의서는 프로젝트의 방향성과 전략 수립에 중요한 참고 문서로 사용된다.

47 정답 ④
- 분석의 활용적인 측면에서는 accuracy가 중요하며, 안정성 측면에서는 precision이 중요하다.

48 정답 ①
- 탐색적 데이터 분석(EDA)은 일반적으로 분석 기획 단계가 아니라 데이터 준비 또는 모델링 직전 단계에서 수행된다.

49 정답 ②
- Accuracy: 예측값이 실제값에 근접한 정도를 나타낸다.
- Precision: 동일 조건에서 반복 측정 시 결과가 일관되게 유지되는 정도를 나타낸다.

50 정답 ①
- 발견(Discovery): 상향식 접근은 데이터에서 출발하여 패턴, 인사이트를 발견하는 과정이다.
- 통찰(Insight): 발견을 통해 새로운 통찰과 가치를 도출한다.
- 발산(Divergent thinking): 디자인 사고의 초기 단계로 다양한 아이디어를 넓게 발산하는 사고방식이다.

51 정답 ①
- 프로토타이핑 모형(Prototyping Model)은 시스템 개발 초기에 시제품(프로토타입)을 빠르게 제작하여 사용자와 개발자 간의 의사소통을 원활하게 하고, 사용자의 요구사항을 반영해 시스템을 점진적으로 개선하는 개발 방식이다.
- 특히 요구사항이 불분명하거나 변경 가능성이 높은 경우에 효과적이다.

52 정답 ①
- 비즈니스 기반 과제 발굴 단계에서는 주로 다음과 같은 요소들을 고려한다.
- 업무(Operation), 제품(Product), 고객(Customer), 규제 및 감사(Regulation & Audit)지원 인프라(IT & Human Resource)

53 정답 ②
- 분석 기획(Planning) 단계에서는 기존의 유사한 분석 사례, Best Practice, 벤치마크 등을 적극적으로 활용하여 분석 목표를 구체화하고 전략을 수립한다.
- 따라서 "기존에 존재하는 유사 분석 케이스는 사용하지 않는다"라는 잘못된 설명이다.

54 정답 ①
- 분석 활용 시나리오란 분석 결과가 실제 비즈니스 프로세스나 의사결정에서 어떻게 활용될 수 있는지를 구체적으로 계획하고 설명하는 것이다.

55 정답 ③
- 디자인 사고(Design Thinking)은 발산적 사고(다양한 아이디어 창출)와 수렴적 사고(아이디어 평가 및 검증)를 반복적으로 수행하는 창의적 문제 해결 방법이다.

56 정답 ②
- 아이디어 단계의 과제 후보는 POOL로 관리하여 지속적으로 관리·선정한다.
- 최종적으로 도출된 과제 결과물도 다시 POOL로 관리하여 다른 과제나 유사 분석에 재활용될 수 있다.

57 정답 ④
- 프로젝트 관리 체계의 10개 주요 관리 항목은 다음과 같다:
- 통합 (Integration), 이해관계자 (Stakeholder), 범위 (Scope), 자원 (Resource), 시간 (Time), 원가 (Cost), 리스크 (Risk), 품질 (Quality), 조달 (Procurement), 의사소통 (Communication)

58 정답 ④
- 경영진이 핵심 리더로서 데이터 분석 문화를 지속적으로 주도해야 하며, 한시적 속성 교육은 일시적인 효과에 그쳐 조직 문화 정착에 부적합하다.

59 정답 ①
- 프로젝트의 목적, 배경, 범위(Scope)를 정의하며, SOW 작성이 이루어지는 단계이다.

60 정답 ①
- 빅데이터 분석 방법론의 '분석 기획' 단계는 프로젝트 범위 설정 → 데이터 분석 프로젝트 정의 → 프로젝트 수행계획 수립 → 데이터 분석 위험 식별의 순서로 진행된다.

61 정답 ③
- Accuracy & Deploy는 장기적 관점의 정밀한 분석모델 개발과 적용에 해당하며, 당면한 분석 주제 해결에는 Quick & Win, Problem Solving, Speed & Test가 사용된다.

62 정답 ②
- 프로토타입(Prototype)은 상향식(Bottom-Up Approach)에서 자주 활용되는 방법으로, 하향식 문제 해결법은 문제 탐색 → 문제 정의 → 해결 방안 탐색 → 타당성 검토의 절차로 진행된다.

63 정답 ①
- 분석 기획 단계에서는 분석의 목적과 범위를 정의하고 비즈니스 가치를 도출하기 위해 비즈니스 이해 및 범위 설정이 수행되며, 필요 데이터 정의, 데이터 스토어 설계, 모델 평가는 이후 단계에서 수행된다.

64 정답 ②
- 데이터 분석 주제 유형은 발견(Discovery), 통찰(Insight), 솔루션(Solution), 최적화(Optimization)의 4가지로 구성되며, 관찰은 잘못된 표현이므로 ②번이 틀린 설명이다.

65 정답 ②
- 데이터 전처리(Data Preprocessing) 단계에서는 분석 데이터의 이상값, 결측치 식별 및 처리, 정제가 이루어지며, 데이터 품질을 확보하여 신뢰할 수 있는 분석 결과를 도출하기 위한 단계이므로 ②번이 정답이다.

66 정답 ③
- 제시된 설명은 산업별·업무별 유사 사례를 벤치마킹하고, 빠른 아이디어 도출과 브레인스토밍을 통해 분석 기회를 발굴하는 방식으로, 이는 외부참조 모델(External Reference Model)에 해당하므로 ③번이 정답이다.

67 정답 ① 조달
- 조달(Procurement)은 프로젝트에 필요한 외부 자원, 기술, 서비스를 사거나 빌려서 사용하는 것을 관리하는 단계이다.
- 특히 클라우드 사용이나 외부 업체 활용(소싱)처럼 직접 만들지 않고 외부에서 가져오는 상황에 해당하므로 ①번이 정답이다.

68 정답 ①
- KDD 프로세스는 데이터 분석에서 체계적인 단계별 접근방식을 제공하며, 각 단계는 다음과 같이 논리적으로 진행된다.
- ① Data Selection: 분석에 필요한 데이터를 선택하고 추출한다.
- ② Preprocessing: 결측치 처리, 이상치 제거 등으로 데이터 품질을 개선한다.
- ③ Transformation: 데이터를 분석에 적합한 형태로 변환한다.
- ④ Data Mining: 통계적 기법과 기계학습 기법을 활용하여 데이터에서 패턴과 모델을 발견한다.
- ⑤ Interpretation/Evaluation: 발견된 결과를 해석하고 이를 실질적인 의사결정으로 연결한다.

69 정답 ①
- 업무 이해(Business Understanding) 단계에서는 다음을 수행한다.
- 업무 상황 파악, 데이터 마이닝 목표 설정, 프로젝트 계획 수립
- 즉, 분석이 이루어지는 비즈니스 배경과 목적을 명확히 하고 분석 방향성을 설정하는 단계이다.

70 정답 ④
- 데이터 분류는 분석 과제 관리의 고려 요소라기보다는 분석 방법론(분류, 군집, 회귀 등) 중 하나로, 관리 차원의 요소가 아니다.

71 정답 ③
- 협의의 데이터 플랫폼은 데이터 분석에 필요한 핵심 기술적 도구를 지칭하며, 분석 작업에서 직접적으로 사용되는 분석 라이브러리, 분석엔진, 데이터 처리 프레임 워크 등이 포함된다.

72 정답 ②
- ①: 올바른 순서는 단계 → 태스크 → 스텝
- ③: 태스크가 단계의 구성단위이며, 스텝은 태스크의 하위 구성요소이다.
- ④: 분석 방법론에서는 성능뿐 아니라 비용, 자원, 실행 가능성도 매우 중요하다.

73 정답 ②
- 사회(Social): 인구 변화, 문화, 가치관, 라이프스타일 등 사회적·문화적 트렌드 변화를 분석하여 새로운 비즈니스 기회를 도출하는 영역이다.

74 정답 ④
- 회사 내 정보라도 개인정보 보호법 및 보안 규정에 따라 동의 없이 사용이 불가하다.

75 정답 ④
- 원가 관리(Cost Management): 프로젝트에 필요한 자원을 금액으로 환산하여 예산을 편성하고, 집행 및 통제하는 활동이다.

76 정답 ③
- 분석 안정성 확보에는 일반적으로 정확도(Accuracy)보다 정밀도(Precision)가 더 중요하다.

77 정답 ②
- 다음은 간략하게 정리한 빅데이터 분석 방법론의 5단계 요약이다.
- 분석 기획 (나) → 분석 목적과 과제 정의, 요구사항 도출
- 데이터 준비 (가) → 데이터 수집, 정제, 통합 등 전처리
- 데이터 분석 (다) → 통계, 머신러닝, 시각화를 통한 인사이트 도출
- 시스템 구현 및 실행 (라) → 분석 시스템 개발 및 적용
- 평가 및 전개 (마) → 결과 평가 및 조직 내 확산·재사용

78 정답 ②
- 분석 기획 단계에서는 분석의 목적을 정하고, 적절한 활용 방안과 유스케이스(사용 시나리오)를 구체화하는 것이 핵심이다.

79 정답 ③
- 상향식 접근은 데이터에서 출발하여 패턴과 통찰을 얻는 bottom-up 방식으로, 데이터 중심의 분석이 특징이다.
- 상향식 분석에서는 명확한 요구사항 없이 프로토타입을 반복적으로 수정하며 모델을 개발할 수 있어 프로토타이핑이 유용하다.
- 문제 정의가 불명확한 경우, 하향식보다 상향식 접근이 탐색적 분석에 적합하다.
- 지도 학습(Supervised Learning)은 레이블이 있는 데이터를 기반으로 하며, 일반적으로 하향식 분석법에 해당한다.

80 정답 ④
- ④는 분석모델의 정확도와 복잡도 간의 트레이드오프를 고려한 설명이다.
- 복잡한 모델일수록 정확도는 향상될 수 있지만, 결과 해석이 어려워지고 실무 적용이 제한될 수 있으므로 이에 대한 균형 있는 접근이 필요하다.
- ①은 복잡한 모델이 항상 정밀도를 보장하지 않으며, 해석 가능성과 성능 모두 고려해야 한다.
- ②는 데이터의 크기와 형태에 따라 적절한 플랫폼(예: 하둡 vs 정형 DB)이 달라진다는 점을 간과한 설명이다.
- ③은 실시간 처리 속도가 중요한 분야(예: 실시간 사기 탐지, 고객 추천 시스템 등)가 있음을 무시한 설명이다.

81 정답 ②
- 탐색적 데이터 분석(Exploratory Data Analysis, EDA)는 데이터를 본격적으로 분석하기 전, 데이터의 구조와 특성을 이해하고, 시각화 및 요약 통계를 통해 잠재적인 패턴이나 이상값, 변수 간 관계 등을 파악하는 과정이다.

82 정답 ②
- 분석 과제 정의서에서 규정하는 분석 대상 데이터는 내부 데이터뿐만 아니라 외부 데이터(공공데이터, 외부 통계, 시장 데이터 등)도 포함될 수 있다.

83 정답 ③
- "난이도"는 기업의 분석 인프라, 인력 수준, 시스템 구축 상황 등에 따라 충분히 조절·평가 가능한 요소이다.

84 정답 ①
- 데이터 표준화는 조직 내 데이터의 명확한 정의, 명명 규칙, 속성 구조, 형식 등을 일관되게 설정하는 활동이다.

85 정답 ②
- 분석 과제 관리 프로세스는 과제 발굴과 과제 수행 및 모니터링의 두 단계로 나뉘며, 과제 수행에는 팀 구성, 분석 실행, 결과 공유 및 개선 활동이 포함된다.

86 정답 ④
- 분석 마스터플랜 수립 시 일반적으로 고려되는 우선순위 요소는 다음과 같다.
- 전략적 중요도: 조직의 중장기 전략과의 연계성
- 비즈니스 성과: 분석을 통해 기대할 수 있는 구체적 효과
- 실행 용이성: 기술적, 조직적 실행 가능성

87 정답 ②
- 신속한 실행은 분산형 구조의 장점에 해당한다.
- → 현업 부서 내에 분석 인력이 존재하므로 분석과 실행이 동시에, 빠르게 이뤄질 수 있다.

88 정답 ④
- 데이터 거버넌스(Data Governance)란 조직 전체의 데이터를 대상으로 다음과 같은 요소들을 표준화하고 관리하는 체계를 말한다.
- 정책과 지침 수립
- 데이터 표준 정의
- 운영 조직 및 책임 부여
- 데이터 품질, 보안, 규정 준수, 권한 관리 등

89 정답 ④
- 데이터 거버넌스는 독립적으로 수행될 수도 있지만, 전사 차원의 IT 거버넌스나 EA(전사 아키텍처)의 일부로 통합되어 운영되는 경우도 많다.

90 정답 ①
- 3사분면은 난이도는 낮고, 시급성은 높은 과제이므로, 가장 우선순위로 실행해야 하는 과제 영역이다.
- 흔히 "Quick Win"이라고 불리는 영역이다.

91 정답 ②
- 데이터 관리 체계는 데이터 거버넌스의 핵심 구성요소로, 메타데이터 관리, 데이터 사전 관리, 데이터 생명주기 관리, 품질, 보안, 아키텍처 등을 포함한 전사적 데이터 관리 프로세스를 수립하고 운영하는 체계이다.

92 정답 ③
- "풀(Pool)로 관리"하는 것은 발굴된 분석 아이디어에 해당하며, 확정된 분석 결과물은 과제로 등록하여 별도로 관리해야 한다. 아이디어와 결과물을 동일하게 풀로 관리한다고 보는 것은 부정확하다.

93 정답 ①
- 분석 마스터 플랜은 인프라와 모델링만이 아니라, 전략·조직·프로세스·데이터·인력까지 포함하는 전사적 데이터 분석 전략 수립 활동이다.
- ISP(Information Strategy Planning) 방법론을 활용하되, 분석 중심으로 특화된 계획 수립 방식이다.

94 정답 ①
- 분석 성숙도 모델은 분석 역량이 발전하는 단계를 여러 수준으로 나누어 설명하는 모델이다.
- 도입 → 활용 → 확산 → 최적화의 4단계로 구분합니다.
- ① 분석 CoE(Center of Excellence)는 '확산 단계'에서 등장하는 조직적 구조로, 분석 역량의 확산과 내재화를 지원한다.
- ② 데이터 사이언스 그룹, ③ 빅데이터 분석, ④ 분석 샌드박스
→ 이들은 '최적화 단계'에서 분석 문화가 정착되고, 고급 분석 환경이 마련되는 것을 의미한다.
- 따라서 ①만 성숙도 수준이 다르다.

95 정답 ③
- 확산: 전사 차원에서 분석 환경과 데이터를 공유 및 통합, 분석 인프라(예: 전용 서버, 시각화 도구) 확산
- "비주얼 분석" 및 "분석 전용 서버"는 전사 차원의 분석 확산 및 인프라 기반의 성숙도를 의미하므로 확산 단계에 해당한다.

96 정답 ①
- ISP(정보 전략 계획, Information Strategy Planning)는 조직의 정보시스템이나 정보기술을 전략적으로 활용하기 위한 계획 수립 절차이다.
- 이는 현황 분석, 요구사항 파악, 외부 환경 분석 등을 통해 시스템의 도입 또는 개선 우선순위를 설정하고, 중장기적인 정보화 전략 방향을 수립하는 데 목적이 있다.

97 정답 ④
- 데이터 거버넌스는 데이터를 조직 전반에서 신뢰성 있게 관리하고 사용할 수 있도록 하는 원칙, 조직, 절차 등 체계적 관리 프레임워크이다.

98 정답 ③
- 기업의 분석 수행 역량 중, '분석 기법' 항목에서 진단하는 세부 요소들이다.

99 정답 ②
- 마스터 데이터(Master Data): 기업 전반에서 공통적으로 사용되는 핵심 데이터(예: 고객, 제품 등)
- 메타데이터(Meta Data): 데이터를 설명하는 데이터로, 데이터의 정의, 속성, 구조 등을 포함
- 데이터 사전(Data Dictionary): 데이터베이스에 저장된 데이터 요소들에 대한 정의와 구조를 기술한 참조 자료

100 정답 ①
- 전략적 중요도"를 기준으로, 당장의 실행이 필요한지, 아니면 장기적으로 진행할지를 판단하기 때문에 '시급성'이 가장 적합한 용어이다.

101 정답 ③
- 기능 구조(기능 중심 조직구조)는 별도의 분석 전담 조직 없이, 각 업무 부서에서 자체적으로 분석을 수행하는 조직 형태를 의미한다.

102 정답 ③
- 빅데이터 거버넌스에서는 데이터 품질 관리도 매우 중요하지만, 데이터 생명주기 관리(생성 → 활용 → 보관 → 폐기) 또한 핵심적인 요소이다.
- 두 요소는 대립 관계가 아니라 함께 관리되어야 할 대상이다.

103 정답 ④
- 분산형 조직구조는 각 부서에 분석 인력이 밀착되어 배치되므로, 현업 부서의 요구사항을 빠르게 반영하고 실무에 즉시 적용할 수 있는 장점이 있다.

104 정답 ③
- 빅데이터 분석은 모든 데이터 활용이 목적이 아니라, 목적에 적합한 데이터를 선별해 활용하는 것이 핵심이다.
- 데이터 품질 관리도 중요하지만, 정보 수명주기(생성 → 보관 → 활용 → 폐기) 관리 역시 필수이다.

105 정답 ③
- 'IT 인프라'는 데이터 분석 준비도 측정의 핵심 요소 중 하나로, 다음과 같은 사항을 포함한다.
- 운영 시스템 간 데이터 통합 가능 여부
- 빅데이터 분석 플랫폼의 존재 여부
- 통계 및 머신러닝 도구의 활용 환경
- 데이터 저장소, 연산 성능, 접근성과 보안 환경 등

106 정답 ④
- 분석 준비도 진단은 조직이 데이터 분석을 효과적으로 수행할 수 있는 기반을 얼마나 갖추고 있는지를 평가하는 과정이다.
- 일반적으로 고려되는 요소에는 데이터 환경, 인력과 조직, 분석 업무의 이해, IT 인프라, 데이터 품질과 통합, 분석 기법 활용 능력 등이 포함된다.
- 반면 분석 성과는 분석 수행 이후의 결과를 평가하는 지표로, 준비도 진단의 구성요소에는 해당하지 않는다.

107 정답 ③
- 분석 성숙도(Analytics Maturity)의 일반적인 단계는 도입 → 활용 → 확산 → 최적화이다.
- '활용' 단계는 분석이 초기 도입을 넘어, 실질적인 비즈니스 문제 해결에 적극적으로 사용되기 시작하는 단계이며, 이를 통해 조직 전반에 분석 문화가 확산할 기반을 마련한다.

108 정답 ②
- 시급성은 전략적 중요도와 실행 시기 등을 기준으로 평가하며, 데이터 수집 비용은 일반적으로 난이도 평가에 포함되는 항목이다. 따라서 시급성 평가 기준에 데이터 수집 비용이 포함된다는 설명은 부적절하다.

109 정답 ④
- 포트폴리오 사분면(Quadrant) 분석에서 분석 과제의 우선순위를 '시급성'에 둘 때에는 Ⅲ → Ⅳ → Ⅱ 순으로 수행하며, '난이도'를 기준으로 할 경우에는 Ⅲ → Ⅰ → Ⅱ 순으로 수행하는 것이 적절하다.

110 정답 ①
- 업무별 적합한 분석 기법 사용은 분석 기법 영역에 해당한다.

111 정답 ①
- 일반적으로 모델링 및 검증 단계는 반복적으로 수행되나, 데이터 확보 및 정의 단계는 순차적으로 진행되는 경우가 많아, 모든 과정이 순환적이라고 단정하기는 어려우며, 실제 분석 프로젝트에서는 순차와 반복이 혼합된 '혼합형' 접근방식이 자주 사용된다.

112 정답 ②
- 문항에서 설명한 내용은 데이터 관리 체계(Data Governance Framework)에 해당한다. 이는 데이터 표준화, 메타데이터, 데이터 사전 등 데이터 자산 전반의 관리 원칙을 정의하고, 실행할 수 있는 프로세스와 책임 체계를 수립하는 것을 포함한다. 데이터 표준화는 이 체계 내의 한 부분에 해당한다.

113 정답 ①
- ROI는 Return On Investment의 약자로, '투자 대비 수익'을 뜻하며, 여기서 Value(가치)는 수익(Return)에 해당한다.

114 정답 ①
- 분석 과제의 우선순위는 일반적으로 시급성(긴급성)과 난이도(실행 용이성)를 기준으로 평가한다.
- 시급성이 높고 난이도가 낮은 과제는 즉시 착수가 가능한 고효율 과제로 간주한다.

115 정답 ①
- 분석 과제 선정 시, 시급성이 높고 난이도가 낮은 과제는 빠른 성과 창출이 가능하고 실행 부담이 적어 먼저 선택하는 것이 일반적이다.

116 정답 ④
- "도입형" 분석 수준 진단은 기업이 데이터 분석을 초기 도입하는 단계에서 분석 체계 정착을 위해 확인해야 할 핵심 요소를 중심으로 구성된다.
- 일반적으로 진단 항목은 다음과 같다:
- 조직 및 인력: 분석을 수행할 수 있는 체계와 전문 인력의 확보 여부
- 분석 업무: 실제 수행 중인 분석 과제의 유형과 실행 수준
- 분석 기법: 사용 중인 분석 방법의 수준 (예: 기술통계, 예측 모형 등)

117 정답 ④
- ① 폭포수 모델은 데이터 분석의 비선형적, 반복적 특성과 맞지 않는다.
- ② 데이터 수집 및 확보, 데이터 준비 단계는 일반적으로 순차적으로 진행되고, 반복은 주로 모델링과 평가 단계에 적용된다.
- ③ 데이터 분석에서는 프로토타이핑이 적극적으로 사용되어 빠른 가설 검증과 개선이 이루어진다.

118 정답 ③
- 분석 성숙도 진단은 일반적으로 다음과 같은 주요 영역으로 구성된다.
- 비즈니스 부문: 데이터 분석이 비즈니스 전략과 성과에 어떻게 기여하는지 평가한다.
- 조직·역량 부문: 분석 인력, 데이터 활용 능력, 조직 내 전문성 등 역량 평가한다.
- IT 부문: 데이터 인프라, 시스템, 기술적 지원 수준 평가한다.

119 정답 ③
- 업무 내재화 적용 수준, 분석 데이터 적용 수준, 기술 적용 수준은 적용 범위·방식에 대한 고려 요소에 해당한다.
- ③ 투자 비용 수준은 나머지 선택지들과 성격이 다른 재무적 판단 요소로 판단한다.

120 정답 ②
- 탐색적 문제 발견:데이터에서 출발해 패턴을 찾아 문제를 정의하는 상향식(Bottom-up) 접근 방법이다.

121 정답 ②
- 시급성은 높고 난이도는 낮을수록 가장 우선순위가 높음 → 즉, 빠르게 실행할 수 있는 과제

122 정답 ①
- 분석 성숙도(Analytics Maturity)는 조직의 데이터 분석 역량과 분석 결과 활용 수준을 단계별로 평가하는 개념이다.
- 일반적으로 도입(Initial), 활용(Repeatable), 확산(Defined), 최적화(Optimizing) 단계로 구분하며, CMMI(Capability Maturity Model Integration) 모델을 기반으로 성숙도를 평가하기도 한다.
- 그러나 반드시 동종 경쟁자 분석을 수행해야 하는 것은 아니며, 조직 내 분석 역량 향상에 초점을 둔다.

123 정답 ③ 준비형
- 준비형: 데이터 분석을 위한 준비도와 성숙도가 모두 낮은 수준에 있는 기업들을 의미한다.

124 정답 ②
- IT 인프라 (IT Infrastructure)는 기업이 데이터 분석을 수행할 수 있도록 지원하는 물리적·기술적 기반을 의미한다.

125 정답 ①
- 시급성: 판단 기준은 전략적 중요도가 핵심이며, 시점에 따라 현재의 시급성이 미래보다 높을 수 있다.
- 소요 비용은 난이도 평가에 더 관련이 크다.

126 정답 ②
- 업무, 제품, 고객 단위에서 문제를 발굴하고, 규제·감사 영역과 지원 인프라 영역에서 추가 기회를 도출한다는 것이 비즈니스 모델 관점의 핵심이다.

127 정답 ④
- 경영진이 핵심 리더로서 데이터 분석 문화를 지속적으로 주도해야 하며, 한시적 속성 교육은 일시적인 효과에 그쳐 조직 문화 정착에 부적합하다.

128 정답 ④
- 파일럿 테스트는 분석 체계가 실제 업무에 효과가 있는지(유효성) 소규모로 시험해 보는 단계로, 유효성 검증에 해당하므로 ④번이 정답이다.
- 분석 마스터 플랜 수립은 도입 초기 단계(분석 전략 수립), PI(Process Innovation) 수행은 업무 프로세스 혁신 단계, 유관 시스템 고도화는 확산·고도화 단계에 해당한다.

129 정답 ③
- 분석 거버넌스는 조직, 프로세스, 시스템, 인력·문화 등 분석 활동을 체계적으로 지원하고 관리하는 구성요소로 이루어지며, 과거 예산 및 예산 집행은 이에 해당하지 않으므로 ③번이 정답이다.

130 정답 ③
- 분석 조직은 데이터 기반의 인사이트 도출과 지원 역할을 담당하며, 최종 의사결정의 책임은 경영진 또는 사업 부서에 있기 때문에 ③번이 옳지 않은 설명이다.

131 정답 ①
- 도입형 조직은 분석 역량은 부족하지만, 분석 도입을 위한 준비도(조직, 인프라, 마인드)가 높아 분석 체계를 즉시 도입할 수 있는 상태이므로 ①번이 정답이다.

132 정답 ④
- 도입 단계: 분석의 필요성을 인식하고 일부 파일럿 프로젝트나 기술 도입을 시작하는 단계
- 활용 단계: 분석 도구와 방법론을 제한적이나마 실무에 적용하는 단계
- 확산 단계: 분석 활동이 조직 전반으로 확산하고 문화로 자리 잡아가는 단계
- 최적화 단계: 분석 역량이 조직의 전략과 업무에 완전히 내재화되어 지속적인 혁신과 성과 극대화가 이루어지는 단계

133 정답 ①
- 재무 상태는 분석 준비도 진단의 직접적인 영역이 아니며, 기업의 재정 상황은 별도의 경영 분석 요소이다.

134 정답 ①
- ROI(투자 대비 수익) 관점에서 시급성이 높을수록 가장 먼저 고려해야 할 것은 과제의 전략적 중요성이다.

135 정답 ①
- 데이터 분석 준비도(Analytics Readiness) 영역은 기업이나 조직이 데이터 분석을 성공적으로 수행할 수 있는 역량과 환경을 진단하는 지표이다.
- 일반적으로 다음과 같은 영역으로 구성된다.
- 분석 업무 (분석 대상 업무 파악), 분석 인력 및 조직, 분석 기법, 분석 데이터, 분석 문화, IT 인프라

136 정답 ①
- 시급성이 높고 난이도가 낮을수록 신속히 우선적으로 수행해야 한다.

137 정답 ③
- 데이터 표준화는 조직 내 데이터를 일관성 있게 정의하고 관리하기 위한 필수 활동이다.
- 주요 업무에는 다음이 포함된다:
- 표준용어 설정: 데이터 항목이나 속성을 명확히 정의하고 일관 사용
- 명명 규칙(Name Rule) 수립: 데이터 항목 이름의 형식 표준화
- 메타데이터 구축: 데이터 의미와 구조를 체계적으로 관리
- 데이터 사전 구축: 데이터 항목, 구조, 규칙 등을 기록

138 정답 ①
- 기능형: 별도의 분석 조직 없이 업무 부서 내에서 분석 업무 수행

139 정답 ④
- 확산형은 분석 준비도와 성숙도가 모두 높은 조직이 특징이다.
- 이 단계에서는 분석 기술과 도구가 이미 조직 전반에 걸쳐 자리 잡았고, 분석 결과를 기반으로 실질적인 비즈니스 성과를 창출하고 확장해 나가는 단계이다.

140 정답 ③
- 데이터 분석은 핵심 분석 과제에 집중하는 것이 효율적이며, 여러 분석을 무분별하게 동시에 수행하는 것은 자원 낭비와 혼란을 초래할 수 있다.

141 정답 ③
- 데이터 분석 거버넌스는 분석이 일관되고 책임 있게 수행되도록 관리하는 체계를 의미하며, 주로 인력, 프로세스, 기술(기법) 세 가지 요소와 관련이 있다.

142 정답 ①
- 분석 과제의 우선순위는 일반적으로 "시급성"이 높고 "난이도"가 낮은 과제부터 수행하는 것이 효율적이다.

143 정답 ②
- 도입 단계는 가장 기초적인 수준으로, 데이터를 수집하고 실적을 분석하여 통계 자료를 작성하는 수준이다.

144 정답 ③
- 전략적 필요성은 해당 프로젝트가 조직의 전략적 목표 및 핵심 업무와 얼마나 밀접하게 연결되어 있는지, 또한 이슈를 해결하지 못했을 때 발생할 수 있는 리스크나 손실의 크기 등을 기준으로 우선 순위를 평가하는 지표이다.

145 정답 ①
- 비용 부문은 분석 성숙도를 진단하는 주요 대상에 포함되지 않는다.

데이터 분석

3과목

01 정답 ②
- 두 집단의 분산이 동일한지(동질한지)를 비교할 때 사용하는 검정은 바로 등분산성 검정(Homogeneity of Variance Test)이다.
- 이때 사용하는 대표적인 검정 방법이 F-검정(F-test)이다.

02 정답 ①
- 중앙값은 이상값에 강한 저항력(robustness)을 가지므로 이상값에 민감하지 않다.
- 이상값에 민감한 것은 평균(mean)이다.

03 정답 ④
- 비율척도는 절대영점이 존재해야 하며, 그로 인해 비율 계산이 가능하다.

04 정답 ④
- boxplot은 중앙값, IQR, 이상값 등의 정보를 제공하지만, 각 범주나 변수의 데이터 개수(빈도)는 표현하지 않기 때문에 "Temp의 데이터 수가 가장 많다"라는 것은 이 그래프만으로는 알 수 없다.

05 정답 ③
- 95% 신뢰구간은 동일한 방법으로 무수히 많은 표본을 추출하여 신뢰구간을 산출할 경우, 그 중 약 95%의 구간이 참 모수를 포함한다는 의미이다. 즉, 모수 자체는 확률적으로 변하지 않으며, 확률은 구간 산출 과정의 반복적 특성에 대한 것이다.

06 정답 ②
- p-value(유의확률)는 귀무가설이 참이라는 전제하에, 현재의 표본 통계량과 같거나 더 극단적인 결과가 관측될 확률을 의미한다.
- 일반적으로 p-value가 미리 정해진 유의수준(예: 0.05)보다 작을 경우, 귀무가설을 기각하고 대립가설을 채택할 충분한 통계적 근거가 있다고 판단한다.

07 정답 ④
- 표본오차는 표본 크기가 증가함에 따라 감소하지만, 비표본오차는 표본 크기와 무관하게 발생할 수 있으며 경우에 따라 더 증가할 수도 있다.

08 정답 ①
- AtBat 변수는 오른쪽 꼬리가 긴 분포(right-skewed distribution)라고 하며, 이는 평균값이 중위수보다 큰 특징을 갖는다.

09 정답 ③
- 이상값 탐지(Anomaly Detection)는 정상적인 패턴에서 벗어난 데이터를 식별하는 기법으로, 부정 사용 방지(Fraud Detection) 시스템에서 주로 활용된다.

10 정답 ③
- Tree 변수는 나무의 종류를 구분하는 범주형(이산형) 변수이다.

11 정답 ①
- 오른쪽 꼬리 분포(Positive Skewness, 양의 왜도)는 극단적으로 큰 값들이 오른쪽으로 길게 분포되어 있어 평균값이 가장 크게 나타낸다. 이 경우 일반적으로 최빈값 < 중앙값 < 평균값의 관계가 성립한다.

12 정답 ③
- Q2 ± 1.5×IQR는 일반적인 이상치 기준이 아니다.

13 정답 ④
- 산점도(Scatter plot)는 두 변수 간의 관계를 시각적으로 확인하는 데 유용하며, 선형 또는 비선형 관계, 이상치(outlier), 자료의 층화(stratification) 여부 등을 확인할 수 있다.
- 하지만 시간적 선후 관계는 산점도만으로 파악할 수 없으며, 시계열 분석이나 실험 설계 등 시간 축이 있는 자료를 통해 판단해야 한다.

14 정답 ②
- 평균은 이상치에 민감하고, 최빈값은 자료의 분포가 여러 봉우리를 가지면 모호하며, 중앙값은 위치 정보만 제공하므로 집단 간 분산 차이를 가장 잘 드러내기 위해서는 사분위수 범위가 적절하다.

15 정답 ④
- 이상치(Outlier)는 데이터 분석에서 중요한 요소로, 무조건 제거하는 것이 아니라 원인을 분석한 후 보존, 수정, 또는 제거를 분석 목적에 따라 결정해야 한다.
- ① 상자 그림에서 IQR의 1.5배를 기준으로 이상치를 판단하는 것은 표준적인 방법이다.
- ② ESD 알고리즘은 평균에서 k배(보통 k = 3) 표준편차만큼 떨어진 값을 이상치로 판단한다.
- ③ 요약 통계량(평균, 중위수, Q1, Q3 등)을 통해 이상치를 1차적으로 파악하는 것은 일반적인 접근법이다.

16 정답 ②
- 5,324는 3rd Qu. 값으로 75번째 백분위수(= Q3)를 의미한다.
- 이는 전체 데이터의 상위 25%가 이 값보다 크다는 의미이다.
- 따라서 5,324보다 큰 데이터는 25%이다.

17 정답 ②
- 데이터 마트(Data Mart)는 데이터웨어하우스(Data Warehouse)의 축소판으로, 특정 주제나 부서 단위로 구축되는 소규모 데이터 저장소이다.
- 전체 조직 수준의 통합 데이터 분석보다는 한정된 범위 내에서 빠르고 효율적인 분석을 목적으로 사용된다.

18 정답 ④
- 리스트(list)는 R에서 사용되는 가장 자유로운 자료 구조로, 서로 다른 자료형(숫자형, 문자형, 논리형 등)과 자료 구조(벡터, 행렬, 데이터프레임 등)를 한 객체 내에 혼합하여 저장할 수 있다.

19 정답 ①
- 박스의 중앙에 위치한 선은 중앙값(Median)을 나타내며, 이는 전체 데이터의 중간값(제2사분위수, Q2)을 의미한다.

20 정답 ①
- 사분위수 범위(IQR, Interquartile Range)는 다음과 같이 계산된다.
- IQR = Q3 − Q1

21 정답 ②
- 파생 변수(Derived Variable)는 기존 데이터를 활용하여 새로운 의미 있는 변수를 만드는 과정으로, 분석 목적에 따라 맞춤형으로 생성되는 것이 일반적이다.
- 파생 변수는 분석 목적, 모델링 전략, 업무 맥락에 따라 설계되므로 모든 모델에 공통으로 사용하기 어렵다.
- 일부 변수는 특정 모델이나 상황에만 유효할 수 있으며, 재사용성보다는 목표 지향적 특이성이 더 중요할 수 있다.

22 정답 ③
- summary( ) 출력은 기술통계만 제시하고 있어 상관관계나 유의성을 판단할 수 없으므로, "유의한 관계를 보인다"라는 주장은 근거 없는 해석이다.

23 정답 ②
- 피어슨 상관계수는 두 변수 간의 선형적인 관계의 강도를 측정할 수 있는 지표이며, 연비와 마력처럼 연속형 변수 간의 상관관계 분석에 적합하다. 따라서 ②번 문항은 부적절한 설명이다.

24 정답 ②
숫자형, 문자형, 논리형이 함께 병합될 경우, 가장 상위 타입인 문자형(character)으로 변환된다.

25 정답 ②
- 오른쪽으로 긴 꼬리 분포(Positive Skew, 우측 왜도)에서는 소수의 큰 값들이 평균을 끌어올리기 때문에 평균이 중앙값보다 크다.
- 이 경우 값의 분포는: 최빈값 < 중앙값 < 평균의 순서를 따른다.

26 정답 ①
- 상자 밖에 있는 점들을 이상값으로 간주한다.

27 정답 ③
- 사분위 범위(IQR) = 제3사분위수−제1사분위수
- 중앙 50% 구간의 데이터가 얼마나 퍼져 있는지를 나타내며, 이상치의 영향을 적게 받는다.

28 정답 ③
- 산점도만으로는 등분산성을 판단하기 어려우며, Sales의 분산이 TV 광고액 증가에 따라 달라질 수 있다.

29 정답 ④
- p번째 순위의 값은 단순한 순서(statistical rank)를 의미하며, p 백분위는 전체 데이터의 p% 이하에 해당하는 값으로, 누적 분포를 기준으로 정의된다.
- 올바른 표현은 "자료에서 p번째 백분위수(percentile)는 전체 자료를 크기순으로 배열했을 때, 하위 p%에 해당하는 위치의 값을" 의미한다.

30 정답 ④
- 완전 사례 분석(Complete Case Analysis)은 결측값이 포함된 행(row)을 삭제하는 방식으로, 평균값 대체는 다른 결측값 처리 방법(예: 평균 대체법)에 해당하므로 ④번이 틀린 설명이다.

31 정답 ②
- 결측값(Missing Value)은 적절히 처리되지 않으면 분석 정확도 저하, 분석 속도 지연, 오류 발생 등 다양한 문제를 일으키기 때문에, 결측값의 처리 여부는 분석 속도와 정확성에 큰 영향을 미치며 ②번은 틀린 설명이다.

32 정답 ③
- 중앙값(Median)은 자료의 중간값으로 이상치에 영향을 거의 받지 않는 대표적인 위치 측도이므로, ③번은 틀린 설명이다.

33 정답 ③
- ESD 알고리즘은 단일 변수에서 이상값을 탐지하는 기법이며, 다변량(다중변수) 이상값 탐지에는 마할라노비스 거리 등의 방법이 더 적합하다.

34 정답 ④
- 이상치 제거는 데이터 손실률을 줄이는 것이 아니라, 오히려 데이터를 제거함으로써 데이터 손실률이 증가한다.
- 또한 이상치를 제거한다고 해서 반드시 설명력을 향상하는 것은 아니며, 이는 데이터와 모델의 특성에 따라 달라질 수 있다.

35 정답 ②
- ② 결측값 대치는 표본 수 유지, 정보 손실 최소화, 모델 적용 가능성 확보를 위해 수행된다.
- ① 단순 삭제 방법은 표본 수 감소와 편향 가능성을 높이므로 일반적으로 지양한다.
- ③ 결측값 대체 방식에 따라 분산이 줄어들 수는 있으나, 인위적으로 크게 만든다고 볼 수 없다.
- ④ 평균 대체 외에도 중앙값, 최빈값, 회귀 대체, 다중 대체 등 다양한 방법이 존재한다.

36 정답 ③
- 데이터 마트에는 요약 변수가 포함될 수 있지만, 모든 요약 변수가 반드시 핵심적이거나 기본적인 구성 요소인 것은 아니다.
- 요약 변수는 데이터 마트에 국한되지 않고, 다양한 분석 환경에서 범용적으로 활용될 수 있다.

37 정답 ③
- ①: Q1은 하위 25%를 의미하므로 올바른 해석이다.
- ②: 수염의 끝값이 최댓값 7.4이므로 정확하다.
- ③: 평균값은 Box plot에서 직접 알 수 없지만, Q2−Q1(0.7)보다 Q3−Q2(0.6)가 작기 때문에 분포가 왼쪽으로 조금 더 긴(좌측 비대칭) 형태로 추정된다. 이 경우 평균값은 중앙값보다 작거나 비슷할 가능성이 크므로 이 보기의 해석은 부적절하다.
- ④: IQR = Q3 − Q1 = 6.4 − 5.1 = 1.3으로 계산되어 맞는 설명이다.

38 정답 ③
- 잡음(noise): 예측할 수 없는 무작위적 변동이며, 원인이 알려지지 않은 것이 특징이다.

39 정답 ④
- 두 번째 주성분의 로딩 벡터에서 Murder와 Assault는 양의 계수를 가지며, UrbanPop과 Rape는 음의 계수를 가져 해당 주성분과 음의 관계를 나타낸다.

40 정답 ①
- 다중공선성(Multicollinearity)이란 선형 회귀 모델에서 두 개 이상의 독립변수들이 높은 상관관계를 가져 서로 중복된 정보를 제공하는 현상이다.

41 정답 ①
- 잔차분석에서 'U'자형 또는 곡선형 패턴이 관찰되면 이는 선형성 가정이 위배 되었음을 의미한다.
- 즉, 종속변수와 독립변수 간의 관계가 단순한 직선(linear) 관계가 아니라 곡선적 비선형 관계일 가능성이 높다는 의미이다.
- 비선형 항을 추가하여 모형을 확장하는 것이 일반적이며 이 과정을 다항 회귀(polynomial regression) 또는 모형의 함수적 형태 변경이라고 한다.

42 정답 ③
- 회귀분석에서 t-값(t-statistic)은 회귀계수의 유의성을 평가하는 지표이다.
- 각 변수의 t-값의 절댓값이 클수록, 해당 독립변수는 종속변수에 대해 더 유의미함을 의미한다.

43 정답 ①
- 시계열의 정상성(stationarity)이란 평균, 분산, 공분산이 시간에 따라 일정하게 유지되는 특성을 말한다.
- 정상성을 만족하지 않으면 예측 모델의 신뢰도가 떨어질 수 있으므로, 시계열 분석에서는 정상성을 확보하는 것이 중요하다.

44 정답 ④
- 고윳값이 큰 주성분일수록 많은 정보를 설명하므로 선택의 우선 대상이다. 제거 대상이 아니다.

45 정답 ④
- direction = "both"는 전진 선택법과 후진 제거법을 결합한 단계별 변수 선택법(stepwise selection)을 의미한다.

46 정답 ④
- 자유도(df) = n-2 = 1,923이라는 정보가 주어졌다면, 전체 표본 수 n = 1,925임을 알 수 있다.

47 정답 ②
- 위 잔차도는 두 가지 가정, 즉 선형성(linearity)과 등분산성(homoscedasticity)을 위배하고 있다.
- 잔차가 뚜렷한 곡선 형태의 패턴을 보이며, 예측값이 증가함에 따라 잔차는 음수 → 양수 → 다시 음수로 변화하는 양상을 띤다.
- 이는 오차항이 평균이 0이고 분산이 일정하다는 가정을 만족하지 못한다는 것을 의미한다.
- 또한 이러한 곡선 형태는 선형 관계가 성립하지 않음을 시사하며, 이 경우 선형 회귀식보다는 다항회귀(polyregression)가 적합할 수 있다.

48 정답 ①
- pnorm()은 정규분포를 따르는 누적분포함수이다.

49 정답 ①
- 계통추출법(Systematic Sampling)은 모집단에 일련번호를 부여한 후, 일정한 간격(k)을 두고 표본을 선택하는 확률적 표본추출 방법이다.

50 정답 ③
- 정상성을 만족하지 않는 시계열이라도, 차분(differencing)이나 변환(log, sqrt 등)을 통해 정상 시계열로 변환한 뒤 모형화가 가능하다.

51 정답 ①
- boxplot(상자 그림)은 사분위수 범위를 기반으로 극단적인 값(이상치)을 시각적으로 나타낼 수 있는 대표적인 도구이다.

52 정답 ②
- 확률의 여사건 성질 + 독립 사건의 곱 법칙을 이용한다.
- 각 변수에서 결측값이 존재하지 않을 확률은 다음과 같다:
- P(성명 결측 없음) = 0.95, P(직업 결측 없음) = 0.95
- 두 변수 모두 결측이 없는 경우(삭제되지 않을 확률):
- 0.95 × 0.95 = 0.9025
- 따라서, 하나라도 결측값이 존재하여 해당 행이 삭제될 확률은
- 1 − 0.9025 = 0.0975 = 9.75%

53 정답 ③
- Ozone과 Wind는 상관계수 −0.612로 음의 상관관계를 가지므로, 양의 상관관계라는 설명은 적절하지 않다.

54 정답 ③
- ARMA 모형은 시계열 데이터를 분석하고 예측하기 위해 널리 사용되는 통계적 모형으로, 자기회귀(AR, Autoregressive) 모형과 이동평균(MA, Moving Average) 모형을 결합한 형태이다.

55 정답 ①
- 이산형 확률변수 x의 기댓값은 가능한 값 x 각각에 대해 해당 값 × 확률을 곱한 값을 모두 더해서 구한다.
- $E(X) = 1 \cdot \frac{1}{6} + 2 \cdot \frac{3}{6} + 3 \cdot \frac{2}{6} = \frac{13}{6}$

56 정답 ①
- 기댓값(기댓값)이란 확률변수의 평균적인 값을 의미하며, 이산형 확률변수의 경우 각각의 값 x_i에 확률 $f(x_i)$을 곱하여 모두 더한 가중 평균으로 정의한다.

57 정답 ②
- 순서척도(Ordinal Scale)는 관측 대상 간의 서열(순위)을 표현할 수 있는 척도이다.
- 예: "매우 좋음 > 좋음 > 보통 > 나쁨"과 같은 고객 만족도 조사
- 순서척도는 순위 정보는 제공하지만, 항목 간 간격이나 비율의 의미는 없다.

58 정답 ④
- 공분산 Cov(X, Y)은 두 변수 간의 선형 관계를 측정하는 지표이지만, 값의 범위에 제한이 없다.

59 정답 ③
- 잔차 플롯에서 잔차의 분산이 예측값에 따라 달라지는 경향이 보이면, 이는 이분산성(heteroscedasticity)의 징후이다.
- 예측값이 커질수록 잔차의 분산이 커지는 부채꼴 형태를 보이므로 등분산성 가정이 위배 되었다고 볼 수 있다.

60 정답 ①
- 중심극한정리에 따르면 모집단의 분포 형태와 관계없이, 표본 크기가 충분히 크면 표본 평균의 분포는 정규분포에 근사한다.

61 정답 ③
- 지수평활법(Exponential Smoothing)은 과거의 관측값보다 최근 데이터에 더 큰 가중치를 부여하는 시계열 예측 방법이다.
- 반면, 이동평균(Moving Average)은 일정 기간의 관측값에 동일한 가중치를 부여한다.

62 정답 ④
- 두 시점에서 동일한 대상에게서 수집된 연속형 데이터의 평균 차이를 분석할 때는 대응 표본 t-검정(paired t-test)이 적절하다.

63 정답 ③
- PC1 + PC2가 데이터의 전체 분산 중 약 45.01%를 설명한다는 의미이다.

64 정답 ②
- 그래프에서 고윳값이 급격히 감소하다가 완만해지는 지점("무릎 지점" 또는 엘보우(elbow) 포인트)까지의 주성분 수를 의미 있는 주성분의 수로 간주한다.

65 정답 ①
- 잔차의 제곱 합을 최소화하는 방식은 최소제곱법(OLS; Ordinary Least Squares)이라 하며, 선형회귀에서 가장 일반적으로 사용되는 모수 추정 방법이다.

66 정답 ①
- 5점 척도(예: 매우 불만족 ~ 매우 만족)는 순서형(순서척도, ordinal scale)에 해당한다.
- 값 사이에 순서 관계는 존재하지만, 각 점수 간 간격이 동일하다고 보장되지 않기 때문에 구간척도나 비율척도가 아니다.

67 정답 ①
- 기댓값 공식 $E[X] = \sum_i X_i \cdot P(X_i)$
- E[X] = (1×0.4)+(2×0.3)+(3×0.2)+(4×0.1) = 2.0

68 정답 ①
- ①은 회귀분석에 대한 설명이다.
- 상관분석은 두 변수 간의 선형적 관계의 방향과 강도를 확인할 뿐, 종속변수를 예측하거나 영향력의 크기를 파악하는 데 직접적인 목적이 있지는 않다.
- 상관계수의 유의성 검정(t-검정)을 통해 p-value를 계산해야 통계적으로 의미 있는 관계인지 판단할 수 있다. 단순히 상관계수(r) 값만으로는 충분하지 않다.

69 정답 ③
- 단계적 변수 선택 방법(Stepwise Variable Selection)은 회귀분석이나 머신러닝 모델에서 예측 성능을 높이고 과적합을 방지하기 위해, 중요한 변수만을 선택하는 변수 선택 기법이다.
- 변수 선택법에는 크게 전진 선택법(Forward Selection), 후진 제거법(Backward Elimination), 단계별 방법(Stepwise Selection)이 있다.

70 정답 ③
- 다중공선성이 존재하면 회귀계수의 분산이 증가하고, 추정값의 신뢰도가 낮아져 불확실성은 오히려 커진다.

71 정답 ①
- cor = FALSE 옵션은 공분산 행렬을 기반으로 PCA를 수행하므로, 상관행렬을 사용했다는 설명은 잘못된 설명이다.
- 반대로 cor = TRUE일 경우, 변수 단위가 다르더라도 공정한 비교를 위해 상관행렬을 기준으로 분석한다.

72 정답 ①
- 시계열 분석의 일반적 순서는 다음과 같다.
- 시각화 → 추세·계절성 제거 → 모델 적합 → 예측

73 정답 ①
- Min-Max 정규화는 변수의 최솟값을 0, 최댓값을 1로 맞혀 각 feature를 동일한 스케일로 조정하는 방법이다.

74 정답 ④
- F-통계량의 p-value가 1.49e-12로 유의수준 0.05보다 훨씬 작으므로 잘못된 해석이다. 실제로 회귀 모형 전체는 통계적으로 유의하다.

75 정답 ④
- 더빈-왓슨(Durbin-Watson) 검정은 잔차 간 자기상관(즉, 독립성)을 평가하는 대표적인 검정이다.

76 정답 ②
- 결정계수(R^2) = SSR / SST = 66 / 286 ≈ 0.2307 → 정수로 23
- F 통계량은 회귀 모형의 전체 유의성을 검정하는 값으로, 이 값이 회귀변수가 종속변수에 통계적으로 유의미한 영향을 미치는지 확인하는 데 사용한다.

77 정답 ③
- 계절 요인 (Seasonality)은 일정한 주기(예: 월별, 분기별 등)에 따라 규칙적으로 반복되는 패턴을 말한다.

78 정답 ①
- 층화추출법(Stratified Sampling): 모집단을 동질적인 여러 층(Stratum)으로 나눈 후, 각 층에서 무작위로 표본을 추출하는 방법이다.

79 정답 ①
- 비율척도는 절대적인 0이 존재하고, 덧셈, 뺄셈, 곱셈, 나눗셈 등의 연산이 가능한 척도이다.
- ② 온도(섭씨)는 구간척도이다.
- ③ 성별, 출생지는 명목척도이다.
- ④ 성적 등급은 순서만 있는 서열척도(순서척도)에 해당한다.

80 정답 ④
- 피어슨 상관계수는 두 변수 간의 선형 관계의 강도를 측정한다.
- 위 그래프의 경우 선형성은 완벽하지 않기 때문에 1보다 작다.
- 스피어만 상관계수는 두 변수 간의 순위(서열) 기반의 단조(monotonic) 관계를 측정한다.
- X와 Y가 비선형 관계를 가지고 있더라도, X가 증가하면 Y도 항상 증가하는 관계라면 순위 간 일치가 완벽하므로 Spearman 상관은 1이 가능하다.

81 정답 ④
- 표본 공분산은 두 변수(X, Y)가 서로 어떻게 함께 변하는지를 나타내는 통계량이다.
- $Cov(X, Y) = \dfrac{\sum_{i=1}^{n}(X_i - \overline{X})(Y_i - \overline{Y})}{n-1}$
- X_i, Y_i : 표본의 각 관측값
- $\overline{X_i}, \overline{Y_i}$: 각 변수의 표본 평균
- 분모가 n이 아니라 n−1인 이유 → 불편추정량(unbiased estimator)을 사용하여 모집단 공분산을 추정하기 위함
- $\overline{X} = \dfrac{1+2+3+4+5}{5} = 3$, $\overline{Y} = \dfrac{2+4+5+6+8}{5} = 5$
- $X - \overline{X} = [-2, -1, 0, 1, 2]$, $Y - \overline{Y} = [-3, -1, 0, 1, 3]$
- 편차 곱의 합: (−2)(−3)+(−1)(−1)+(1)(1)+(2)(3) = 14
- 표본 공분산의 값: $\dfrac{14}{5-1} = 3.5$

82 정답 ④
- AIC와 BIC을 최소화하는 것은 우도(likelihood)를 최대화하면서 모델의 복잡성(변수 개수)을 최소화하려는 목적을 반영한다.
- AIC 공식: AIC = 2k − 2ln(L)
- BIC 공식: BIC = ln(n)·k − 2ln(L)
- 여기서 L은 우도, k는 모델의 파라미터 수, n은 샘플 크기이다. 두 기준 모두 낮을수록 더 나은 모델로 간주되며, 이 설명은 옳다.
- Bias는 모델이 지나치게 단순할 때 발생하는 오류로, 변수를 과도하게 제거하면 실제 관계를 포착하지 못해 높아진다.
- Variance는 모델이 지나치게 복잡할 때 발생하는 오류로, 변수를 무분별하게 추가하면 작은 데이터 변화에 과민 반응하여 높아진다. 이는 편향−분산 트레이드오프(bias-variance tradeoff)의 핵심 개념으로, 설명이 정확하다.
- AIC와 BIC는 값이 낮을수록 더 적합한 모델로 평가된다. 두 기준 모두 우도(적합도)와 모델 복잡성에 대한 패널티를 결합하므로, 낮은 값은 더 나은 예측 성능과 일반화 능력을 나타낸다.
- AIC: 예측 정확도를 중시하지만, 비교적 약한 패널티(2k)로 인해 과대적합(overfitting) 경향이 있다.
- BIC: 베이지안 접근을 기반으로 하며, 더 강한 패널티(ln(n)·k)를 적용해 과소적합(underfitting) 경향이 있다.
- BIC는 AIC의 대안이지만, AIC의 과적합을 "제어"하기 위해 특별히 설계된 것은 아니다. 두 기준은 서로 다른 목적과 이론적 배경을 가진다.

83 정답 ④
- 지수 평활법(exponential smoothing)은 시계열 데이터의 과거 값을 이용해 미랫값을 예측하는 방법으로, 최근 데이터에 더 큰 가중치를 부여하지만, 전체 시계열 자료의 평균을 계산하는 것이 아니라 이전 예측값과 새로운 관측값을 결합하여 가중 평균을 계산한다.

84 정답 ①
- 공분산이 0이라는 것은 선형 관계가 없음을 의미하지만, 이것만으로 변수 간 독립성을 판단할 수는 없다.
- 두 변수 간 비선형 관계가 존재할 수도 있기 때문에, 공분산이 0이라고 해서 반드시 두 변수가 독립적이라고 단정할 수 없다.

85 정답 ④
- 확률변수 X가 구간 또는 구간들의 모임인 숫자값을 갖는 확률분포함수를 확률질량함수라고 하지 않는다.
- 확률질량함수(PMF)는 이산형 확률변수에 대해 정의되며, 특정한 '값'에 확률을 부여한다.
- 구간 또는 구간들의 모임에 확률을 부여하는 것은 확률밀도함수(PDF)로, 연속형 확률변수에 해당한다.

86 정답 ③
- 통계적 유의성은 상관계수의 크기뿐 아니라 p-value 검정을 통해 판단해야 하며, 해당 상관계수는 통계적으로 유의하다고 단정하기 어렵다.

87 정답 ③
- black 변수의 t-통계량 절댓값이 가장 크다면, 이는 black이 모형에서 가장 유의미한 변수 중 하나임을 의미한다.
- 따라서 가장 나중에 제거되거나 끝까지 유지되어야 할 변수이지, 가장 먼저 제거될 변수는 아니다.

88 정답 ②
- 누적 분산 비율은 각 주성분이 전체 데이터의 변동(분산)을 얼마나 설명하는지를 누적하여 나타낸 비율이다.
- 주성분은 설명하는 분산의 크기순으로 정렬되며, 첫 번째 주성분은 가장 많은 분산을 설명하고, 두 번째 주성분은 첫 번째 주성분을 제외한 나머지 분산 중 가장 큰 부분을 설명한다.

89 정답 ④
- 검정력(Power)은 귀무가설이 거짓일 때, 이를 올바르게 기각할 확률을 의미한다.

90 정답 ④
- Lasso 회귀는 회귀계수의 절댓값의 합에 대해 패널티를 부여하는 L1 norm을 사용한다.
- 반면, Ridge 회귀는 회귀계수의 제곱 합에 대해 패널티를 부여하는 L2 norm을 사용한다.

91 정답 ②
- 제2종 오류(Type II error)란: 거짓인 귀무가설을 기각하지 못하고 채택하는 오류이다.

92 정답 ③
- A와 B가 독립일 경우: $P(A \cap B) = P(A) \cdot P(B)$ 이므로
- 조건부 확률은 $P(B \mid A) = \dfrac{P(A) \cdot P(B)}{P(A)} = P(B)$
- 독립 사건에서는 한 사건의 발생이 다른 사건의 확률에 영향을 주지 않으므로
- P(B|A) = P(B) = 0.4

93 정답 ③
- 안정 시계열(Stationary Time Series)은 시간에 따라 통계적 특성(평균, 분산, 공분산 등)이 변하지 않는 시계열을 말한다.

94 정답 ②
- 더빈-왓슨 검정(Durbin-Watson test)은 잔차의 자기상관(시계열적 독립성 위반 여부)을 확인하는 데 사용하는 검정이다. 즉, 정규성이 아닌 독립성 검정 도구이다.

95 정답 ③
- 고정된 주기는 계절 요인의 특징이며, 순환 요인은 고정되지 않은 비정기적 주기를 가진다.

96 정답 ①
- 주성분의 중요도(설명하는 분산의 크기)는 해당 고윳값(Eigenvalue)에 의해 결정된다.
- 즉, 고윳값이 클수록 해당 주성분이 데이터의 분산(정보)을 더 많이 설명한다는 의미한다.

97 정답 ②
- 회귀 모형의 기본 가정 중 오차항에 대한 가정은 독립성, 등분산성, 정규성이며, 선형성은 종속변수와 독립변수 간의 관계에 대한 모형 구조의 가정이다.

98 정답 ③
- 고윳값이 1 이상인 주성분만 선택한다.

99 정답 ③
- 제1종 오류(Type I Error)란 귀무가설(H_0)이 참일 때, 이를 잘못 기각하는 오류를 의미한다.

100 정답 ③
- ① Cook's Distance: 한 관측치가 전체 회귀계수에 미치는 영향을 측정하는 지표이다. 일반적으로 값이 1보다 크면 영향력 있는 관측치로 판단된다. → 올바른 설명
- ② DFBETAS: 관측치 하나가 특정 회귀계수(베타 계수)에 미치는 영향을 측정한다. 값이 클수록 해당 관측치가 계수 추정에 큰 영향을 준다는 의미이다. → 올바른 설명
- ③ DFFITS: 관측치가 적합값(fitted value)에 미치는 영향을 측정하는 지표이다. 절댓값이 클수록 영향력이 크며, 기준값은 일반적으로 $2\sqrt{p/n}$ 이다.(여기서 p: 회귀계수 수, n: 표본 수). 따라서 "기준값보다 작을수록 영향치일 가능성이 높다"라는 설명은 오류이다. → 부정확한 설명
- ④ Leverage H: 관측치가 설명변수 공간에서 얼마나 떨어진 위치에 있는지를 나타내는 값이다. 높은 레버리지는 예측값에 큰 영향을 줄 수 있는 관측치임을 의미한다. → 올바른 설명

101 정답 ④
① 회귀분석에서 총제곱합(SST)을 회귀에 의한 제곱합(SSR)과 오차 제곱합(SSE)으로 분해하는 과정이 분산분석(ANOVA)과 구조적으로 동일하므로 올바른 설명이다.
② F 통계량은 회귀모형의 설명력이 통계적으로 유의한지를 판단하기 위한 지표이다.
③ 유의확률 p = 1.49e-12로, 0.05보다 매우 작으므로 회귀모형은 통계적으로 유의하다.
④ 잔차 자유도(df) = "잔차 자유도 = 관측치 수 − 회귀계수 수(p)" (여기서 회귀계수에는 절편도 포함) 48 = n(관측치 수)−2, n = 50이다. 따라서 관측치의 개수는 50개이다.

102 정답 ④
- p-value = 3.089e−06 < 0.05이므로 유의수준 5%에서 귀무가설 기각, 즉 연비 평균 차이는 통계적으로 유의미하다.
- 독립변수인 trans는 두 범주(자동, 수동)를 가진 명목척도이고, 종속변수인 cty는 등간 또는 비율척도의 연속형 변수이므로, t-검정의 조건에 적절하다.
- 자유도(df)는 일반적으로 "총 관측치 수 − 추정한 모수 개수"로 계산한다.
- 두 집단 평균 비교에서는 각 집단 평균(모수) 2개를 추정하므로 2를 제외한다.
- df = 232는 관측치가 232개라는 의미가 아니라, 관측치 합계가 234개라는 의미이다.

103 정답 ①
- 대응 표본 t-검정에서 신뢰구간 공식
- 표본의 수 n = 9
- 자유도 df = n − 1 = 8
- 신뢰 수준 95% 양측 검정이므로 α/2 = 0.025
- 대응 표본 t-검정의 신뢰구간은

$$\bar{d} \pm t_{(df, \alpha/2)} \times \frac{s_d}{\sqrt{n}}$$

- $\bar{d}$: 짝 차이의 평균 (표본 평균 차이)
- s_d: 짝 차이의 표준편차
- n: 쌍의 개수 (표본 수)
- $t_{(df, \alpha/2)}$: 자유도 df에서 신뢰수준에 해당하는 t-값 (예: 95% 신뢰수준이면 0.025의 t-분포 임계값)

$$\text{신뢰구간} = 10 \pm t_{(0.025, 8)} \times \frac{8.4}{\sqrt{9}}$$

104 정답 ④
- step() 함수는 AIC(Akaike Information Criterion) 값을 기준으로 가장 작은 AIC 값을 갖는 모형을 최적 모형으로 선택한다.
- AIC가 작을수록 좋은 모형이므로, "가장 큰 값을 갖는 모형을 선택한다"라는 설명은 잘못되었다.

105 정답 ③
- 포아송 분포(Poisson Distribution)는 단위 시간 또는 공간에서 사건이 발생하는 횟수를 모델링하는 이산 확률 분포이다. 예를 들어, 시간당 콜 센터에 걸려오는 전화 수나 하루 동안 발생하는 사고 건수를 설명하는 데 사용된다.

106 정답 ②
- 회귀식: income = 3000 + 1100×gender 여자
- R의 lm()은 범주형 변수의 첫 수준(이 예에서는 "남자")을 기준(reference)으로 사용한다.
- Intercept는 기준 그룹("남자")의 평균 소득 → 3000
- gender = 여자의 계수는 여자의 평균이 기준 그룹보다 얼마나 차이 나는지 → +1100
- 따라서, 남자 평균: 3000, 여자 평균: 3000 + 1100 = 4100

107 정답 ③

① 다중공선성을 줄이기 위해 불필요하거나 상관이 높은 변수를 제거하는 것이 일반적이다.
② 일반적으로 VIF(Variance Inflation Factor)가 10 이상이면 다중공선성이 있다고 판단한다.
③ VIF 값이 1에 가까우면 해당 변수는 다른 변수들과 독립적(상관관계 없음)이라는 의미이며, 회귀식의 기울기의 완만함과는 관련이 없다. 기울기는 독립변수와 종속변수의 관계에 따라 결정되며, VIF는 계수 추정의 분산만 영향을 받는다.
④ 표본 수가 많아지면 추정의 안정성은 증가하나, VIF 자체는 변수 간 상관관계에 기반하므로 크게 변하지 않는다.

108 정답 ③

- 차분(Differencing)은 시계열 데이터에서 비정상성(non-stationarity)을 제거하기 위해 사용하는 기법으로, 현시점의 값에서 이전 시점의 값을 빼는 방식으로 계산한다.

109 정답 ③

- 잡음(Noise)은 예측 불가능한 무작위적 변동이며, 일반적으로 원인이 알려지지 않은 비체계적 요인이다. 따라서 "원인은 알려져 있다"라는 설명은 잘못된 표현이다.

110 정답 ③

- 유의수준 (Significance Level, α)은 귀무가설이 참일 때 잘못 기각할 확률, 즉 제1종 오류(Type I Error)의 확률을 의미한다.

111 정답 ④

- 정상성(Stationarity)이란 시계열 데이터의 통계적 성질(평균, 분산, 공분산 등)이 시간이 지나도 변하지 않는 특성을 말한다.

112 정답 ③

- 시계열 데이터(Time Series Data)는 시간의 흐름에 따라 연속적 또는 순차적으로 수집된 데이터를 의미한다.

113 정답 ④

- 카이제곱 검정은 적합도 검정(goodness-of-fit)이나 독립성 검정(test of independence)에서는 분포 가정이 약하여 비모수적 검정으로 분류될 수 있으나, 분산 검정은 정규분포 가정을 요구하므로 모수적 검정으로 분류된다.

114 정답 ③

- 주성분 분석(PCA, Principal Component Analysis)은 대표적인 차원 축소(Dimensionality Reduction) 기법이다.
- 원자료의 분산(정보량)을 최대한 보존하면서 서로 상관관계가 있는 변수들을 직교(Orthogonal)한 축으로 변환하여, 주요한 성분(Principal Components)만을 사용해 저차원 공간으로 데이터를 표현한다.

115 정답 ④

- 표본 오차는 표본의 크기 증가에 따라 감소하는 경향이 있다.
- 그러나 비표본 오차(예: 응답 오류, 조사자 편향, 질문지 설계 오류 등)는 표본의 크기와 관계없이 발생할 수 있으며, 오히려 표본 크기가 커질수록 누적될 위험도 있다.

116 정답 ①
- 제1주성분은 데이터의 분산이 가장 큰 방향의 축을 의미한다. 데이터의 분산을 최대한 보존하는 방향으로 축을 재설정하는 것이 주성분 분석의 핵심이다.

117 정답 ②
- 분해 시계열은 시계열 자료를 구성하는 요인(추세, 계절성, 불규칙성 등)을 각각 분리하여 분석하는 방법이다. 이를 통해 데이터의 구조를 명확히 이해하고 예측 모델의 정확도를 높일 수 있다.

118 정답 ③
- AR (자기회귀) 모형은 과거 시점의 자기값(관측값)의 선형 결합으로 현재 값을 예측한다.
- MA (이동평균) 모형은 과거의 오차항(백색잡음)의 선형 결합으로 현재 값을 설명한다.
- ARMA 모형은 이 둘을 결합한 형태로, 과거의 관측값과 과거의 오차항을 모두 활용하여 현재 값을 설명하는 모형이다.

119 정답 ③
- 주성분 분석(PCA)은 차원 축소를 통해 간접적으로 과적합(overfitting)을 줄일 수는 있지만, 주된 목적은 아니다.
- PCA의 주요 목적은 변수 간 상관관계를 고려하여 고차원 데이터를 압축(요약)하고, 이를 통해 시각화와 해석을 쉽게 만드는 데 있다.

120 정답 ②
- 30대 남성의 표본 평균 체중의 기댓값 $E(\overline{X})$은 모집단 평균 μ와 같으며, μ는 모수에 해당한다.

121 정답 ②
- 신뢰구간(confidence interval)은 반복적인 표본추출 과정에서 일정 비율(예: 95%)의 신뢰 수준으로 모수가 포함될 것으로 기대되는 구간이다.
- 그러나 특정한 하나의 신뢰구간이 반드시 모수를 포함해야 한다고 단정할 수는 없다.
- 올바른 표현: "신뢰 수준 95%의 신뢰구간은, 동일한 절차로 반복 측정했을 때 약 95%의 구간이 모수를 포함할 것으로 기대된다."

122 정답 ②
- 두 번째 주성분의 로딩 값에 양수와 음수가 모두 포함되어 있으므로, 모든 변수와 양의 상관관계를 가진다는 설명은 부적절하다.

123 정답 ①
- 표본조사에서 오차는 표본오차(sampling error), 표본 편향(sampling bias), 비표본오차(non-sampling error)로 구분한다.
- 표본 오차 (Sampling Error): 표본이 모집단 전체를 완벽히 반영하지 못해 생기는 통계적 불확실성이다.
- 표본 편향 (Sampling Bias): 모집단을 대표하지 못하는 왜곡된 표본이 추출되어 발생하는 체계적 오류이다.
- "대표성이 있는 표본 단위가 추출되지 못했다."라는 것은 특정 집단이 체계적으로 누락되었다는 뜻이고,
- 이는 표본추출 방법의 문제, 즉 표본 편향의 정의에 해당한다.
- ③ 표본 편향 최소화: 확률화(randomization, 예: 단순무작위추출, 층화추출)는 각 모집단 단위가 알려진 확률로 표본에 포함될 기회를 제공하여 표본 편향을 최소화하거나 제거한다.

124 정답 ④
- 이동평균법은 시계열의 평활화(smoothing)를 통해 불규칙한 노이즈를 완화하고, 계절 요인을 일정 부분 상쇄하여 추세나 순환적 흐름과 같은 주요 패턴을 부각함으로써 분석 및 예측의 정확성을 높이는 데 활용한다.

125 정답 ④
- 신뢰수준(90%)은 고정되지만, 표본이 달라지면 표본평균도 달라지므로 신뢰구간도 변경된다.

126 정답 ③
- 고윳값의 분해 가능 여부는 주성분 개수 선택 기준과 무관하다. 고윳값은 수학적으로 항상 분해가 가능하며, 개수 결정에 영향을 주지 않는다.

127 정답 ①
- 스피어만 상관계수(Spearman's rank correlation coefficient)는 서열척도(ordinal scale) 간의 관계를 분석하는 비모수적 상관계수이다.

128 정답 ③
- 단계별 선택법에서는 변수 추가 시 기존 변수들과의 관계와 중요도를 고려하므로, "기존 변수의 중요도에 영향을 받지 않는다"라는 설명은 부적절하다.

129 정답 ④
- 잔차의 정규성 문제는 일반적으로 로그 변환, 제곱근 변환, Box-Cox 변환 등 자료 변환을 통해 해결한다.
- 상관계수가 큰 변수 제거는 다중공선성 문제 해결을 위한 방법일 수 있으나, 정규성 확보와는 직접적인 관련이 없다.

130 정답 ③
- 회귀계수가 통계적으로 유의하다는 것은, 다른 변수들의 영향을 통제한 상태에서 해당 독립변수가 종속변수에 의미 있는 영향을 준다는 통계적 결과를 의미한다.
- 그러나 이것이 인과관계를 의미하지는 않으며, 인과성은 추가적인 실험적 설계나 시간적 선후 관계, 교란변수 통제 등을 통해 입증해야 한다.

131 정답 ③
- 가설검정은 모집단에 대한 가설이 통계적으로 유의한지를 표본 데이터를 기반으로 판단하는 과정이다.

132 정답 ③
- 회귀계수(coefficient)는 유의확률(p-value)을 통해 통계적으로 유의미한지를 검정할 수 있다.

133 정답 ②
- 명목형 변수(예: 성별, 지역 등)도 회귀분석의 독립변수로 사용할 수 있으며, 이를 위해 더미변수(Dummy Variable) 방법을 통해 숫자형으로 변환해서 사용할 수 있다.

134 정답 ④
- PCA는 목표변수를 고려하지 않는 비지도 학습 기법으로, 데이터 내 변수 간의 분산을 기준으로 새로운 축(주성분)을 생성한다.
- 따라서 분류나 예측처럼 목표변수가 존재하는 분석에서는 해당 정보를 활용하지 않기 때문에, 보기 ④의 "목표변수를 고려하여 차원 축소" 및 "최적의 예측 성능 보장"이라는 표현은 부정확하며, 틀린 설명이다.

135 정답 ③
- ARIMA(p, d, q) 모형에서 p = 0이면 AR 항이 없는 ARIMA(0, d, q), 또는 IMA(d,q) 모형이라 한다.

136 정답 ③
- 공분산은 원래 변수들의 측정 단위에 따라 값이 달라지며, 비교가 어렵다.

137 정답 ④
- 스피어만의 상관계수는 서열형 자료나 비선형적인 단조 관계를 파악하는 데 유리하다.
- 피어슨 상관계수의 값은 −1에서 +1 사이의 범위를 가진다.
- 비율척도에서는 일반적으로 피어슨 상관계수를 사용한다. 스피어만 상관계수는 서열척도에 적합하다.

138 정답 ④
- 지수평활법은 최근 데이터일수록 더 큰 가중치를 부여하는 방식으로 미래값을 예측한다.

139 정답 ③
- 점추정은 모집단의 모수를 하나의 값으로 추정하는 통계적 방법이다.

140 정답 ③
- 결정계수(R^2)는 회귀모형이 종속변수의 총 변동량 중 얼마나 많은 부분을 설명하는지를 나타내는 지표이다.
- "결정계수와 상관계수가 같다"라는 설명은 단순회귀에서만 성립하며, 일반적인 설명으로는 부적절하다.

141 정답 ③
- 정상성이 아닐 때, 즉 비정상성을 정상화하기 위한 일반적인 처리 방법을 설명하고 있어, 정상성의 정의에 대한 설명은 아니다.

142 정답 ②
- 다중회귀분석에서는 전체 회귀 모형이 통계적으로 유의한지를 검정하기 위해 F-통계량을 사용한다.
- t-통계량은 개별 회귀계수의 유의성을 검정할 때 사용된다.
- 카이제곱 통계량은 주로 분할표나 범주형 자료 분석에 사용되며, R-Square(결정계수)는 설명력의 크기를 나타낼 뿐, 유의성을 검정하는 통계량은 아니다.

143 정답 ②
- 다차원 척도법(Multidimensional Scaling, MDS)은 주어진 거리(혹은 유사도) 정보를 기반으로, 관측치 간의 상대적 거리를 최대한 보존하면서 저차원 공간에 시각화하는 기법이다.

144 정답 ②
- 후진 제거법(Backward Elimination)은 모든 독립변수를 포함한 모형에서 시작하여, 통계적으로 유의하지 않은 변수부터 하나씩 제거해 나가는 변수 선택 방법이다. 이 과정을 반복하여 모든 독립변수가 통계적으로 유의할 때까지 진행한다.

145 정답 ③
- 부호검정(Sign test)은 짝지어진 두 관측치의 크기 차이에 대해 부호(+, −)만을 고려하여 두 그룹 간 차이가 있는지를 검정하는 비모수적 대안 방법이다.
- ① 윌콕슨의 순위합 검정과 ④ 맨-휘트니 검정은 독립된 두 집단 간 차이를 비교하는 방법이다.
- ② 콜모고로프-스미르노프 검정은 두 집단의 분포 차이를 검정하는 방법이다.

146 정답 ④
- 집단추출(Group Sampling)은 비확률적 표본추출(Non-Probability Sampling) 방법으로, 집단 전체를 표본으로 추출하며, 각 개체가 동일한 확률로 선택되지 않는다.

147 정답 ④
- ④는 주성분 분석(PCA)에 대한 설명으로, 기존 변수의 선형 조합을 통해 새로운 축을 생성하는 방식은 PCA의 특징이지 MDS의 특징이 아니다.

148 정답 ③
- 구간화 개수가 작아지면 정보 손실이 커져 정확도가 오히려 낮아질 가능성이 크며, 분석 속도는 오히려 빨라질 수 있다.

149 정답 ④
- 이상치(outlier)는 반드시 무조건적으로 모두 제거해야 하는 것은 아니며, 분석 목적, 도메인 지식, 모델의 민감도에 따라 유지하거나 변환, 또는 제거 여부를 신중히 결정해야 한다.

150 정답 ②
- 웹 크롤링(Web Crawling)은 웹 페이지의 HTML 구조를 분석하고, 자동화된 프로그램(크롤러 또는 봇)을 통해 필요한 데이터를 자동으로 수집하는 방법이다.
- ① 실시간 처리는 스트리밍 데이터 처리 방식이다.
- ③ Open API는 웹 서버에서 공식적으로 제공하는 데이터 접근 방식이다.
- ④ FTP는 파일 전송 프로토콜로, 웹 데이터 수집과는 관련이 없다.

151 정답 ④
- 데이터 분석 모형 구축 프로세스에서 모델링 단계는 주로 탐색적 데이터 분석, 변수 선정, 모델 개발 및 성능 평가까지 포함한다.

152 정답 ④
- 혈액형, 학력은 비율척도가 아닌 명목척도 또는 서열척도에 해당한다.

153 정답 ③
- age 변수의 회귀계수(Estimate)가 −0.04367로 음수이므로 age와 wage는 음의 관계이다.

154 정답 ②
- 주어진 설명은 자기 자신의 과거값(시차)을 사용하여 현재 값을 예측하는 자기회귀(AR, Autoregressive) 모형의 정의에 해당한다.
- AR 모형은 정상성을 전제로 하며, 과거 자기값과 백색잡음의 선형 결합으로 현재 값을 설명한다.
- MA 모형은 오직 과거 오차항(백색잡음)만을 사용한다.
- ARMA는 AR과 MA를 결합한 형태이고, ARIMA는 비정상 시계열까지 포함하는 확장형이다.

155 정답 ②

표준정규분포 변환 공식 $Z = \dfrac{x - \mu}{\sigma}$

$2.05 = \dfrac{x - 85}{5}$

x = 95.25

156 정답 ②

- 확률의 합은 1이 되어야 하므로:
- P(X = 1)+P(X = 2)+P(X = 4) = 1
- 0.3+$P(X = 2)$+0.5 = 1
- P(X = 2) = 0.2

157 정답 ①

- 복수의 독립변수와 종속변수를 동시에 다루는 것은 다변량 회귀(다변량분석)이며, 단순회귀분석은 독립변수 1개, 종속변수 1개이다.
- 비선형 관계를 분석하는 것은 비선형 회귀분석이며, 일반적인 회귀분석(선형회귀)은 선형성을 전제로 한다.
- 회귀분석은 독립변수가 종속변수에 미치는 영향을 파악한다.

158 정답 ④

- 두 집단의 분산이 동일한지 검정하는 것은 F-검정(F-test)을 사용하며, t-분포는 평균 차이를 검정할 때 사용한다.

159 정답 ④

- summary 결과에 나온 weight의 Median(중앙값)은 258.0이며, Mean(평균)이 261.3이다.

160 정답 ④

- ① 다중공선성 해결: MDS는 거리 기반 시각화 기법으로, 다중공선성(회귀분석의 독립변수 상관성 문제) 해결은 PCA의 역할이다.
- ② 선형 결합은 PCA의 특성. MDS는 거리 행렬 최적화 기반이다.
- ③ MDS는 시각화, 군집분석은 그룹 형성. 거리 활용은 유사하나 목적이 다르다.

161 정답 ①

- Comp.1의 로딩값(계수)은 다음과 같다:
- Murder: 0.536
- Assault: 0.583
- UrbanPop: 0.278
- Rape: 0.543
    → 따라서 제 1주성분은 다음과 같이 계산된다:
- Comp.1 = 0.536×Murder + 0.583×Assault + 0.278×UrbanPop + 0.543×Rape

162 정답 ②

- p-value가 유의수준 0.05보다 작으므로 귀무가설은 기각된다.

163 정답 ③
- p-value가 낮을수록 귀무가설과 관측된 데이터 간의 불일치가 커져 귀무가설을 기각하고 대립가설을 지지할 수 있다.

164 정답 ④
- 결측값은 무조건 제거하기보다는 삭제, 대체, 보간법 등 다양한 방법 중 상황에 맞게 신중히 처리해야 한다.

165 정답 ③
- MA(Moving Average) 모형은 본질적으로 정상성(stationarity)을 항상 만족하는 시계열 모형이다.
- AR(Autoregressive) 모형은 정상성을 유지하기 위해 추가적인 조건이 필요하지만, MA 모형은 오차항의 선형 결합으로 구성되므로 정상성에 대한 특별한 제약이 없다.

166 정답 ①
- AR(2) 모형의 자기상관함수(acf)는 지수적으로 감소하거나 진동하며, 부분자기상관함수(pacf)는 2시차에서 절단된다.

167 정답 ④
- ① 다중공선성은 독립변수 간의 높은 상관관계로 인해 발생한다.
- ② 다중공선성은 변수 간 상관관계에서 비롯되므로 표본 크기와 무관하게 발생할 수 있다. 다만 표본이 커질수록 추정이 더 안정화될 가능성은 있다.
- ③ 다중공선성 완화 방법의 하나로 중요하지 않은 변수를 제거하는 것이 있다.
- ④ 분산팽창요인(VIF)은 10을 초과하면 다중공선성 문제가 있다고 판단한다. 따라서 "문제가 없는 것으로 판단한다"라는 설명은 부적절하다.

168 정답 ①
- 결정계수(R^2)는 0에서 1 사이의 값을 가진다. 음수는 존재하지 않는다.

169 정답 ④
- 분산분석표는 회귀 모형의 유의성(모형 전체 F-test)을 평가하는데 사용된다.
- 총변동 = 회귀 변동 + 오차 변동 (SST = SSR + SSE)
- F = MSR(회귀선이 설명하는 변동량) / MSE(오차의 퍼짐(분산))
- 오차항의 분산 불편추정량은 MSR이 아니라 MSE이다.

170 정답 ③
- 회귀분석의 가정 중 정규성 가정은 오차항(잔차)이 정규분포를 따라야 한다는 것을 의미한다.

171 정답 ④
- p-value = 0.07939로 유의수준 0.05보다 크므로 통계적으로 유의하지 않음. 따라서 귀무가설(두 그룹 평균 차이 없음)을 기각할 수 없다.

172 정답 ②
- 평균(535.9)이 중앙값(425.0)보다 크므로 이는 오른쪽으로 긴 꼬리(양의 왜도)를 가진 분포이다.

173 정답 ③
- 독립 사건에서는 P(B|A) = P(B)이므로, A가 일어났더라도 B의 조건부 확률과 일반 확률은 같다.

174 정답 ④
- 복원추출법은 표본을 추출한 후 다시 모집단에 넣어 재추출이 가능한 방법으로, 표본의 크기가 작을 때 특히 사용된다.

175 정답 ③
- 주성분 분석(PCA)은 고차원 데이터의 차원을 축소하고, 원래 변수들의 선형 조합으로 새로운 변수(주성분)를 생성하여 분석에 활용하는 기법이다.

176 정답 ④
- 신뢰구간이란 동일한 방법으로, 반복적으로 표본을 추출하고 신뢰구간을 계산할 경우, 그 중 약 95%의 구간이 모수를 포함하게 될 것이라는 의미이다.

177 정답 ①
- 대립가설(H_1, Alternative Hypothesis)은 연구자가 입증하고자 하는 주장으로, 뚜렷한 통계적 증거가 있어야만 채택할 수 있다.

178 정답 ①
- 백색잡음(White Noise)은 시간에 따라 아무런 패턴이나 자기상관이 없는 완전한 정상 시계열(Stationary Time Series)이다.
- 평균이 일정하고, 분산도 일정하며, 시간 간의 상관관계가 없다.

179 정답 ③
- 등간척도(Interval Scale)는 덧셈과 뺄셈은 가능하지만, 곱셈과 나눗셈(비율 계산)은 불가능하다.
- 예: 온도(섭씨, 화씨)는 차이는 의미 있지만 '절대 0'이 없어 비율 비교 불가.

180 정답 ④
- F 통계량은 232.7이고, p-value는 0.0000000297로 유의수준 5%는 보다 작다. 따라서 회귀 모형은 통계적으로 매우 유의하다.
- 결정계수 R^2는 0.9588 (95.88%)으로, 80.88%라는 설명은 틀림
- 회귀계수들의 p-value가 모두 0.05보다 작으므로 회귀계수들은 통계적으로 유의하다.
- Time의 회귀계수는 7.99로, Time이 1 증가할 때 weight가 평균적으로 7.99만큼 증가한다고 해석한다.

181 정답 ②
- 단순선형회귀에서는 설명변수 x는 고정된 값(비확률변수)으로 취급한다.
- 회귀분석의 기본 성질로 잔차(오차)의 총합은 항상 0이다.
- 잔차의 평균은 0이다. 평균이 1이라는 설명은 잘못됨
- 잔차(오차)는 확률변수이다. (오차항은 모집단에서는 확률적으로 변동 가능)

182 정답 ④
- 일표본 t 검정에서 자유도(df)는 n−1로 계산된다. 문제에서 주어진 자유도가 70이므로, 표본의 크기 n=71이다.

183 정답 ①
- 분해 시계열은 일반적으로 다음 4가지 요인으로 구성된다.
- 추세 요인(Trend Factor), 순환 요인(Cyclical Factor), 계절 요인(Seasonal Factor), 불규칙 요인(Irregular Factor)

184 정답 ②
- 표본 편의는 표본추출 방법의 개선이나 무작위 표본추출(Random Sampling)을 통해 최소화하거나 제거할 수 있다.

185 정답 ②
- 회귀계수(기울기)가 3.9324 → 속도(speed)가 1단위 증가하면 dist는 평균 약 3.94 증가함
- Adjusted R-squared = 0.6438은 종속변수(dist)의 변동성 중 64.38%가 독립변수(speed)로 설명함을 의미함
- speed의 p-value = 1.49e-12 < 0.05 → 회귀계수는 통계적으로 유의함
- 회귀계수가 양수 → speed와 dist는 양의 상관관계(상관계수>0)

186 정답 ③
- 동전 3개를 독립적으로 던질 때 각 동전은 앞면(H) 또는 뒷면(T)의 두 가지 결과를 가지므로 총 경우의 수는 8가지이고, 이 중 앞면이 정확히 한 번 나오는 경우의 수는 3가지이므로 확률은 3/8이다.

187 정답 ②
- ARIMA(p,d,q) 모형에서 d는 시계열을 정상화하기 위해 적용하는 차분의 횟수를 의미하므로, ARIMA(1,2,3)에서 차분의 횟수는 2번이다.

188 정답 ④
- PCA는 비지도 학습(unsupervised learning)이며, 목표변수 없이 데이터의 구조(분산 방향)를 설명한다.

189 정답 ③
- 비율척도(Ratio Scale)의 특징:
- 절대적 0이 존재한다. 비율 계산이 가능하다.
- 예: 무게(0kg), 나이(0세), 길이, 수입, 거리 등

190 정답 ④
- 주성분 개수 선택에는 누적 기여율, 고윳값 기준, 스크리 플랏 등 다양한 방법이 사용되며, 어떤 방법도 항상 절대적으로 우수하지 않기 때문에 ④번은 부적절한 설명이다.

191 정답 ③
- 두 사건 A와 B가 독립일 때 결합 확률은 두 사건의 확률의 곱($P(A) \times P(B)$)으로 계산하며, 합으로 계산한다는 설명은 틀리므로 ③번이 부적절하다.

192 정답 ③
- 공분산은 값의 크기에 제한이 없고 단지 부호로 두 변수의 관계 방향성만 나타내므로, −1과 1 사이로 값이 제한된다는 설명은 상관계수에 해당하며 ③번은 틀린 설명이다.

193 정답 ②
- 확률밀도함수는 0과 1 사이에서 균등분포(Uniform Distribution)를 따르며, 기댓값 E(X)은 균등분포의 공식인 a+b/2에 따라 0+1/2 = 0.5이다.

194 정답 ①
- 다른 변수의 영향을 받는 변수는 종속변수(반응변수, Response Variable)이며, 설명변수(Explanatory Variable)는 독립변수로서 영향을 주는 변수이므로 ①번이 틀린 설명이다.

195 정답 ④
- ① q는 이동평균(MA) 차수를 나타내며, 차분(d)과는 관련이 없다.
- ② p는 자기회귀(AR) 차수를 의미하며, 이동평균(MA)과는 관련이 없다.
- ③ ARIMA 모형은 비정상 시계열을 정상화한 후에 적용해야 하므로, 정상성 확인이 필요하다.

196 정답 ①
- 결정계수(R-squared)는 회귀분석에서 모형의 설명력을 평가하는 지표로 정규성 검정과는 무관하므로, 정답은 ①번이다.

197 정답 ④
- 척도의 수준은 명목 < 순서 < 구간 < 비율의 순서로 정보량이 증가하며, 비율척도(Ratio Scale)는 절대적 0이 존재하고 비율 계산이 가능하여 정보의 양이 가장 풍부하므로 ④번이 정답이다.

198 정답 ④
- 상관계수는 -1에서 1 사이로, 음수도 가능하다.
- 상관계수는 선형적 상관성만 나타내며, 인과 관계를 의미하지 않는다.
- 피어슨 상관계수는 단위와 무관한 표준화 지표이다.
- 피어슨 상관계수(Pearson Correlation Coefficient)는 두 변수 간의 선형적 관계만을 측정하며, 상관계수가 0이면 선형 관계가 없음을 의미한다.

199 정답 ②
- 정상성(Stationarity)이란 시계열의 평균, 분산, 공분산 등 확률분포의 모수들이 시간의 흐름에 따라 변하지 않는 성질을 의미한다.
- 정상성은 이상치 존재 여부와는 무관하다.
- 정상성 시계열의 공분산은 시차(lag)에만 의존하고 시점에는 의존하지 않는다.

200 정답 ③
- 선형성은 독립변수와 종속변수 간의 선형적 관계를 의미한다.
- 독립성은 오차 간의 독립성(자기상관 없음)을 의미한다.
- 정규성은 오차항의 정규분포성을 의미한다.

201 정답 ③
- 카이제곱 검정에서 예측값과 실제값의 차이가 커질수록 검정통계량(χ^2)이 커지고, 이에 따라 귀무가설이 기각될 가능성이 커지므로 유의확률(p-value)은 낮아진다.

202 정답 ③
- 모수 검정(Parametric Test)은 모집단이 정규분포 등 특정 분포를 따른다는 가정이 필요하며, ③번의 설명은 비모수 검정에 해당하는 내용이므로 틀린 설명이다.

203 정답 ③
- 상관분석의 기본 가설 설정은 귀무가설(H_0: 상관계수 = 0, 즉 선형 관계없음)과 대립가설(H_1: 상관계수 ≠ 0, 즉 선형 관계 존재)으로 설정되므로 ③번이 정답이다.

204 정답 ③
- summary(sleep$extra) 결과에서 평균(Mean)은 1.54시간이고, 0.95시간은 중앙값(Median)에 해당하므로 ③번이 틀린 설명이다.
- 1사분위수(1st Qu.: −0.025)는 하위 25%의 데이터가 추가 수면 시간 −0.025시간 이하임을 의미한다.
- 전체 20명의 피험자 중 하위 25%는 20 × 0.25 = 5명이며, 따라서 추가 수면 시간이 −0.025시간 이하인 피험자는 5명이다.

205 정답 ①
- 제시된 Orange 데이터에서 head(Orange)만 보면 6개처럼 보이지만, summary() 결과를 보면 Tree 별로 여러 관측치가 포함되어 총 35개의 관측치가 존재하므로 ①번이 틀린 설명이다.

206 정답 ②
- 선형 회귀 모형에서 오차항(잔차)은 반드시 등분산성(분산 일정), 정규성(정규분포), 독립성(자기상관 없음)의 가정을 만족해야 하므로 ②번이 정답이다.

207 정답 ①
- Cook's Distance가 모델에 대한 데이터 포인트의 영향력을 평가하는 지표인데, 보기에서 cov라고 잘못 표현되어 있어 용어 오류이다.

208 정답 ①
- AR(p) 모형에서는 PACF가 p 시차에서 절단되고, ACF는 점차 감소(지수적 감소)하는 것이 특징이다.
- 보기 ①은 PACF가 절단되지 않는다고 잘못 설명하고 있어 틀린 설명이다.

209 정답 ③
- 다차원 척도법(MDS)은 고차원 데이터를 저차원으로 시각화할 때 상대적 거리(비유사성)를 최대한 보존하려고 하지만 완벽하게 보존할 수는 없어서 ③번이 틀린 설명이다.

210 정답 ①
- 다중공선성(Multicollinearity)은 독립변수 간 높은 상관관계로 인해 회귀계수의 표준 오차가 커져 신뢰성과 해석력이 저하되므로 ①번이 옳다.
- ② VIF가 1 이하이면 다중공선성 문제가 없는 상태이므로 설명이 적절하지 않다.
- ③ VIF 값은 다중공선성의 지표일 뿐, 회귀식의 기울기 크기와는 직접적인 관련이 없다.
- ④ 다중공선성은 독립변수 간의 높은 상관관계에서 발생하므로 종속변수를 제거하는 것은 적절하지 않다.

211 정답 ②
- 잔차(Residual)의 자유도는 n − k − 1 = 400 − 2 − 1 = 397로 계산된다.
- 여기서 n은 데이터 개수(400), k는 독립변수의 수(Income, Student = 2개)이며, 따라서 자유도는 397이 되어야 하므로 보기의 394는 잘못된 값이다.

212 정답 ②
- 상관계수가 0이어도 변수 간에 비선형관계가 존재할 수 있으므로, 독립성이 보장된다고 할 수 없다.
- 상관계수 0은 선형 관계가 없음을 의미할 뿐이다.

213 정답 ④
- BIC 역시 변수가 많아질수록 벌점(penalty)을 부여하는 지표이지 가중치를 부여하지 않는다. BIC은 AIC보다 변수 수에 더 큰 패널티를 부여한다.

214 정답 ③
- 교호관계(Interaction)는 회귀분석에서만 다루는 개념이며, 상관분석에서는 변수 간 단순 상관만 측정하므로 판단할 수 없다.
- 상관계수는 두 변수 간의 직접적인 관계만 보여주며, 통계 모형의 유의성(유의확률, p-value) 여부는 판단할 수 없다.
- TV 광고비가 증가하면 판매량(Sales)이 증가하는 경향이 있으며, Radio와의 상관 여부와 무관하게 이 관계는 유지된다.
- 상관계수만으로는 R^2(설명력)을 알 수 없고, 주어진 값(0.78)을 단순 제곱하면 약 60%로 계산되지만, 이는 회귀 모형이 아닌 상관분석 수준의 정보일 뿐이다. 설명력 67%라는 수치는 제시된 정보로부터는 도출 불가하다.

215 정답 ①
- 후진 제거법은 독립변수만 줄이고, 상수항(절편)은 항상 유지된다.

216 정답 ①
- 매우 만족 − 만족 − 보통 − 불만 − 매우 불만족」은 만족도의 순서는 있지만, 각 단계 간의 간격이 일정하지 않기 때문에 → 순서척도에 해당한다.

217 정답 ②
- p-value는 귀무가설이 참일 때, 현재의 관측 결과와 같거나 더 극단적인 값이 나올 확률을 의미한다.

218 정답 ②
- P-value < α이면 귀무가설(H_0)을 기각하고 대립가설(H_1)을 채택한다.

219 정답 ①
- t-통계량의 공식은 다음과 같다.
  t = Estimate/Std. Error
- Estimate(추정값): 회귀계수로, 해당 변수가 종속변수에 미치는 영향의 크기를 나타낸다.
- Standard Error(표준오차): 표본의 변동성으로 인해 회귀계수가 얼마나 정확하게 추정되었는지를 나타내는 지표이다.
- t-통계량은 회귀분석 결과에서 각 독립변수가 종속변수에 미치는 영향의 유의성을 평가하기 위한 핵심 지표이다.
- t-통계량의 절댓값이 클수록 해당 변수는 종속변수에 통계적으로 유의미한 영향을 미칠 가능성이 크다.

220 정답 ③

- $P(A|B) = \dfrac{P(B|A) \times P(A)}{P(B)} = \dfrac{0.9 \times 0.1}{0.2} = \dfrac{9}{20}$
- P(A) = 0.1 (질병 보유 비율)
- P(B|A) = 0.9 (질병이 있을 때 진단받을 확률)
- P(B) = 0.2 (진단받은 비율)
- 'A' 질병으로 진단받은 사람 중 실제로 'A' 질병이 있는 사람의 확률은 9/20이다.

221 정답 ④

- 신뢰구간은 표본에 따라 달라지므로, 동일한 모집단이라도 표본이 달라지면 표본 평균과 표준 오차가 변하여 신뢰구간도 항상 일정하지 않다.

222 정답 ①

- 선형회귀분석은 연속적인 수치를 예측하는 회귀 모형으로, 이진 분류 문제에서는 로지스틱 회귀처럼 확률 해석이 되지 않기 때문에 적절하지 않다.

223 정답 ③

- 변숫값을 조정한다고 해서 변수 간의 선형적 상관관계(다중공선성)가 해결되지 않는다.
- 다중공선성 문제는 주성분 분석(PCA), 변수 제거, 변수 변환(중심화, 표준화) 등을 통해 접근해야 한다.

224 정답 ④

- AR(1), AR(2) 모두 선형모형이다. AR(2)가 비선형성을 포함한다는 설명은 잘못이다.
- AR(1)과 AR(2) 모두 short memory 모델이며, long memory는 ARMA, ARIMA, FARIMA 등의 일부 특수한 상황에 해당한다.
- 정상성 여부는 시차에 곱해지는 계수의 크기에 달려 있다.
- AR(1)은 바로 전 시점(lag 1)의 값만 사용하는 모델이고, AR(2)는 전 시점(lag 1)과 두 시점 전(lag 2)의 값, 즉 두 개의 과거 값을 사용하는 모델이다.

225 정답 ④

- 차분은 현재 값에서 직전 시점의 값을 빼는 방식이다.

226 정답 ①

- 베이즈 정리는 귀납적 추론 방법이다. 즉, 과거의 경험(사전 확률)과 새로운 증거(조건부 확률)를 결합하여 확률을 추정하는 방법이다.

227 정답 ②

- 다중공선성 제거는 불필요한 독립변수 제거 또는 변수 간 상관성 완화가 기본이며, 오히려 독립변수 추가는 문제를 악화시킬 수 있다.

228 정답 ①

- 표본 크기 n = 71 → 자유도(df) = 71 − 1 = 70
- 신뢰 수준 90% → 양쪽 꼬리 각각 5% → 상위 95% 위치의 t값 사용
- 따라서 필요한 값은 t(70, 0.95)
- t값의 역할: t값은 신뢰수준(예: 95%)에 따라 결정된다.
- 신뢰 수준이 높을수록 → t값 커짐 → 신뢰구간은 넓어진다.

229 정답 ②
- 독립성(②)은 더빈-왓슨 통계량과 같은 시계열적 자기상관 검정이 필요하므로 이 그래프로는 적절히 평가할 수 없다.
- Residuals vs Fitted 그래프의 역할
- 등분산성(Homoscedasticity) : 잔차들이 예측값에 따라 일정하게 분포해야 한다.
- 이상값(Outliers) : 잔차가 큰 데이터 포인트를 탐지할 수 있다.
- 영향점(Influential Points) : 패턴에서 벗어난 점을 시각적으로 확인하여 간접적으로 영향점을 탐지할 수 있다.

230 정답 ③
- 신뢰구간은 반복 표본 중 일정 비율(예: 95%)의 구간만 모수를 포함하며, 모든 경우에 포함된다고 보장할 수 없다.

231 정답 ③
- 출력 결과에서 결측치(NAs) 정보는 없으며, 결측치 존재 여부를 확인할 수 없다.

232 정답 ④
- 스피어만 상관계수(Spearman's rho)는 두 변수 간의 순서(서열) 일관성을 측정하며, 단조(monotonic) 관계에서 1 또는 -1의 값을 가질 수 있다.

233 정답 ①
- 파생 변수는 설명력 향상을 위해 생성되며, 변별력(데이터 간 차이)이 있어야 하므로 동일한 값을 가지는 경우가 많지 않다.

234 정답 ②
- 다중회귀(Multiple Regression)는 독립변수가 2개 이상일 때 종속변수와의 관계를 분석하는데 가장 적합하다.

235 정답 ②
- Salary와 cRuns의 상관계수는 시각적으로 강한 양의 상관관계를 나타내고 있지만, 통계적으로 유의한지 여부는 p-value 검정을 통해 확인해야 한다. 단순 상관계수만으로 유의성을 단정할 수 없다.

236 정답 ②
- 단순 임의 추출법은 모집단 전체에서 계층 구분 없이 무작위로 표본을 추출하는 방법이다.
- 집락추출법(Cluster Sampling)은 모집단을 이질적인 특성을 가진 여러 집단(클러스터)으로 구분한 뒤, 이 중 일부 집단 전체를 표본으로 선정하는 추출 방법이다.
- 층화추출법(Stratified Sampling)은 모집단을 동질적인 계층으로 나눈 뒤, 각 계층에서 무작위로 표본을 추출한다.

237 정답 ④
- 더빈-왓슨 테스트: 오차의 독립성(자기상관)을 검정하는 방법으로, 정규성 검토와 무관하다.

238 정답 ④
- 두 개의 주성분은 7%가 아닌 30% 이상의 분산을 설명할 수 있다.

239 정답 ①
- 주성분 분석(PCA)은 변수 간 선형 관계를 파악하기 위한 분석이 아니라, 다차원 데이터를 주성분(Principal Component)이라는 소수의 축으로 변환해 차원을 축소하는 데 목적이 있다. 변수 간의 선형 관계를 분석하려면 상관분석이나 회귀분석이 적절하다.

240 정답 ④
- 주성분의 최대 개수는 변수(특징) 개수까지 가능하며, 관측치 개수와는 직접적 관련이 없다.

241 정답 ①
- 계통 추출은 모집단의 각 항목에 번호를 매긴 뒤 임의의 시작점을 정하고, 일정 간격(k)으로 표본을 선택하는 방법이다.

242 정답 ①
- 스피어만 상관계수는 변수 간 서열(순위) 관계의 강도와 방향을 측정하는 지표로, 서열척도 이상의 데이터에 적용할 수 있다.
- 등간척도/비율척도: 데이터를 순위(rank)로 변환해 사용할 수 있다.

243 정답 ②
- jobclass는 범주형 변수이므로 더미 변수로 처리된다.
- jobclass = "Industrial" → 기준값 (0으로 처리됨)
- jobclass = "Information" → 1
- 기본 회귀모형
- model <- lm(wage ~ age + jobclass + age*jobclass, data = Wage)는 아래와 같이 전개된다.
- wage = β_0 + β_1 * age + β_2 * jobclass2.Information + β_3 * age:jobclass2.Information + ε
- β_0 → jobclass = 1 ("Industrial")일 때 절편
- β_1 → jobclass = 1일 때 age의 기울기
- β_2 → jobclass = 2 ("Information")일 때 절편 변화량
- β_3 → jobclass = 2일 때 기울기 변화량 (교호작용 항)
- 회귀분석에서 교호작용(interaction) 항이 유의하다는 것은 다음을 의미한다.
- 한 변수의 효과가 다른 변수의 수준에 따라 달라진다는 것을 통계적으로 입증할 수 있다는 의미이다.
- 교호작용 항이 유의하다 → 기울기의 차이가 통계적으로 유의미함
- 교호작용 항이 유의하지 않다 → 기울기의 차이를 우연으로 간주하며 동일하다고 해석함
- ① 교호작용 항(age:jobclass2. Information)의 p값은 0.21로, 유의수준 0.05보다 크므로 통계적으로 유의하지 않다. 이는 age와 jobclass 간 교호작용이 임금(wage)에 유의한 영향을 미치지 않음을 의미한다.
- ② 교호작용 항이 통계적으로 유의하지 않기 때문에, jobclass에 따라 age의 기울기가 다르다고 해석하는 것은 부적절하다.
- ③ jobclass에 따라 회귀식의 절편이 달라진다
- 회귀식에서:jobclass = 1. Industrial일 때: wage = 73.52831 + 0.71966 * age.
- jobclass = 2. Information일 때:
- wage = (73.52831 + 22.73086) + (0.71966 − 0.16017) * age = 96.25917 + 0.55949 * age
- ④ age가 1 증가할 때 wage의 증가량은 jobclass에 따라 다를 수 있다.

244 정답 ④
- t 검정은 정규성을 가정한 모수 검정으로, 모집단 분포에 대한 가정이 필요한 검정이다. 따라서 비모수 검정에는 해당하지 않는다.

245 정답 ②
- 중심극한정리(Central Limit Theorem)란, 모집단의 분포 형태와 무관하게, 표본의 크기가 충분히 크다면 표본 평균의 분포는 정규분포에 가까워진다는 통계 이론이다.

246 정답 ③
- 정확한 주기를 갖지 않고, 불규칙하게 반복되며, 일반적으로 경기변동 등 경제 활동으로 발생한다.

247 정답 ②
- 조건: 남학생일 때, 사과를 좋아할 확률
- 남학생 전체 수 = 30(사과) + 40(딸기) = 70명
- 이 중 사과를 좋아하는 남학생은 30명
- 따라서 조건부 확률: P(사과|남학생) = 30/70 = 3/7

248 정답 ②
- 정규화(normalization)는 값의 크기를 조정할 뿐, 추세나 계절성, 분산 불안정성 등 비정상성 문제를 해결하지 못하므로 부적절하다.

249 정답 ①
- 다중공선성(Multicollinearity):
- 회귀분석에서 독립변수들끼리 높은 상관관계를 가질 때 발생하는 문제. 이로 따라 회귀계수의 추정이 불안정해지고, 해석력이 저하되며, 신뢰구간이 넓어지고 p값이 부정확해지는 등 부작용이 발생함.

250 정답 ②
- ② 1/100은 다음처럼 생각했을 가능성이 높다.
- "1번 공이 뽑힐 확률 1/10 × 2번 공이 뽑힐 확률 1/10 = 1/100"
- 그러나 이는 복원추출(독립시행)에서나 가능한 곱의 법칙이며,
- 비복원 추출에서는 추출한 확률이 서로 독립이 아니므로 적용할 수 없다.
- 조건부 확률로 계산: P(A) × P(B | A)
- P(A): 1번 공이 표본에 포함될 확률
- 총 100개 중 10개를 뽑는 것이므로, $P(A)$ = 10/100 = 0.1
- P(B|A): 1번 공이 이미 뽑혔다고 할 때, 2번 공도 뽑힐 조건부 확률, 9/99
- 따라서 두 공이 동시에 뽑힐 확률은 10/100×9/99 = 약 0.009

251 정답 ①
- 독립일 때 두 사건 A, B가 동시에 일어날 확률은 곱으로 계산된다.

252 정답 ②
- 몸무게는 연속형 변수이며, 0을 포함하고 비율 의미가 있어 비율척도(Ratio Scale)에 해당한다.
- 명목척도(Nominal Scale)는 서열이나 수치적 의미 없이 단순히 분류만 가능한 변수를 의미한다.
- "온도는 연속형 변수이며, 구간척도에 해당한다"가 바른 표현이다.
- 확률은 0~1 사이의 연속적이고 비율적 의미가 있는 수치로, 비율척도(Ratio Scale)에 해당한다. 순서를 의미하지 않는다.

253 정답 ②
- 이상치 제거는 데이터 전처리 단계에서 모델의 안정성을 높이는 데 유용하지만, 정상성(시간에 따른 평균과 분산의 일정성)을 직접적으로 확보하는 방법은 아니다.
- 이상치는 정상성의 가정을 방해할 수 있지만, 제거만으로 추세나 계절성을 해결할 수는 없다.
- 차분(differencing)은 시계열 데이터에서 추세나 계절성을 제거해 정상성을 확보하는 가장 일반적인 방법이다.
- 회귀분석은 외부 요인(예: 개입 이벤트)의 영향을 제거하는데 사용되지만, 정상성 확보와는 직접 관련이 없다.
- 자연로그 변환은 분산이 시간에 따라 변하는 비정상성을 안정화하는 데 유용하다.
- 추세가 있는 경우 평균의 비정상성을 해결하지 못하므로, 정상성 확보의 완전한 해결책은 아니다.

254 정답 ③
- ①: 설명은 불규칙 요인에 대한 것이며, 추세적 변화와는 무관하다.
- ②: 설명은 순환 요인의 특성을 나타내지만, 계절적 주기와는 관련이 없다.
- ④: 설명은 계절 요인의 특징을 담고 있으나, 불규칙 요인은 예측 불가능하고 비주기적인 변동을 의미한다.
- 순환 요인(Cyclical Component)은 경기 흐름이나 산업 활동처럼 장기적이면서도 불규칙한 주기로 나타나는 변동을 의미한다.

255 정답 ④
- 기술 통계를 계산할 때 결측치(NA 또는 NaN)는 임의로 0으로 변환하지 않는다.
- 결측치는 제거하거나 별도로 처리한 후 계산해야 하며, 무조건 0으로 대체하는 것은 왜곡된 결과를 초래할 수 있다.

256 정답 ④
- 회귀분석 결과에서 절편(Intercept)은 96.04, 기울기 계수(Weight)는 1.97이므로,
- 회귀식은 다음과 같이 나타낼 수 있습니다:
- Cholesterol = 96.04 + 1.97 × Weight
- 기울기(Slope) 1.97은 체중(Weight)이 1단위 증가할 때마다 콜레스테롤 수치(Cholesterol)가 평균적으로 1.97만큼 증가함을 의미한다.

257 정답 ③
- 총제곱합(SST) = SSR+SSE = 300+200 = 500
- 결정계수 = $\frac{SSR}{SST} = \frac{300}{500} = 0.60$
- 결정계수는 회귀 모형이 종속변수 변동을 설명하는 비율을 의미하며, 값이 1에 가까울수록 설명력이 높음을 의미한다.

258 정답 ③
- 적합도 검정은 관찰 도수가 특정 이론적 분포(예: 균등분포, 이항분포 등)에 잘 부합하는지를 검정하는 것으로, "분산"을 비교하는 것이 아니라 관찰도수와 기대도수의 차이(편차)를 바탕으로 검정 통계량을 산출한다.

259 정답 ①
- ② 전진 선택법은 아무 변수도 없는 상태에서 시작하여, 유의한 변수를 하나씩 추가해 나가는 방식이다.
- ③ 단계별 선택법은 전진 선택과 후진 제거를 동시에 고려하여 변수의 추가와 제거를 반복하는 방식이다.
- ④ 상관계수가 큰 변수만 선택하는 방법은 변수 선택 기준으로 활용될 수 있지만, 회귀 모형 탐색 기법의 명칭은 아니다.

260 정답 ①
- ① "Proportion of Variance" 항목에 따르면, PC1은 전체 분산의 52%를 설명하며 주성분 중 가장 큰 비중을 차지하므로 옳은 해석이다.
- ② 주성분은 데이터의 분산을 최대한 보존하는 축이나, 모든 변수 간의 상관관계까지 정확히 보존하는 것은 아니다.
- ③ 고윳값은 "Standard deviation"의 제곱으로 계산되며, 0.52는 설명된 분산의 비율이지 고윳값이 아니다.
- ④ 누적 설명력(Cumulative Proportion)에서 PC1 + PC2 = 0.52 + 0.26 = 0.78, 즉 78% 설명되므로 62%라는 수치는 틀림

261 정답 ③
- Javelin 변수는 PC1에서 0.312, PC2에서 0.401의 로딩값을 가지며 다소 높은 기여를 하고 있지만, 가장 큰 영향력을 가진 변수는 아니다.
- 예를 들어, PC1에서는 X100m(-0.354), Long.jump(0.321) 등이 더 큰 절댓값을 가지고 있다.
- 따라서 "Javelin 변수가 가장 큰 영향력을 가진다"라는 표현은 잘못된 해석이다.

262 정답 ④
- 제1사분위수(Q1)가 0이라는 것은 전체 관측값의 25%가 0 이하임을 의미한다. 따라서 "최소 25%는 0보다 큰 값이다"라는 설명은 잘못되었으며, 올바른 해석은 "최대 25%는 0 이하일 수 있다"이다.

263 정답 ②
- 상관계수가 −1이라는 것은 완벽한 음의 선형 상관관계를 의미한다.
- 즉, 한 변수가 증가할 때 다른 변수는 일정하게 감소하는 강한 선형 관계가 존재하는 것이다. 따라서 "상관관계가 없다"라는 설명은 부정확한 표현이다.

264 정답 ④
- 상관분석은 변수 간의 관계 정도와 방향을 파악하는 기법이지, 예측 모델링이 아니다.
- 예측은 회귀분석(Regression Analysis)에서 수행한다.

265 정답 ②
- ① balance와 income의 상관계수는 0.23으로, 약한 양의 상관관계이며 "강한"은 부적절한 표현이다.
- ② income과 student의 상관계수는 −0.80으로 매우 강한 음의 상관관계이다.
- ③ balance와 default의 상관계수는 0.56으로 양의 상관관계이다.
- ④ default와 student의 상관계수는 0.41로, 중간 정도의 양의 상관관계가 있다. "상관성이 없다"라는 표현은 부적절하다.

266 정답 ①
- 상관계수 = 0.8 → 양의 방향의 강한 상관관계를 가진다.
- p-value = 0.02 < α = 0.05 → 귀무가설(상관없음)을 기각할 수 있다.
- 따라서 "양의 상관관계이며 통계적으로 유의하다"가 올바른 해석이다.

267 정답 ④
- ① 교육수준(Education)의 회귀계수는 -0.8624로 음수이며, 유의확률도 매우 작아 유의하므로 교육수준이 높을수록 출산율(Fertility)이 낮아지는 경향이 있음
- ② F-통계량은 35.41, p-value가 3.66e-07로 유의수준 0.05보다 훨씬 작기 때문에 회귀모형은 통계적으로 유의함
- ③ R-squared는 0.646, Adjusted R-squared는 0.639로, 모형의 설명력은 자유도 보정을 포함해도 여전히 높다고 평가할 수 있음
- ④ 회귀분석 결과는 변수 간 선형적 관계를 보여줄 뿐, 인과 관계를 증명하지는 않는다.
- 회귀분석만으로 "Education이 Fertility의 원인이다"라고 단정할 수 없다.

268 정답 ②
- 회귀분석에서 정규성을 가정하는 대상은 종속변수(y)가 아니라 오차항(잔차)이다.

269 정답 ①
- 주성분 분석(PCA)을 통한 차원 축소(주성분 회귀, PCR)는 다중 공선성 문제를 해결하는 대표적 방법 중 하나이다.

270 정답 ③
- 검정력(Power)은 실제로 대립가설이 참일 때, 통계적으로 귀무가설을 올바르게 기각할 확률을 의미

271 정답 ③
- 유의수준(α)은 제1종 오류를 허용하는 최대 확률입니다.
  → 유의수준을 크게 하면 제1종 오류 발생 가능성도 커지므로,
  → 제1종 오류를 줄이려면 유의수준을 작게 설정해야 한다.
- 따라서 "크게 할 필요가 있다"라는 설명은 틀린 문장이다.
- ② 가설검정에서 발생하는 오류는 유의수준과 관계가 있다.
  → 정답 해설: 맞는 설명입니다. 유의수준(α) 자체가 제1종 오류를 허용하는 최대 확률이므로, 오류 발생과 밀접한 관련이 있다.
- ④ 제1종 오류와 제2종 오류는 일반적으로 반비례 관계에 있다.
  → 정답 해설: 맞는 설명이다.
- 일반적으로 유의수준(α)을 줄이면 → 제1종 오류 감소, 하지만 검정력($1-\beta$)은 떨어질 수 있어 → 제2종 오류가 증가할 수 있다. 즉, 두 오류는 서로 반비례적인 관계를 가지는 경향이 있다.

272 정답 ④
- 회귀분석에서는 오차항의 분산이 모든 관측치에 대해 동일(등분산)해야 한다는 등분산성 가정을 전제로 한다.
- 오차의 분산이 다르면 이분산성(heteroscedasticity) 문제가 발생하며, 이는 회귀계수의 신뢰성 및 추론에 부정적인 영향을 미친다.

273 정답 ③
- ③ 틀림 : 실제로는 비모수 검정이 계산적으로 더 단순한 경우가 많다.
  예: 윌콕슨 순위합 검정, 부호 검정 등은 복잡한 분포 가정 없이 간단한 연산으로 수행 가능

274 정답 ②
- ① Z-검정: 모집단의 분산을 알고 있을 때, 평균 간 차이를 비교하기 위해 사용된다. 범주형 빈도 분석과는 관련 없음.
- ② 카이제곱 검정(Chi-Square Test) : 관찰 빈도와 기대 빈도 간의 차이가 통계적으로 유의한지를 판단하는 데 사용되는 대표적인 범주형 데이터 분석 방법이다. 예: 독립성 검정, 적합도 검정 등.
- ③ 분산분석(ANOVA): 세 개 이상의 집단 간 평균 차이를 검정할 때 사용하는 방법으로, 연속형 변수의 평균 비교에 사용된다.
- ④ F-검정: 두 집단의 분산을 비교하는 데 사용되는 검정이며, 빈도 비교 목적에는 부적절하다.

275 정답 ②
- 독립성 검정은 두 요인이 서로 연관이 있는지를 검정하는 것이 맞지만, "반드시 2개의 범주가 필요하다"라는 조건은 틀렸다. 독립성 검정은 2×2 분할표뿐만 아니라 더 많은 범주(예: 3×4 분할표)에도 적용할 수 있다.
- ④ 샤피로-윌크 검정(Shapiro-Wilk test)은 표본이 정규분포로부터 추출된 것인지를 확인하기 위한 검정 방법으로, R의 shapiro.test() 함수를 사용하며, 이때 귀무가설은 "주어진 표본이 정규분포를 따른다"로 설정한다.

276 정답 ①
- ① 라쏘 회귀 (LASSO, Least Absolute Shrinkage and Selection Operator):L1 정규화 기법을 사용하여 가중치의 절댓값의 합을 최소화한다.
- 불필요한 변수의 계수를 0으로 만들어 변수 선택(Feature Selection) 효과까지 있다.

277 정답 ④
- ① 틀림: PCA는 고차원 자료를 저차원 공간으로 변환하는 차원 축소(dimensionality reduction) 기법이다.
  → 설명이 반대임
- ② 틀림: 차원 축소에서는 고윳값이 큰 순서대로 정렬하여, 큰 고윳값을 가지는 주성분만을 선택해 데이터의 주요 특성을 보존한다.
- ③ 틀림: PCA로 도출된 주성분은 원래 변수들의 선형 결합이므로 해석이 직관적이지 않을 수 있다. 해석은 통계적 전문성이 요구되며, 단순하지 않다.
- ④ 옳음 : PCA의 주성분은 서로 직교(선형 독립)하며, 기존 변수들의 선형 결합으로 구성된다.
  → 주성분 중 일부만 선택해도 자료 대부분의 분산(정보)을 유지하면서 차원을 축소할 수 있다.

278 정답 ①
- 정상 시계열의 특징은 시점에 관계없이 평균과 분산이 일정하다.

279 정답 ③
- 현시점의 자료를 과거 관측자료와 과거 시점 백색잡음의 선형 결합으로 표현한다.
- ARMA 모형은 AR 부분(과거 관측자료)과 MA 부분(과거 백색잡음)을 모두 포함하여 현재 시점의 데이터를 설명한다.
- 자기회귀(AR)와 이동평균(MA) 성분을 모두 포함한다.
- ARMA는 AR과 MA의 결합으로, 두 성분을 모두 활용하는 것이 핵심 특성입니다.
- 모형의 차수는 AR 부분과 MA 부분의 차수로 정의된다.
- ARMA(p, q) 모형은 AR 차수 (p)와 MA 차수 (q)로 정의된다.

280 정답 ③
- 지지도(Support)는 전체 거래 중 우유와 커피가 모두 포함된 거래 비율을 의미한다.
- $\dfrac{\text{우유} \cap \text{커피 거래수}}{\text{전체 거래수}} = \dfrac{100}{300} = 0.3$

281 정답 ②
- Accuracy(정확도) 전체 관측치 중에서 예측이 실제와 정확히 일치한 비율을 의미한다.

282 정답 ④
- 기술(Descriptive) 기능은 데이터마이닝에서 설명(explanation) 또는 특성 파악을 위한 접근이다.

283 정답 ①
- 데이터 마이닝의 올바른 수행 순서는 목적 정의 → 데이터 준비 → 데이터 가공 → 데이터 마이닝 기법 적용 → 검증이다.

284 정답 ①
- 맨해튼 거리는 두 점 간의 수직 거리와 수평 거리의 합으로 계산한다.
- |4−5| + |3−2| = 2

285 정답 ①
$$Gini = 1 - \left(\dfrac{2}{5}\right)^2 - \left(\dfrac{3}{5}\right)^2 = \dfrac{12}{25}$$

286 정답 ①
- K-폴드 교차검증(K-fold cross-validation)은 데이터를 K개의 폴드로 나눈 후, 한 폴드를 검증 데이터로, 나머지를 학습 데이터로 사용하여 K번 반복 평가하는 기법이다.
- 모델의 과적합을 방지하고 일반화 성능을 신뢰성 있게 측정할 수 있다.

287 정답 ④
- 시그모이드: 출력값을 0~1로 압축하는 활성화 함수로, 로지스틱 회귀나 인공신경망에서 사용되며 앙상블 기법은 아니다.

288 정답 ②
- 소프트맥스는 분류 모델의 출력값(로짓)을 확률분포로 변환하는 함수이다.
- 다중 클래스 로지스틱 회귀나 신경망의 마지막 단계에서 소프트맥스를 적용하면, 각 클래스에 속할 확률(사후확률 추정치)을 얻을 수 있다.

289 정답 ①
- ① 부스팅은 이전 모델의 오차를 보완하기 위해 약한 학습기를 순차적으로 학습시키는 앙상블 기법이다.
- ② 오답: 이는 배깅(Bagging) 방식의 설명이다.
- ③ 오답: 분산 감소를 강조하는 것은 배깅이며, 부스팅은 편향(bias) 감소에 더 효과적이다.
- ④ 오답: 부스팅은 오분류된 데이터에 더 큰 가중치를 부여하여 다음 학습기가 이를 더 잘 학습하도록 유도한다.

290 정답 ③
- K-평균 군집(K-Means Clustering)은 비계층적(Non-hierarchical) 군집화 방법이다.

291 정답 ①
- 연관분석(Association Analysis)은 대표적으로 장바구니 분석(Market Basket Analysis)에 사용되며, 고객의 구매 이력에서 함께 자주 구매되는 항목 간의 규칙(association rule)을 추출하는데 활용된다.

292 정답 ①
- 특이도(Specificity)는 실제 Negative 중에서 Negative로 정확히 예측한 비율이다.
- Specificity = $\dfrac{TN}{TN+FP} = \dfrac{40}{40+60} = 0.4$

293 정답 ③
- 덴드로그램에서 height = 10에서 선을 수평으로 그었을 때 그 선을 가로지르는 가지(선)의 개수가 군집의 수가 된다.

294 정답 ③
- 로지스틱 회귀에서 회귀계수 β는 오즈에 대한 로그 변환(log odds)의 변화량을 의미하며, exp(β)는 x가 한 단위 증가할 때 오즈가 몇 배 증가하는지를 나타낸다.

295 정답 ②
- Apriori 알고리즘은 연관규칙 분석에서 가장 널리 사용되는 기법으로, 지지도(Support), 신뢰도(Confidence), 향상도(Lift)와 같은 지표를 활용하여 빈발 아이템 집합을 찾아낸다.
- 빈발 아이템셋이란 데이터 내에서 자주 함께 등장하는 항목들의 조합을 의미하며, 이를 기반으로 'A를 구매한 고객은 B도 구매할 가능성이 높다'와 같은 유용한 규칙을 도출할 수 있다.

296 정답 ①
- 로그-가능도(log-likelihood) 값이 반복 2회 만에 변화 없이 안정화되었다면, 모델이 수렴한 것으로 판단할 수 있다.
- 더 이상 파라미터 업데이트에 큰 변화가 없고, 추가 반복해도 개선 효과가 거의 없음을 의미한다.

297 정답 ①
- 연결 가중치 수(바이어스 제외)는 각 인접 층 간 노드 수의 곱을 합한 값이다.
- 입력층 → 은닉층 가중치 수: 20×50 = 1000
- 은닉층 → 출력층 가중치 수: 50×3 = 150
- 따라서 전체 가중치 수는: 1000+150 = 1150

298 정답 ①
- 신뢰도는 '빵을 구매한 고객 중 우유도 함께 구매한 비율'을 의미한다.

299 정답 ②
$$\dfrac{\text{콜라와 맥주를 포함하는 거래수}}{\text{콜라를 포함한 거래수} \times \text{맥주를 포함한 거래수}}$$
- 콜라, 맥주 포함하는 거래수 = 3 / 6
- 콜라를 포함한 거래수 = 4 / 6
- 맥주를 포함한 거래수 = 3 / 6

300 정답 ①
- 유클리드 거리는 두 점 사이의 직선거리를 의미하며, 좌표 간 차이를 각각 제곱하여 더한 뒤 제곱근을 취하는 방식으로 계산된다. 이 문제에서는 각 좌표 차가 5이므로 $\sqrt{5^2+5^2} = \sqrt{50}$ 이 된다.

301 정답 ②
- 시그모이드 활성 함수는 입력값을 0과 1 사이의 값으로 변환하는 비선형 함수로, 다음과 같은 수식으로 정의된다:
$$z = \frac{1}{1+\exp(-z)}$$
- 함수에서 사용되는 z는 인공신경망의 한 뉴런에 들어가는 입력의 선형 결합 값을 의미한다.

302 정답 ①
- 엘보우 기법 (Elbow Method):
- 비계층적 군집분석(K-means)에서 군집 수 k를 정할 때 가장 널리 사용하는 방법 중 하나이다.
- 군집의 개수를 늘려가며 군집 내 제곱합(WCSS, within-cluster sum of squares)을 계산하고,
- WCSS가 급격히 감소하다가 점차 완만해지는 지점, 즉 팔꿈치(Elbow) 형태가 나타나는 지점을 기준으로 최적의 k를 선택한다.

303 정답 ①
- 가장 짧은 거리 → (d, e) 병합
- 다음 짧은 거리 → (a, b) 병합
- c는 a/b/d/e와의 거리 모두 비교적 멀기 때문에 단독 군집으로 남음
  → 결과적으로 (a, b), (d, e), (c)의 3개 군집 형성이 된다.

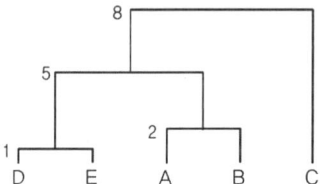

304 정답 ②
- 과대적합된 모델은 훈련 데이터에 너무 민감하게 반응하기 때문에, 테스트 데이터의 작은 변화에도 성능이 크게 흔들릴 수 있다.

305 정답 ①
- 관측치 간 유사성을 찾는 것은 KNN이나 군집분석과 같은 비지도 학습(Unsupervised Learning) 기법의 특징이다.
- 로지스틱 회귀는 지도학습(Supervised Learning)으로, 범주형 종속변수의 확률을 예측하는 데 사용된다.

306 정답 ①
- 정분류율(Accuracy)는 전체 데이터 중에서 정확히 분류된 비율을 의미한다.

307 정답 ②
- 랜덤 포레스트는 배깅을 기반으로 하되, 각 트리를 학습할 때 무작위로 선택된 일부 변수들만 사용함으로써 분산을 줄이고 일반화 성능을 향상시키는 대표적인 앙상블 기법이다.

308 정답 ④
- 코사인 유사도는 두 벡터가 이루는 각도의 코사인값을 이용하여 유사도를 측정한다.
- 벡터 A와 B의 방향이 같을수록 코사인값은 1에 가까워지고, 방향이 정반대이면 −1, 직각이면 0에 가까워진다.
- 특히 텍스트 데이터(문서 간 유사도) 비교에서 자주 사용된다.

309 정답 ④
- SOM(Self-Organizing Map)은 인공신경망 기반의 비지도 학습 기법으로, 고차원 데이터를 2차원 또는 3차원 공간에 시각적으로 표현하여 유사한 데이터는 인접한 뉴런으로 사상(mapping)되도록 학습한다.
- 따라서 SOM은 고차원 공간을 이해하기 쉬운 저차원 구조로 변환하는 데 유용하며, 특히 군집 경향과 데이터 간 관계 구조를 시각적으로 탐색하는 데 효과적이다.
- 주로 고객 세분화, 패턴 인식, 텍스트 마이닝 등에서 사용된다.

310 정답 ①
- TP = 40, FP = 60, FN = 60
- Precision (정밀도) = TP / (TP + FP) = 40 / (40 + 60) = 0.4
- Recall (재현율) = TP / (TP + FN) = 40 / (40 + 60) = 0.4
- F1 Score = 2 × (Precision × Recall) / (Precision + Recall)
  = 2 × (0.4 × 0.4) / (0.4 + 0.4) = 0.32 / 0.8 = 0.40

311 정답 ③
- 와드 연결법(Ward's method)은 군집 간 거리보다는, 군집 내의 오차 제곱합(ESS)이 증가하는 정도를 기준으로 두 군집을 병합하는 방식이다.

312 정답 ①
- 부스팅(Boosting)은 이전 모델이 잘못 분류한 샘플에 더 높은 가중치를 부여해 다음 모델이 이를 더 잘 학습하도록 유도한다.
- 반면, 배깅(Bagging)은 모든 데이터에 동일한 확률로 복원추출을 수행한다.

313 정답 ③
- 지니 지수(Gini Index)는 의사결정나무에서 불순도(impurity)를 측정하는 대표적인 기준이다.
- 지니 지수가 낮을수록 데이터가 한 집단에 더 잘 속해 있음을 의미한다.
- 따라서, 자식 노드를 만들 때는 지니 지수가 가장 작아지는 방향으로 분리를 수행한다.
- 카이제곱 통계량의 p값이 작다는 의미는?
- 예측 변수(X)와 목표변수(Y)가 통계적으로 강한 연관성을 가진다는 의미이다.
- 즉, 그 변수로 분할했을 때 목표변수의 분포가 달라진다는 것을 말하고, 불순도(혼합 상태)를 효과적으로 줄일 수 있다는 것과 같다.
- "분산이 최대로 감소한다"라는 것은, 데이터를 분할했을 때 자식 노드들의 Y값이 더 균일해져서 예측의 정확성이 높아지는 것을 의미한다.

314 정답 ①
- 활성화 함수(Activation Function)는 인공신경망에서 뉴런에 입력된 신호의 총합(가중합)을 비선형적인 출력신호로 변환하는 함수이다.
- 이를 통해 신경망은 단순 선형 문제뿐만 아니라 복잡한 비선형 문제도 학습할 수 있다.

315 정답 ③
- 혼합분포 군집에서 사용되는 모수 추정 알고리즘은 EM 알고리즘이며, 이는 반복적으로 기댓값을 계산하고 가능도를 최대화하는 방식으로 작동한다.

316 정답 ①
- 오분류 수 (잘못 예측된 건수) = FP + FN = 4 + 20 = 24건
- 전체 샘플 수 = 40 + 20 + 4 + 86 = 150건
- 오분류율(Error Rate) = 오분류 수 ÷ 전체 샘플 수
  = 24 ÷ 150 = 0.16 (16%)

317 정답 ②
- 소프트맥스 함수는 주로 다중 클래스 분류 문제에서 출력층에 사용되며, 각 클래스에 대한 확률값을 출력해 총합이 1이 되도록 정규화한다.

318 정답 ②
- 로지스틱 회귀에서는 종속변수의 확률값을 예측하기 위해, 확률 p를 로그 오즈(log odds)로 변환하는 로짓 함수를 사용한다.

319 정답 ③
- 모형 기반 군집은 데이터가 여러 개의 정규분포(또는 다른 분포)의 혼합으로 구성된다고 가정하며, 각 분포는 하나의 군집을 나타낸다.
- BIC 값이 최대가 되는 군집 수는 데이터의 구조를 가장 효과적으로 설명하면서도, 불필요한 복잡성을 최소화한 최적의 모델을 의미하므로, 군집분석에서는 해당 지점을 최적의 K로 결정한다.

320 정답 ①
- 모델링의 목적에 맞게 데이터를 변환하고, 변수 형식을 맞추는 과정은 데이터 준비가 아닌 데이터 가공(Transformation) 단계에 해당한다.

321 정답 ①
- 연관규칙 학습(Association Rule Learning)은 고객의 구매 패턴을 분석하여 어떤 상품이 함께 자주 구매되는지를 파악하는 데 유용하다.

322 정답 ③
- 은닉층의 개수와 각 층의 뉴런 수는 신경망이 자동으로 정하는 값이 아니라, 사용자가 직접 설정해야 하는 하이퍼파라미터이다.

323 정답 ①
- 부스팅, 배깅, 랜덤 포레스트는 모두 앙상블 기법으로서 과대적합을 완화할 수 있지만, 단일 결정나무 모델의 과대적합 방지라는 문항의 취지에는 가지치기가 가장 직접적인 해법이다.

324 정답 ②
- K-means 알고리즘은 군집 중심(centroid)을 반복적으로 갱신하면서, 개체들을 가장 가까운 군집으로 재배정하는 방식이다.

325 정답 ①
- 군집분석은 비지도 학습이므로 지도학습의 평가지표(정확도, 재현율, AUC 등)는 사용할 수 없으며, 응집도, 분리도, 실루엣 계수 등을 활용해 안정성을 평가한다.

326 정답 ①
- Apriori 알고리즘의 단점은 모든 후보 빈발 항목 집합을 생성하는 과정에서 계산량이 많고 속도가 느리다는 문제가 발생한다.
- 반면, FP-Growth(Frequent Pattern Growth)는 후보 항목 집합을 생성하지 않고, 트리 구조(FP-Tree)를 활용하여 보다 효율적으로 빈발 패턴을 탐색하는 방식이다.

327 정답 ①
- 밀도 기반 군집(예: DBSCAN)은 군집의 형태가 원형이 아니더라도, 데이터 밀도를 기준으로 임의의 모양을 가진 군집을 탐색할 수 있는 장점이 있다.

328 정답 ①
- 향상도(Lift)는 두 항목 간의 실제 동시 발생 확률이 각 항목의 개별 발생 확률을 곱한 값(독립일 때 기댓값)보다 얼마나 높은지를 측정한다.
- 향상도 > 1: 두 항목은 양의 상관관계, 예측력 ↑
- 향상도 = 1: 두 항목은 독립 관계
- 향상도 < 1: 두 항목은 음의 상관관계
- 따라서 향상도가 1보다 크면 해당 연관 규칙은 유의미하고 예측에 유용하다.

329 정답 ①
- 군집분석(Clustering)은 비지도학습 기법으로, 이질적인 전체 모집단을 동질적인 소집단(군집)으로 분할하는 데 사용된다.

330 정답 ③
- 의사결정나무는 데이터의 분포에 대한 가정을 하지 않기 때문에 비모수(non-parametric) 모형이다.
- 이는 선형회귀와 달리 선형성, 정규성, 등분산성 등의 전제 조건이 없어 복잡한 분포나 비선형관계도 처리 가능하다는 장점이 있다.

331 정답 ③
- 의사결정나무에서 정지 규칙(Stopping rule)은 트리의 과도한 분기(Overfitting)를 방지하기 위해 설정되는 조건이다.
- 이러한 정지 규칙은 모델의 복잡도를 억제하고 일반화 성능을 향상해 과대 적합(overfitting)을 효과적으로 방지하는 데 기여한다.

332 정답 ①
- 실루엣 계수(Silhouette Coefficient)는 각 데이터 포인트가 자신이 속한 군집 내에서는 얼마나 가까이 모여 있는지(응집도)와, 다른 군집과는 얼마나 멀리 떨어져 있는지(분리도)를 종합적으로 평가하는 군집화 타당성 지표이다.
- 값은 −1에서 1 사이이며, 1에 가까울수록 잘 분리된 군집 구조임을 나타낸다.

333 정답 ④
- 로지스틱 회귀분석에서는 일반 선형회귀와 달리 F-검정이나 t-검정을 사용하지 않는다. 대신 Wald 검정, 가능도비 검정(Likelihood Ratio Test), 점수 검정(Score Test) 등을 통해 회귀계수의 유의성을 판단한다.
- 이는 로지스틱 회귀가 최대우도법(MLE)으로 모수를 추정하며, 오차항이 정규분포를 따르지 않기 때문이다.
- 이러한 유의성 검정에서 산출되는 검정통계량은 카이제곱 분포를 따른다.

334 정답 ②
- 시그모이드(Sigmoid) 함수의 범위는 모든 실수 x를 0과 1 사이의 값으로 변환

335 정답 ③
- glm(...,family=binomial())을 사용했으므로 로지스틱 회귀분석이며, 종속변수 default는 부도 여부(Yes/No)를 나타낸다.
- balance의 추정 계수(Estimate)는 5.647e-03 > 0이므로 balance가 증가할수록 부도 확률이 증가한다.
- income의 추정 계수(Estimate)는 2.081e-05 > 0이며, p-value가 2.99e-05로 유의수준 0.05보다 작아 통계적으로 유의하다. 계수가 양수이므로 income이 증가할수록 부도 확률이 증가하며, 보기의 "감소"라는 설명은 잘못되었다.
- Null deviance는 설명변수가 없는(절편만 있는) 모델의 적합도를 나타낸다. 이때 자유도(df)는 n − 1이 된다. n은 표본 개수이며 1은 절편(Intercept) 하나를 추정했기 때문에 잃은 자유도이다.

336 정답 ②
- 지니 지수는 값이 작을수록 노드의 순도가 높아진다. 따라서 분할 시, 지니 지수가 더 작아지는 방향으로 진행하는 것이 바람직하다.

337 정답 ④
- 회귀 나무(Regression Tree)는 목표변수가 연속형일 때 사용하는 결정 나무이다.
- 이 경우 분할의 기준은 노드 내 분산(Variance)이 얼마나 줄어드는지를 기준으로 하며, 이를 분산 감소량(Reduction in Variance)이라고 한다.
- F-통계량의 p-값은 그룹 간 평균의 차이가 통계적으로 유의한지를 나타낸다.
- p-값이 작다는 것은 해당 분할에서 자식 노드 간의 평균 차이가 크고, 즉 분할이 효과적임을 의미한다.

338 정답 ③
- ROC 곡선은 x축에 1-특이도(FPR), y축에 참 긍정률(TPR)을 표시하여 두 지표의 관계를 통해 모형의 분류 성능을 평가한다.
- ROC 곡선은 분류기의 임계값(threshold)을 조정하면서 TPR (참 긍정률)과 FPR (거짓 긍정률)의 변화를 관찰하는 그래프이다.
- 임계값을 낮추면 더 많은 사례를 "양성"으로 분류하게 되어, TPR과 FPR 모두 증가한다. 반대로 임계값을 높이면 둘 다 감소하는 경향이 있다.
- 따라서 TPR과 FPR은 함께 증가하거나 함께 감소할 수 있는 관계이며, 반비례 관계가 아니다.

339 정답 ①
- 은닉층의 노드 수가 지나치게 적을 경우, 모델은 데이터의 복잡한 패턴을 충분히 학습하지 못해 비선형 경계나 입출력 간의 관계를 정확히 모델링하지 못한다. 이는 곧 과소적합(underfitting)으로 이어질 수 있다.

340 정답 ③
- KNN은 명확한 분류 기준(거리 기반)에 따라 작동하므로, "기준이 명확하지 않으면 사용이 어렵다"라는 표현은 KNN 알고리즘의 성격을 잘못 설명한 것이다.

341 정답 ②
- 검증 데이터(Validation Data)는 모델이 학습 데이터에 과적합 되지 않게 하려고 사용된다.
- 주로 하이퍼파라미터 조정 또는 모델 선택 등의 과정에서 활용된다.

342 정답 ②
- Bagging(Bootstrap Aggregating)
- 데이터 세트에서 복원추출(with replacement) 방식으로 여러 개의 샘플을 생성
- 각 샘플로 모델을 독립적으로 학습
- 최종 결과는 다수결(voting) 또는 평균(회귀의 경우)으로 결정한다.

343 정답 ①
- 단일 연결법(Single Linkage)은 계층적 군집 분석에서 군집 간 거리 계산 방식 중 하나이다.
- 두 군집 간 가장 가까운 두 점(각 군집에서 하나씩 선택한 관측치 간 거리)의 최소 거리를 기준으로 군집을 병합한다.
- 이 방식은 고립된 군집이나 긴 형태의 군집(Chain Effect)을 식별하는 데 유리하지만, 군집의 모양이 불규칙하게 확장될 수 있다.

344 정답 ③
- ① 맨하튼거리, ② 유클리드거리, ④ 캔버라거리

345 정답 ②
- 마할라노비스 거리는 단순한 거리 계산 방식(예: 유클리드, 맨해튼)과는 달리 변수의 분산과 공분산(상관관계)를 함께 고려한다.
- 특히 데이터가 다른 단위, 또는 상관성이 있는 경우에 특히 유용하다.

346 정답 ②
- 앙상블 모형에서는 각 모델(개별 예측기) 간의 오차가 서로 독립적이거나 상호 보완적일수록 예측 정확도가 높아진다.
- 즉, 상호 연관성이 낮아야 각각의 약점을 보완할 수 있기 때문에 정확도가 더 높아진다.

347 정답 ①
- 지지도(Support)는 전체 거래 중에서 품목 A와 품목 B가 함께 포함된 거래의 비율을 의미한다.

348 정답 ②
- MDS(다차원척도법)는 객체 간 유사도(또는 거리) 정보를 기반으로 고차원 데이터를 2차원 또는 3차원 공간에 배치해 시각화하는 기법이다.
- 영화 데이터에서 장르, 출연 배우, 평점, 관객 반응 등 다양한 속성을 활용해 영화 간 거리를 계산하면, MDS를 통해 유사한 영화들이 가깝게 배치된 시각화를 얻을 수 있다.

349 정답 ② 경쟁층(Competitive layer)
- SOM(Self-Organizing Map)은 비지도 학습 기반의 신경망으로, 데이터의 차원 축소 및 군집화에 주로 사용됩니다. 구조적으로는 두 개의 층으로 구성된다.
- 입력층(Input Layer): 원래의 고차원 데이터를 받는 층이다.
- 경쟁층(Competitive Layer): 입력벡터에 가장 적합한 뉴런(BMU: Best Matching Unit)을 선택하고, 주변 뉴런들과 함께 가중치를 갱신하는 층이다.
- 이 층에서 입력 벡터가 한 점으로 클러스터링 되는 현상이 발생한다.

350 정답 ③
- 앙상블(Ensemble)은 여러 개별 모델(예: 의사결정나무, 회귀 모델 등)을 조합하여 단일 모델보다 더 높은 예측 성능과 일반화 성능을 얻는 기법입니다. 대표적인 방법으로는 배깅, 부스팅, 스태킹 등이 있다.

351 정답 ③
- 조건 1: 민감도(Sensitivity) = 0.8, 실제값이 TRUE인 경우 TP + FN = 100
- 민감도 공식: Sensitivity = TP / (TP + FN) = 0.8
- 이를 이용해 TP를 계산:
- TP/(TP+FN) = 0.8
- TP/100 = 0.8
- TP = 0.8×100 = 80
- FN 계산
- TP+FN = 100 ⇒ FN = 100 − TP = 100 − 80 = 20
- 결과: TP = 80, FN = 20
- 조건 2: 예측값이 TRUE인 경우 TP + FP = 100
- 예측값이 TRUE인 경우: TP + FP = 100
- TP = 80을 대입:, 결과 FP = 20
- 정확도 공식: Precision = TP / (TP + FP) = 80/100 = 0.8

352 정답 ④
- 모형의 유연성이 높아질수록 데이터에 과하게 적합(overfitting) 가능성이 높아져 분산(Variance)은 높아진다.
- 반면에 모델이 데이터에 더 잘 적응하므로 편향(Bias)은 낮아진다.
- Bias-Variance Tradeoff 의미
- 모델의 성능을 향상시키기 위해 편향과 분산 사이의 균형을 고려해야 한다는 개념이다.
- 단순한 모델: Bias ↑, Variance ↓ → 과소적합 위험
- 복잡한 모델: Bias ↓, Variance ↑ → 과대적합 위험

353 정답 ①
- K-평균(K-means) 알고리즘은 군집 중심을 평균(centroid)으로 계산하므로 이상값에 매우 민감하다.
- 이를 보완하기 위해 중심을 실제 데이터 중 하나인 medoid로 선택하는 K-medoids 알고리즘이 고안되었다.

354 정답 ①
- MAPE(Mean Absolute Percentage Error)는 예측 오차의 절대 백분율 평균으로, 다음과 같이 계산된다.
- A_t: 시점 t에서의 실제값(Actual value)
- F_t: 시점 t에서의 예측값(Forecast value)
- MAPE $= \frac{1}{n} \left| \frac{A_t - F_t}{A_t} \right| \times 100 = \frac{1}{3}(0.1 + 0.1 + 0.1) \times 100 = 0.1 \times 100 = 10\%$

355 정답 ②
- 연관 규칙 커피 → 우유의 향상도(Lift)는 다음과 같이 계산된다.
- Lift(커피 → 우유) = 지지도(커피, 우유)/P(커피)×P(우유)
- 전체 거래 건수(N) = 400
- 지지도(커피, 우유) = 100/400 = 0.25
- 커피 확률: 200/400 = 0.5
- 우유 확률: 100/400 = 0.25
- 향상도(Lift) = 0.25/0.5×0.25 = 2

356 정답 ①
- 지지도 (Support): 전체 거래 중에서 특정 항목 집합(A, B 등)이 동시에 포함된 비율을 의미한다.

357 정답 ③
- 의사결정나무, 인공신경망, 앙상블 모형은 모두 지도학습(Supervised Learning) 기법이다. 이들은 정답(레이블)이 있는 데이터를 기반으로 학습하여 예측 모델을 생성한다.
- 반면, SOM(Self-Organizing Map)은 비지도 학습(Unsupervised Learning) 기법으로, 입력 데이터 간의 유사성을 기반으로 클러스터링을 수행하고 시각화하는 데 사용된다.

358 정답 ①
- 연관성 분석은 주로 장바구니 분석(Market Basket Analysis)에 사용되며, 항목 간의 동시 발생 확률을 바탕으로 지지도, 신뢰도, 향상도 등의 지표로 규칙을 생성한다.

359 정답 ②
- 나이브 베이즈는 베이즈 정리(Bayes' Theorem)를 바탕으로 한 통계적 분류 기법으로, 변수 간의 독립성을 가정한다.
- 계산 속도가 빠르고 적은 데이터로도 효율적인 분류가 가능하여 텍스트 분류, 이메일 스팸 필터링, 감성 분석 등에 널리 사용된다.

360 정답 ③
- 단일연결법(Single Linkage Method) 또는 최단 연결법(Shortest Linkage)은 두 군집 간의 가장 가까운 데이터 포인트 사이의 거리를 군집 간 거리로 정의한다.
- 이 방식은 군집 간 연결을 느슨하게 유지하므로 긴 형태의 군집이 생성되기도 하며, 노이즈나 이상치에 덜 민감한 특성을 갖는다.

361 정답 ④
- 어간 추출(Stemming)은 단어에서 접사(suffix/prefix) 등을 제거하여 단어의 어간(stem)만 남기는 기법이다.

362 정답 ①
- Precision (정밀도): 모델이 TRUE(Positive)라고 예측한 것 중 실제로 TRUE인 비율이다.

363 정답 ③
- 군집분석(Clustering)은 비지도 학습(Unsupervised Learning)의 대표적인 기법으로, 이질적인 모집단을 관측값 간의 유사성 또는 거리 기반으로 나누어 동질적인 집단(Cluster)으로 세분화하는 데 목적이 있다.

364 정답 ②
- 혼합분포 군집(Mixture Model Clustering)은 모형기반(Model-Based Clustering)의 대표적인 기법이다.
- 데이터를 복수의 확률분포(예: 다변량 정규분포)의 가중합으로 모델링하며, 각 군집은 하나의 분포에 해당한다고 가정한다.
- EM 알고리즘(Expectation-Maximization)을 사용하여 각 분포의 모수(평균, 공분산 등)와 가중치(혼합비율)를 반복적으로 추정한다.

365 정답 ②
- 민감도(Sensitivity)는 실제 양성(Positive)인 사례 중에서 모델이 정확하게 양성으로 예측한 비율을 의미한다.

366 정답 ④
- 특이도(Specificity)는 실제 Negative 중 올바르게 Negative로 예측한 비율이다.

367 정답 ①
- K-means 군집분석의 기본 순서는 다음과 같다.
- 가: 초기 군집 중심을 임의로 선택 (초기화 단계)
- 나: 각 데이터를 가장 가까운 중심에 할당 (군집 할당 단계)
- 다: 군집별 평균을 계산하여 중심점 갱신 (중심 갱신 단계)
- 라: 중심 변화가 없을 때까지 반복 (수렴 조건 확인 단계)

368 정답 ③
- LOOCV(Leave-One-Out Cross Validation)는 전체 데이터 N개 중 1개를 테스트 셋으로 사용하고, 나머지 N-1개를 학습에 사용하는 것을 N번 반복하는 방식이다. "2개를 선택하여 평가 데이터로 사용한다"라는 설명은 틀림.

369 정답 ②
- 과대적합은 모델이 훈련 데이터의 세세한 패턴이나 노이즈까지 학습하여, 새로운 데이터(테스트 데이터)에 대해서는 성능이 저하되는 현상이다.

370 정답 ②
- 인공신경망(ANN)은 인간의 뇌신경 구조를 모방하여 만들어진 기계학습 알고리즘이다.
- 입력층, 은닉층, 출력층의 다층 구조를 가지고 있으며, 비선형 관계를 잘 학습할 수 있고 분류, 예측, 패턴 인식 등에 활용된다.

371 정답 ④
- ROC 커브: 분류 모델의 성능을 평가하기 위해 x축에 1−특이도(FPR), y축에 민감도(TPR)를 나타낸 그래프. AUC(Area Under Curve)가 1에 가까울수록 성능이 좋다.

372 정답 ①
- 이익 도표(Gain Chart)는 모델이 분류한 등급별로 목표 범주(예: 긍정 클래스)가 얼마나 누적되어 있는지를 시각적으로 보여주는 평가 도구이다.
- 이익 도표는 모델 성능을 정성적으로 평가할 수 있는 방법으로, 상위 등급일수록 목표 범주 비율이 높을수록 좋은 모델이라 판단할 수 있다.

373 정답 ①
- 활성화 함수는 입력 신호의 가중합을 비선형 함수로 변환하여 출력하는 역할을 한다.

374 정답 ③
- 정밀도(Precision) = TP / (TP + FP) = 200 / (200 + 300) = 0.4
- 재현율(Recall) = TP / (TP + FN) = 200 / (200 + 300) = 0.4
- F1 점수는 정밀도와 재현율의 조화 평균으로
- $F_1 = \dfrac{2 \cdot 0.4 \cdot 0.4}{0.4 + 0.4} = 0.4$

375 정답 ④
- 재현율(Recall)은 "실제로 환자가 아픈 사람(Positive) 중에서, 모델이 아프다고 제대로 찾아낸 비율"을 의미한다.

376 정답 ④
- 연관분석은 빈발 아이템 간의 동시 발생 패턴을 찾는 것이 목적이지, 원인과 결과(인과 관계)를 설명하는 분석이 아니다.

377 정답 ③
- ① support(피자∩햄버거) = 2000/5000 = 0.4
- ② 정확도는 연관분석에서 적절한 평가지표가 아니다.
- ③ P(피자) = 3000/5000 = 0.6, P(햄버거) = 2500/5000 = 0.5
- 향상도(피자 → 햄버거) = 0.4/(0.6×0.5) = 1.33 → 향상도 > 1이므로 양의 연관성 존재
- ④ 신뢰도, 피자 → 햄버거: 2000/3000 = 0.66, 햄버거 → 피자:2000/2500 = 0.8
- 따라서 '햄버거 → 피자'의 신뢰도가 '피자 → 햄버거'의 신뢰도보다 높다.

378 정답 ②
- 의사결정나무는 탐욕적(greedy) 방식으로 분할을 수행한다.
- 현재 노드의 분할은 이전 분할로 필터링된 데이터(하위 집합)에 대해 이루어지므로, "이전 분할의 영향을 받지 않는다"라는 설명은 틀린 내용이다.

379 정답 ④
- 역전파 알고리즘은 지도학습용 인공신경망에 사용되는 알고리즘으로, SOM에는 적용되지 않는다.

380 정답 ②
- 덴드로그램에서 Height = 60 위치에 수평선을 그었을 때, 이 선과 교차하는 수직선(가지)의 개수가 군집의 수이다. 교차 지점이 3개이므로 총 3개의 군집으로 분류된다.

381 정답 ④
- Softmax 함수는 다중 클래스 분류 문제에서 각 클래스에 속할 확률값을 출력하기 위해 사용된다.
- 여러 개의 출력값을 받아 각 값이 전체 합에서 차지하는 비율로 변환하며, 모든 출력의 합은 1이 되어 확률분포로 해석할 수 있다.

382 정답 ①
- ReLU(Rectified Linear Unit)는 음수 입력을 0으로, 양수 입력을 그대로 전달하는 비선형 함수이며, 로지스틱 회귀 모형과 동일하지 않다.
- 단층 퍼셉트론(활성화 함수 없음)은 선형 결합만 수행하므로 선형회귀와 유사하다.
- 시그모이드 함수는 출력이 0~1 범위로 제한되며, 로지스틱 회귀의 확률 출력과 유사하다.
- ReLU 함수는 은닉층에서 기울기 소실(Vanishing Gradient) 문제를 완화하는 데 효과적이다.

383 정답 ②
- 은닉층의 노드 개수가 모두 같아야 한다는 규칙은 없다. 문제와 데이터에 따라 층마다 노드 수를 다르게 설계하는 것이 일반적이다.

384 정답 ①
- 기울기 소실(Vanishing Gradient) 문제는 딥러닝에서 역전파 시, 기울기가 층을 거듭할수록 매우 작아져 가중치가 거의 업데이트되지 않는 현상이다.

385 정답 ①
- 군집분석 결과는 논리성과 안정성 측면에서 평가가 가능하다. 예를 들어, 군집 간의 분리도, 군집 내 응집도, 실루엣 계수 등을 통해 군집의 품질을 정량적으로 평가할 수 있다.

386 정답 ②
- Apriori 알고리즘은 연관 규칙을 생성하기 위해 지지도를 기준으로 빈발 항목 집합을 점진적으로 확장하는 방법이다. 그 절차는 다음과 같다.
- (가) 분석 기준인 최소 지지도를 설정한다.
- (나) 1-항(item) 품목 중 최소 지지도를 넘는 항목만 선택한다.
- (다) 위에서 선택된 항목들을 조합하여 2-항 아이템 셋을 만들고, 지지도를 평가한다.
- (라) 동일 방식으로 항목 수를 늘려가며 지지도를 넘는 빈발 집합을 계속 탐색한다.
- (마) 이 과정을 반복하여 모든 빈발 항목 집합을 도출한다.

387 정답 ④
- 연관 규칙 학습은 품목 수가 증가하면 조합의 수가 기하급수적으로 늘어나 연산량과 메모리 사용량이 급증한다.

388 정답 ①
- 의사결정나무는 지도 학습(supervised learning)에 해당하며, 목표변수(예: 분류/회귀 대상)가 있는 데이터에 기반해 학습한다.
- 의사결정나무는 데이터를 조금씩 나눠 가면서 전체 구조를 만들어 가는 방식이기 때문에, 이를 '밑에서 위로 쌓아 올리는 상향식 접근'이라고 할 수 있다.

389 정답 ②
- 이상적인 완벽한 분류기는 위양성률이 0이면서, 민감도는 1이어야 하므로 좌표는 (0, 1)이다.
- 이 지점은 ROC 곡선의 가장 왼쪽 위 꼭짓점으로, 모델이 모든 양성과 음성을 100% 정확하게 분류하는 상태를 나타낸다.

390 정답 ②
- 보팅(Voting)은 일반적으로 서로 다른 알고리즘의 분류기들을 결합하는 방식이다.
- 부스팅은 분류가 잘못된 데이터에 가중치를 더 부여해 다음 분류기가 더 집중하게 한다.
- 앙상블의 핵심은 분류기 간의 다양성이며, 상호 연관성이 높으면 오히려 분류 성능 향상에 방해가 된다.

391 정답 ④
- K가 작을수록 과대 적합(overfitting)의 가능성이 크고, K가 클수록 과소 적합(underfitting)이 발생할 수 있다.

392 정답 ②
- 역전파 알고리즘(Backpropagation)은 인공신경망에서 출력층의 오차를 기준으로 각 층의 가중치와 바이어스를 효율적으로 업데이트하기 위해 기울기(gradient)를 계산하는 알고리즘이다.

393 정답 ②
- 지니 지수는 분류 트리(CART)에서 노드의 불순도를 측정하는 대표적인 지표로, 값이 클수록 노드가 혼합되어 있다는 의미이다.

394 정답 ③
- 회귀 나무(Regression Tree)는 목표변수가 연속형 변수일 때 사용하는 결정 트리 모델이다.
- 회귀 나무에서는 분할의 기준으로 노드 내 분산의 감소량 또는 F-통계량의 유의성(p값) 등을 사용하여 분할을 수행한다.

395 정답 ③
- SOM은 입력층의 모든 뉴런이 출력층의 모든 뉴런과 완전히 연결되어 있기 때문에, "부분 연결되어 있다"라는 설명은 잘못된 표현이다.

396 정답 ④
- 시그모이드 함수(sigmoid function)는 입력값을 0과 1 사이의 확률값으로 변환하는 함수로, 로지스틱 회귀모형의 핵심 원리와 동일한 구조이다.

397 정답 ③
- 계층적 군집(Hierarchical Clustering)은 군집 수를 사전에 지정하지 않고 데이터 간 유사성에 따라 병합 또는 분할을 반복하여 트리 구조(덴드로그램)를 생성한다.
- 분석자는 이 트리 구조를 시각적으로 확인하면서 적절한 군집 수를 결정할 수 있어 탐색적 데이터 분석에 적합하다.
- 반면 K-평균, 혼합분포 모델(GMM), SOM 등은 대부분 군집 수를 미리 설정해야 하는 알고리즘이다.

398 정답 ④
- 혼합분포 군집(Mixture Model Clustering)은 각 군집이 특정 확률분포(예: 정규분포)를 따른다고 가정하고 데이터를 분류하는 모형 기반 접근이다.
- 일반적으로 EM 알고리즘을 사용하여 모수를 추정하며, 데이터 크기나 군집 수가 클수록 수렴 시간이 증가할 수 있다.
- 군집의 크기가 작을 경우, 오히려 표본 수가 적어 모수 추정의 불확실성이 커지고 정확한 추정이 어려워질 수 있으므로 ④번은 부적절한 설명이다.

399 정답 ④
- 과대적합을 방지하기 위한 대표적인 방법에는 데이터 분할 방식인 홀드 아웃, 교차검증(k-fold), 부트스트랩 등이 있다.

400 정답 ①
- 분류 모형은 관측된 데이터를 바탕으로 미리 정의된 범주(label) 중 하나로 데이터를 분류하는 분석 기법이다.

401 정답 ①
- 로지스틱 회귀는 종속변수가 범주형(이진 또는 다범주)인 경우 사용하는 회귀 기법이다.
- ② 비율척도: 비율척도(연속형, 예: 키, 무게)는 선형회귀에 적합하다.
- ③ 최소제곱법: 로지스틱 회귀는 비선형관계를 모델링하므로 최대우도법(MLE)을 사용한다.
- ④ 오즈비 해석: 회귀계수는 오즈비(e^β)로 해석할 수 있다.

402 정답 ④
- 연관분석은 조건 반응(if A, then B) 형태로 규칙을 제시하기 때문에 직관적이고 이해하기 쉬운 분석 결과를 제공한다.
- ①은 품목 수가 많아질수록 계산량이 증가하므로 잘못된 설명이며, ②와 ③은 지나치게 세분되거나 거래량이 적은 품목은 유의미한 규칙 도출에 어려움이 있어 분석에 부적합하다.

403 정답 ③
- K-평균(K-Means) 군집은 사용자가 사전에 군집의 수(K)를 지정해야 하며, 초기 중심값의 설정에 따라 결과가 달라질 수 있는 민감성을 가진다.
- ① 오목(비구형) 군집일 경우에는 K-평균이 부적합할 수 있다.
- ② 잡음이나 이상값에는 민감하여 중심값 계산에 영향을 줄 수 있다.
- ④ 군집의 수는 자동으로 결정되지 않으며, 사용자가 지정해야 한다.

404 정답 ①
- 홀드아웃(hold-out) 방법은 전체 데이터를 무작위로 두 부분으로 나누어, 하나는 학습용(훈련용) 데이터로, 다른 하나는 테스트용(검증용) 데이터로 사용하는 단순한 모델 검증 기법이다.

405 정답 ①
- 시그모이드 함수(Sigmoid function)는 입력값을 0과 1 사이의 확률값으로 변환하는 비선형 활성화 함수이다.
- 출력값은 항상 0과 1 사이이며, 입력값이 커질수록 1에 가까워지고, 작아질수록 0에 가까워진다.

406 정답 ④
- 엔트로피 지수는 분류 모형의 불순도 측정(예: 의사결정나무 분할 기준)에 사용되며, 모형의 평가지표로 사용되지는 않는다.

407 정답 ③
- 검증 데이터(Validation Data)는 모델 훈련 과정 중 하이퍼파라미터 튜닝이나 모델 성능 비교에 사용되므로, 모델의 훈련 과정 일부에 활용된다.

408 정답 ④
- 의사결정나무는 높은 상관성을 가진 변수들(다중공선성)의 영향을 받을 수 있으며, 변수 선택과 중요도에 영향을 줄 수 있다.

409 정답 ④
- Silhouette Coefficient는 군집을 수행하는 방법이 아니라 군집 결과를 평가하는 방법이다.

410 정답 ④
- 군집분석에서는 집단 간 이질성(heterogeneity)은 최대화하고, 집단 내 동질성(homogeneity)은 최대화하는 것이 핵심 목표이다.

411 정답 ④
- 계층적 군집분석(Hierarchical Clustering)의 결과를 트리 구조로 시각화한 도구로, 군집 간 병합 과정과 유사도를 직관적으로 확인할 수 있다. 군집의 수를 결정하는 데에도 활용된다.

412 정답 ①
- $x_2 = 2 \rightarrow$ B 그룹
- B 그룹에서 $x_1 = 6 \rightarrow$ D
- 따라서 D의 값은 (6, 2)이다.

413 정답 ②
- 검증 데이터(validation data): 모델의 성능을 평가하고 하이퍼파라미터를 조정하는 데 사용한다.

414 정답 ③
- EM 알고리즘 (Expectation-Maximization Algorithm)은 혼합분포군집 모형(Gaussian Mixture Model 등)에서 최대 가능도 추정(MLE, Maximum Likelihood Estimation)을 통해 파라미터를 반복적으로 추정하는 대표적인 방법이다.

415 정답 ①
- apriori 알고리즘은 최소 지지도를 설정한 후 이를 만족하는 빈발 항목집합(Frequent Itemsets)을 탐색하는 방식이다.

416 정답 ②
- 은닉층의 개수와 뉴런 수는 자동 설정되지 않으며, 사용자가 하이퍼파라미터 튜닝을 통해 직접 설정해야 한다.

417 정답 ③
- 붓스트랩(Bootstrap)은 복원추출을 의미한다.
- 한 번 뽑히지 않을 확률 = 1−1/d
- 이것이 d번 연속 발생할 확률 = $(1-1/d)^d$

418 정답 ④
- 지지도(Support) = 0.3 = P(A ∩ B)
- 신뢰도(Confidence) = 0.6 = P(A ∩ B) / P(A)
- A와 B 판매 수량 동일 → P(A) = P(B)
- 신뢰도(0.6) = 0.3 / P(A), P(A) = 0.5이므로 P(B) = 0.5
- Lift(향상도) = P(A ∩ B) / (P(A) × P(B))
  = 0.3/(0.5×0.5) = 1.2

419 정답 ④
- $1 - (1/5)^2 - (4/5)^2 = 0.32$

420 정답 ③
- ①, ②, ④는 모두 군집분석(Clustering) 기법이고, ③만 차원 축소(Dimensionality Reduction) 기법으로 분석 기법이 다르다.

421 정답 ②
- 드롭아웃(Dropout): 신경망 학습 과정에서 일부 노드를 무작위로 비활성화하여 과적합(overfitting)을 방지하고 다수의 서로 다른 모형을 학습한 효과를 얻는 정규화 기법이다.

422 정답 ③
- 검증 데이터(Validation Data)는 모델의 하이퍼파라미터 튜닝이나 성능 비교 등 모델 선택 단계에서 사용한다.

423 정답 ③
- 빵과 우유가 동시에 포함된 거래 수
  → 장바구니 1, 2, 5 → 총 3건
- 빵을 포함하는 거래 수
  → 장바구니 1, 2, 4, 5 → 총 4건
- 우유를 포함하는 거래 수
  → 장바구니 1, 2, 3, 5 → 총 4건
- 향상도(Lift) = 3/5 ÷ (4/5 × 4/5) = 3/16

424 정답 ②
- 데이터 간 거리 측정은 군집분석(K-Means, 계층적 군집 등)에서 사용하는 개념이다.
- 배깅(Bagging)은 복원 추출(Bootstrap Aggregating)을 사용하여 여러 번 샘플링하므로, 같은 데이터가 여러 번 포함될 수 있고, 일부 데이터는 전혀 포함되지 않을 수도 있다.

425 정답 ④
- 이상치(outlier)가 주요 군집들과의 거리가 지나치게 멀 경우, 최단 연결법에서는 이러한 이상치가 다른 군집과 쉽게 병합되지 못하고 고립될 가능성이 크다.
- 이상치는 군집 분석 과정에서 자연스럽게 마지막에 합쳐지거나, 독립된 상태로 분리된 채 남게 된다.

426 정답 ①
- 월평균 신용카드 사용 금액은 연속형 변수이므로, 나이·신분·수입과 같은 설명변수로 예측하기 위해서는 회귀모델이 적합하며, 능형회귀는 다중공선성 문제까지 보완할 수 있는 회귀분석 방법이기 때문이다.

427 정답 ③
- 엔트로피(Entropy)는 각 클래스의 확률 pi와 그 로그값의 곱을 모두 더한 후 음수로 변환하는 지표로, 분류의 불확실성을 측정한다.

428 정답 ④
- 계층적 군집 분석의 대표적인 병합 방법은 단일 연결법, 완전 연결법, 평균 연결법 등이 있으며, 편차 연결법(Deviation Linkage)은 존재하지 않는 용어로 ④번이 부적절하다.

429 정답 ④
- 제시된 수식은 일반화된 거리 계산 방식인 민코우스키 거리(Minkowski Distance)로, p값에 따라 유클리드 거리(p = 2), 맨하튼 거리(p = 1)로 특화되며, 따라서 ④번이 정답이다.

430 정답 ④
- F_β 지표는 정밀도(Precision)와 재현율(Recall)에 β 값을 통해 가중치를 조정하여 평균을 계산하는 지표로, ④번이 올바른 설명이다.
- β = 1일 때 정밀도와 재현율에 동일 가중치
- β = 0.5일 때 정밀도에 재현율보다 4배 가중치

431 정답 ②
- 배깅(Bagging)은 동일한 모델 구조(예: 결정트리)를 사용하지만, 각기 다른 부트스트랩 샘플(데이터의 무작위 추출본)로 학습하여 예측 결과를 결합한다. → '단일 모델을 그대로 반복'은 부정확하다.
- 앙상블은 일반적으로 단일 모델보다 예측 성능이 향상된다.
- 랜덤포레스트는 트리의 깊이를 적절히 제한하여 과적합을 방지한다. → 무제한은 오히려 과적합 위험

432 정답 ④
- k-평균 알고리즘은 사전에 군집의 수 k를 설정해야만 실행할 수 있는 비지도 학습 방법으로, ④번이 올바른 설명이다.

433 정답 ④
- 군집분석에서는 변수들의 측정 단위가 서로 다를 경우, 거리에 기반한 분석의 왜곡을 방지하기 위해 스케일링(Scaling)으로 변수들을 표준화 또는 정규화하는 것이 필수적이므로 ④번이 정답이다.

434 정답 ③
- 쌍곡탄젠트 함수(Tanh)는 출력값이 −1에서 1사이로 나타나며, 0~1 사잇값으로 나타난다는 설명은 시그모이드 함수에 해당하므로 ③번이 틀린 설명이다.

435 정답 ③
- CART 알고리즘은 분류(Classification)와 회귀(Regression) 모두에 사용되며, 범주형 데이터에서는 지니지수(Gini Index), 연속형 데이터에서는 분산 감소량(Variance Reduction)을 기준으로 분할하기 때문에 ③번이 정답이다.

436 정답 ②
- 계층적 군집분석(Hierarchical Clustering)은 각 군집이 중복되지 않는 계층적 구조(트리 구조)로 표현되고, 모든 개체가 서로 겹치지 않는 부분집합으로 군집화되기 때문에 ②번이 정답이다.

437 정답 ①
- 지니 지수(Gini Index)는 불순도를 나타내는 지표로, 값이 0에 가까울수록 순수도가 최대(완전 분리)이기 때문에 ①번이 정답이다.
- ② 카이제곱 통계량이 작다는 것은 그룹 간 차이가 작아 동질적인 상태를 의미하므로 적절하지 않다.
- ③ 엔트로피값이 클수록 불순도가 높아지는 것을 의미하므로 적합하지 않다.
- ④ 이진 분리는 항상 두 개의 파티션으로 나누기 때문에 고윳값의 수와 관련이 없어 부합하지 않는다.

438 정답 ①
- 가지치기(pruning)는 과적합(overfitting)을 줄여 일반화 성능(새로운 데이터에 대한 예측력)을 향상하는 것이 목적이며, 학습 데이터에 대한 성능은 오히려 낮아질 수 있으므로 ①번은 부적절하다.

439 정답 ②
- 노드의 수가 적으면 모델의 복잡도가 낮아지고, 복잡한 패턴을 학습하기 어려워 의사결정이 단순해진다.

440 정답 ①
- 배깅은 여러 모델의 예측을 평균화하거나 투표 방식으로 결합하여 분산(Variance)을 줄이고, 과대적합(Overfitting)을 방지하는 데 효과적이다.
- 하드 보팅(Hard Voting)이란 여러 분류 모델의 예측 결과 중 다수결 투표를 통해 가장 많이 선택된 클래스를 최종 예측으로 결정하는 방법이다.
- 소프트 보팅(Soft Voting)이란 여러 분류 모델의 클래스별 예측 확률을 평균 내어 가장 높은 확률을 가진 클래스를 최종 예측으로 결정하는 방법이다.

441 정답 ③
- 로지스틱 회귀의 회귀계수는 로그 오즈(Log Odds) 로 해석되기 때문에, 직관적인 해석이 어렵고 변수 변환(예: 지수 변환, 오즈비 계산 등)이 필요할 수 있다.

442 정답 ③
- 군집분석은 데이터에 명확한 기준(레이블)이 없어도 적용할 수 있는 분석 방법이다.

443 정답 ②
- 맨하튼 거리(Manhattan Distance)는 직선거리가 아닌 격자형(가로+세로) 경로의 거리이다. 최단 직선 방법은 유클리드 거리에 해당한다.

444 정답 ③
- ①, ②, ④ 모두 맞음
- 덴드로그램은 계층적 군집분석의 병합 과정을 시각적으로 나타낸 나무 구조 도표이다.
- 도표의 높이는 군집 간 거리(distance) 또는 비유사도(dissimilarity)를 의미한다.
- ③ 계층적 군집분석은 결정적 알고리즘이므로, 동일한 데이터와 동일한 군집화 방법을 사용하면 덴드로그램 결과는 항상 같다. 따라서 결과가 달라질 수 있다는 설명은 옳지 않다.

445 정답 ①
지지도(Support) 계산
- 지지도는 전체 거래 중에서 특정 항목 집합(맥주 → 기저귀)이 동시에 포함된 거래의 비율
- 맥주와 기저귀가 동시에 포함된 거래 : 4건
- 전체 거래 수 : 10건
- 지지도 = 0.4(40%)

신뢰도(Confidence) 계산
- 신뢰도는 "맥주가 포함된 거래 중에서 기저귀도 포함된 거래의 비율"을 의미
- 맥주와 기저귀가 동시에 포함된 거래 : 4건
- 맥주가 포함된 거래 : 5건
- 신뢰도 = 4/5 = 0.8(80%)

446 정답 ③
- 품목 A와 B가 독립이면 두 품목의 동시 발생 확률은 각 개별 확률의 곱과 같아지므로, 이 경우 향상도(Lift)는 1이 된다.

447 정답 ①
- 앙상블 기법(Ensemble Method)이란, 여러 개의 개별 모델(약한 학습기 또는 기본 모델)을 결합하여 하나의 더 강력한 예측 모델을 만드는 기법이다.
- 이는 단일 모델보다 일반화 성능을 높이고, 예측 정확도를 향상하는 데 목적이 있다.
- 대표적인 앙상블 기법 종류에는 배깅, 부스팅, 랜덤포레스트, 스태킹 등이 있다.

448 정답 ④
- 분산 감소량(Reduction in Variance) 은 회귀 트리(연속형 목표변수) 에서만 사용되는 기준이며, 범주형 변수 분할에서는 사용되지 않는다.

449 정답 ②
- K-means 초기화 단계에서는 데이터 세트에서 임의로 K개의 관측값을 선택하여 초기 중심점(centroid)으로 설정한다.

450 정답:①
- 엘보우 방법(Elbow Method)은 군집분석에서 적절한 군집 수(K)를 결정하는 대표적인 방법이다.
- 군집 수에 따라 군집 내 제곱합(WCSS: Within-Cluster Sum of Squares)이 감소하는 양상을 관찰하고, 감소 폭이 급격히 완화되는 지점(팔꿈치 지점)을 군집 수로 선택한다.

451 정답 : ③
- DBSCAN (Density-Based Spatial Clustering of Applications with Noise)은 밀도 기반으로 군집을 형성하기 때문에 초기 군집 수(K)를 지정할 필요가 없으며, 대신 입실론(ε)과 최소 포인트 수 (minPts)를 설정한다.

452 정답 ①
- 은닉층이 적으면 모델의 복잡도가 부족해 과소적합(Underfitting)이 발생하고, 은닉층이 많으면 모델이 지나치게 복잡해져 과대적합(Overfitting)이 발생한다.

453 정답 : ①
- 정지 규칙(Stopping Rule)은 트리 성장 도중 분할을 멈추는 조건으로, 더 이상의 세분화가 불필요하거나 효과적이지 않을 때 적용된다.
- 가지치기(Pruning)는 트리 생성 후에 적용되는 사후 처리이다.

454 정답 ③
- 향상도(Lift)는 B가 우연히 발생할 확률과 비교하여, A가 주어졌을 때 B가 발생할 확률이 얼마나 더 높은지를 나타낸다.

455 정답 ②
- Support(A → B) = 전체 거래 수/A와 B를 모두 포함하는 거래 수
- 여기서 A = 커피, B = 우유이다.
- 즉, 분자 = 커피와 우유를 모두 포함한 거래 건수, 분모 = 전체 거래 건수
- 커피와 우유를 모두 포함한 거래 건수: 커피, 우유, 녹차(50건)+커피, 우유(250건) = 300건
- 전체 거래 수 = 100+100+100+50+200+250+200 = 1,000건
- Support(커피 → 우유) = 300/1,000 = 0.3

456 정답 : ③
- 모든 조합을 계산하면 경우의 수가 너무 많아 계산 시간이 오래 걸리기 때문에, Apriori 알고리즘은 처음부터 의미 없는 조합을 미리 걸러내는 가지치기 방법을 사용한다.
- 구조화된 트리를 사용하는 알고리즘은 FP-Growth이다.
- 빈발 항목 집합을 찾는 것은 맞지만, 유의미한 연관 규칙 탐색은 별도의 단계로 진행된다.

457 정답 ④
- ReLU, Sigmoid, Tanh 등 비선형 함수 덕분에 특정 입력값(이상치)이 네트워크 전체에 미치는 영향이 제한적이다.
- 특히 ReLU는 음수 값을 0으로 처리하므로 극단적인 이상치의 영향을 줄일 수 있다.

458 정답 ③
- 코사인 유사도는 두 벡터 간의 방향적 유사성을 측정하는 지표로, 벡터의 크기가 아닌 각도를 기준으로 유사도를 평가한다.

459 정답 ③
- 가중치(Weight)는 인공신경망에서 각 입력 변수의 영향력을 조절하는 값이다.
- 입력이 뉴런으로 전달될 때 가중치와 곱해져 전달되며, 이는 예측 결과에 직접적인 영향을 미친다.
- 가중치의 변화는 특정 입력 변수의 중요도를 높이거나 낮추는 역할을 한다.

460 정답 ③
- 앙상블 기법(Ensemble Method)은 여러 개의 모델을 결합하여 예측 성능(정확성, 안정성)을 향상하는 방법이다.

461 정답 ①
- ① 랜덤 포레스트는 각 노드에서 무작위로 선택된 일부 변수 중에서 최적의 분할 변수를 찾는 방식이지, 중요도에 따라 미리 변수를 선택하지 않는다.

462 정답 ②
- 최장 연결법(Complete Linkage) 은 군집 간 가장 먼 개체 간의 거리를 측정하여 군집을 형성하는 방법이다.

463 정답 ①
- 가지치기(Pruning)는 의사결정나무가 훈련 데이터에 과도하게 적합(과대적합)되는 것을 방지하기 위해 불필요한 가지(분기)를 제거하는 과정이다.
- 이를 통해 일반화 성능이 향상되고 테스트 데이터에 대한 예측력이 좋아진다.

464 정답 ④
- 잔차 제곱합(SSR, Sum of Squared Residuals)은 회귀 나무(Regression Tree)에서 노드 내의 오차(잔차)를 줄이기 위한 분할 기준으로 사용된다.
- 분류 문제의 가지치기(Post-pruning) 평가 기준으로는 쓰이지 않으므로, 보기에 주어진 지표 중 "사용되기 어려운 것"에 해당한다.

465 정답 ④
- 회귀 분석은 연속형 예측에 사용되므로 분류 분석과 다르며, 의사결정나무는 분류나 회귀에 활용되어 군집 분석과 다르고, 로지스틱 회귀는 연속형 예측이 아닌 이진 또는 다항 분류에 사용되므로 모두 올바르지 않다.

466 정답 ②
- 거래 횟수가 적은 품목은 지지도(Support)가 낮아 규칙 발견이 어렵다.

467 정답 ①
- K-평균은 하나의 개체가 오직 하나의 군집에만 배정된다.

468 정답 ②
- 품목을 묶어서 계산량을 줄인다는 것은 연관분석의 장점이 아니다. 오히려 분석 대상 품목이 많아질수록 계산량은 기하급수적으로 증가할 수 있다.

469 정답 ④
- k값이 클수록 모델이 단순해져 과소적합(underfitting)의 위험이 커지고, 반대로 k값이 작을수록 데이터에 민감하게 반응하여 과대적합(overfitting)의 위험이 커진다.

470 정답 ①
- Confidence(우유⇒커피) =
우유와 커피를 함께 구매한 거래 수/우유를 구매한 전체 거래 수 = 30/40 = 0.75

471 정답 ③
- K-means 군집분석은 데이터를 K개의 군집으로 나누는 비지도 학습 알고리즘이며, 군집의 품질을 평가할 때 집단내 제곱합(WCSS: Within-Cluster Sum of Squares)을 사용한다.
- 군집 수(K)에 따른 집단내 제곱합 그래프를 그려서, 엘보우(elbow) 기법을 활용해 적정 군집 수를 결정할 수 있다.
- K-means 군집분석에서 각 군집의 중심점(centroid)과 해당 군집에 속한 데이터 점들 사이의 거리 제곱합을 의미한다.
- 군집이 잘 형성될수록 집단내 제곱합은 작아진다.

472 정답 ④
- 변수 간 상관관계를 반영하여 왜곡 없는 거리 계산을 하고 싶다면 마할라노비스 거리가 가장 적절하다.

473 정답 ④
1. 지지도(Support) 계산
   - Support(X) = 10/25 = 1.4
   - Support(Y) = 12/25 = 0.48
   - Support(X,Y) = 3/25 = 0.12
2. 향상도(Lift) 계산
   - Lift(X⇒Y) = Support(X,Y)/Support(X)×Support(Y) = 0.12/0.4×0.48 = 0.625

474 정답 ①
- K-means 외에도 Gaussian Mixture Model, DBSCAN 등 다양한 군집 알고리즘이 있음.
- "반드시 사용해야 한다"라는 표현이 부적절하다.

475 정답 ②
- 지지도(Support)는 규칙의 전반적 발생 빈도를 나타내고, 신뢰도(Confidence)는 규칙의 정확성을 나타낸다.
- 두 지표 모두 중요하며, 지지도는 너무 낮으면 규칙이 통계적으로 무의미해질 수 있어 최소 기준을 설정하는 핵심 지표이다.

476 정답 ①
- Apriori 알고리즘은 연관 규칙 학습에서 빈발 항목 집합을 찾는 대표 알고리즘이며, 아래와 같은 단계로 진행된다.
- 최소 지지도 설정 → 개별 품목 중 빈발 항목 탐색 → 2-품목 조합 생성 → 반복 확장하여 빈발 항목 집합 확정

477 정답 ③
- 부트스트랩은 복원추출을 기반으로 하며, 표본 크기 n에서 동일한 크기 n만큼 복원추출을 수행합니다.
- 특정 변수 하나가 한 번의 추출에서 선택되지 않을 확률은:
- $1 - \frac{1}{100} = \frac{99}{100}$
- 이 추출이 100번 반복되므로, 특정 항목이 단 한 번도 선택되지 않을 확률은:

- $(\frac{99}{100})^{100} = (1 - \frac{1}{100})^{100}$
- 이 값은 근사적으로 약 **0.3679 (≈ 36.8%)**이며, 이는 부트스트랩 샘플링의 중요한 통계적 특성 중 하나이다.

478 정답 ①
- 정밀도(Precision)는 모델이 참(True)이라고 예측한 것들 중에서 실제로 참인 비율을 의미한다.

479 정답 ④
- ①~③번은 수치형 변수 간의 거리를 측정할 때 주로 사용하는 지표이다.
- ④ 자카드 거리는 범주형(이진형 포함) 데이터에 사용하는 거리 척도로, 두 집합 간의 공통된 항목 비율을 기준으로 유사도 또는 거리를 측정한다.

480 정답 ③
- ROC 곡선은 다음을 기준으로 한 그래프이다.
- x축 (False Positive Rate, FPR): 잘못 양성으로 분류된 비율
- y축 (True Positive Rate, TPR 또는 재현율/민감도): 실제 양성을 양성으로 맞힌 비율
- 이상적인 분류 모델은 양성은 모두 정확히 맞추고, 음성은 하나도 틀리지 않는 모델이다.
- FPR = 0 (거짓 양성이 없음 → x축 = 0)
- TPR = 1 (진짜 양성을 모두 맞춤 → y축 = 1)
- 따라서 ROC 곡선에서 가장 이상적인 모형의 위치는 (0, 1)이다.

481 정답 ②
- 부스팅(Boosting)은 이전 모델이 잘못 분류한 데이터에 더 큰 가중치를 부여하여, 다음 모델이 해당 오류를 보완하도록 학습하는 방식입니다. 대표적으로 AdaBoost, Gradient Boosting 등이 있으며, 순차적인 모델 학습이 특징이다.
- 배깅(Bagging)은 재표본 추출(bootstrapping)을 통해 여러 학습 데이터를 생성하고, 각기 다른 모델을 독립적으로 학습시킨 후 결과를 평균(회귀) 또는 다수결(분류)로 통합하는 방식이다.
- 배깅은 일반적으로 모델의 분산을 줄여 성능을 향상할 수 있지만, 항상 단일 모델보다 정확도가 높다고 보장되지는 않는다.
- 부스팅은 모델 복잡도를 제어하지 않으면 과적합의 위험이 존재한다. 따라서 과적합을 완전히 방지한다고 단정할 수 없다.

482 정답 ④
- 인공신경망(ANN)은 설명 가능성(explainability)이 낮은 대표적인 블랙박스 모델이다.
- 가중치의 수가 많고, 계층 간 연산이 복잡하여 개별 입력 변수의 영향력을 직관적으로 해석하기 어렵다.
- "설명력 있는 가중치를 선출할 수 있다"라는 설명은 부적절하다.
- ① 깊은 신경망(딥러닝)은 과적합의 위험이 있으며, 정확도 향상이 항상 보장되지 않는다.
- ② 은닉층의 노드 수는 하이퍼파라미터로, 사용자가 결정한다.
- ③ 활성화 함수는 모델의 비선형성을 조절하며, ReLU, sigmoid, tanh 등의 선택이 중요하다.

483 정답 ②
- 로지스틱 회귀분석은 종속변수가 범주형(특히 이진형: 성공/실패, 생존/사망 등)일 때 사용하는 분석 기법이다.
- ① 성적, ③ 정년, ④ 판매량은 모두 연속형 변수를 예측하므로 선형 회귀가 적절하다.
- ②는 성공/실패(또는 성공 = 1, 실패 = 0)로 분류할 수 있는 이진 범주형 변수이므로 로지스틱 회귀가 적절하다.

484 정답 ④
- 가지치기(Pruning)는 과대적합을 방지하고 일반화 성능(테스트 데이터에 대한 정확도)을 높이기 위한 기법이다.
- 가지치기를 수행하면 학습 데이터에 대한 정확도는 오히려 낮아질 수 있지만, 검증 또는 새로운 데이터에 대한 성능 향상을 기대할 수 있다.

485 정답 ④
- K-means는 비지도 학습 기법이지만, 군집의 개수(K)는 사용자가 사전에 지정해야 하는 하이퍼파라미터이다.

486 정답 ③
- SOM의 입력층과 경쟁층은 완전 연결(fully connected) 구조를 가진다.
- 각 입력 노드는 모든 경쟁 노드와 연결되어 있으므로 '부분적(local) 연결'이라는 표현은 부정확하다.

487 정답 ④
- MDS 결과는 절대적인 위치가 아닌 상대적인 위치를 통해 해석해야 한다. 따라서 "절대적 위치를 알 수 있다"라는 설명은 부정확하다.

488 정답 ④
- 덴드로그램에서 수평선을 기준으로 수직선(군집 결합선)을 몇 개 자르게 되는지를 보면 군집의 수를 알 수 있다. 거리 50에서 자르면 다섯 개의 분리된 군집이 형성되므로 정답은 5개이다.

489 정답 ①
- ① Confidence(버터 → 빵) = 0.75 → 버터를 구매한 고객 중 75%가 빵도 구매했다는 의미이므로 올바르다.
- ② Support(버터 ∩ 빵) = 30 / 100 = 0.30, 전체 고객 중 30%만이 버터와 빵을 모두 구매
- ③ Lift(버터 → 빵)
- Confidence(버터 → 빵) / Support(빵) = 0.75/0.24 = 1.25
- 버터를 구매한 사람이 빵을 구매할 확률이 일반 고객보다 1.25배 더 높다는 의미이다.
- 즉, 양의 상관관계가 있으며, 독립적이지 않음을 의미한다.
- ④ Confidence는 버터 → 빵을 기준으로 하므로, 빵을 구매한 고객 중 버터 구매 비율은 아님. 해석이 역방향이다.

490 정답 ②
- 지지도(Support)는 특정 항목이나 항목 집합이 전체 거래 중에 얼마나 자주 등장하는지를 나타내는 비율이다.

491 정답 ①
- 혼합 분포 군집(Gaussian Mixture Model, GMM)은 데이터를 여러 개의 정규분포가 섞인 형태로 모델링하여 군집화
- 정상 컴퓨터들과 행동 패턴이 다른 컴퓨터를 자동으로 군집에서 분리하는 데 매우 유용하다.
- GMM은 이상 탐지(Anomaly Detection) 분야에서 비지도 학습 기반으로 활용되며, 해킹이나 침입탐지와 같이 비정상적 패턴을 찾는데 적합하다.

492 정답 ②
- K-means는 각 군집의 중심점을 계산할 때 단순 평균을 사용한다. 그런데 평균은 극단적인 값(이상값)에 의해 쉽게 끌려간다.
- 초기 중심값 설정에 따라 결과가 달라지므로 전역 최적은 보장되지 않지만, 한 번 수렴되면 군집은 안정적이다.

493 정답 ④
- 평균 연결법은 모든 거리의 평균을 계산해야 하므로 계산량이 많고 복잡하다.

494 정답 ④
- 비계층적 군집은 반복적으로 군집을 재조정하는 방식이므로, 잘못된 군집도 반복 과정에서 수정 가능하다.

495 정답 ④
- 변수 수가 많아지면 의사결정나무의 성능이 저하될 수 있고, 불필요한 변수 제거, 차원 축소, 변수 선택 등의 사전 작업이 필요할 수 있다.

496 정답 ①
- ①은 인공신경망의 단점에 해당한다. 신경망은 경사하강법(gradient descent) 기반으로 학습할 때, 지역 최적해(Local Optimum)에 빠지는 문제가 있어 전체적인 최적해를 찾지 못할 수 있다.
- 인공신경망은 다층 구조와 비선형 활성화 함수를 통해 복잡한 패턴을 학습할 수 있어, 전통적인 통계 모형보다 노이즈가 일부 포함된 데이터에서도 잘 작동할 수 있다.

497 정답 ②
- 민감도(TPR)와 거짓 긍정률(FPR)은 ROC 커브의 두 축을 구성하는 지표이지만, 서로 비례 관계가 아니다. 임곗값에 따라 함께 변할 수 있으며, 증가 비율이나 패턴이 다르므로 독립적인 관계로 간주한다.

498 정답 ④
- ① 로지스틱 회귀에서는 연속형 변수뿐 아니라 범주형 변수도 사용할 수 있으며, 범주형 변수는 더미 변수로 변환하여 사용한다.
- ② 로짓 변환은 오즈(odds = p / (1 − p))에 로그를 취한 값이며, 오즈비(odds ratio)에 대한 로그가 아니다.
- ③ 로지스틱 회귀는 최소제곱법(OLS)이 아닌 최대우도법(MLE)을 사용하여 모수를 추정한다.
- ④ 로지스틱 회귀는 시그모이드 함수($\sigma(z) = 1 / (1 + e^{-z})$)를 통해 예측값을 0과 1 사이의 확률로 변환하여 이항 분류 문제를 해결하므로 옳은 설명이다.

499 정답 ②
- XOR 연산(배타적 논리합, Exclusive OR)은 두 입력값이 서로 다를 때만 출력이 1이 되는 논리 연산이다.
- 아무리 선을 그어도 하나의 직선만으로는 검은 점과 흰 점을 완전히 분리할 수 없다. 이것이 단층 퍼셉트론의 한계로 나타나는 XOR 문제이다.
- 단층 퍼셉트론은 선형 분류기로, XOR 연산과 같은 비선형 문제에는 적용할 수 없다.

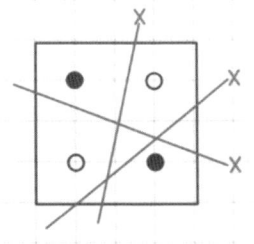

500 정답 ④
- ① 옳음: Apriori 알고리즘은 반복적으로 데이터베이스를 스캔하여 후보 아이템 집합의 지지도를 계산한다.
- ② 옳음: FP-Growth 알고리즘은 데이터베이스를 FP-트리 형태로 압축하고, 이 트리를 상향식으로 탐색하여 빈발 아이템 집합을 추출한다.
- ③ 옳음: Apriori는 반복적으로 후보 집합을 확장하면서, 지지도 기준에 못 미치는 집합은 사전 제거한다.
- ④ 틀림: Apriori는 후보 아이템 집합을 명시적으로 생성하고 이들의 지지도를 계산한다.
- 그러나 FP-Growth는 후보 아이템 집합을 생성하지 않고, 압축된 FP-트리를 이용해 직접 빈발 항목 집합을 찾는 방식이므로 후보 집합 생성을 하지 않는다.

501 정답 ①
- ① 틀림: 평가용 데이터(Test data)는 학습 과정에는 사용되지 않으며, 학습이 완료된 후 모델의 최종 성능(일반화 능력)을 평가하는 데 사용된다. "학습 과정과 모형의 평가에 사용된다"라는 설명은 잘못된 표현이다.
- 2종 오류인 잘못된 귀무가설을 채택하는 오류를 방지하는데 목적이 있다. → 잘못된 결론을 내리지 않게 하려고 데이터를 나누어 모델이 새로운 데이터에서도 잘 작동하는지 확인하려는 것이다.

502 정답 ④
- ④ 틀림: 중간 마디(Internal node)는 끝이 아닌 중간에 위치하며 자식 노드를 가지는 분기점 노드이다. 끝에 위치하는 마디는 잎 마디(Leaf node) 또는 단말 노드(Terminal node)라고 한다.

503 정답 ④
- ④ 틀림 : 실제로는 비선형 함수가 대부분이다.
  → 인공신경망에서 비선형 활성화 함수를 사용하는 이유는 복잡한 비선형관계를 학습하기 위함이다.
  → 선형 함수만 사용할 때 아무리 층을 쌓아도 전체 모델은 여전히 선형 모델에 머무르게 된다.

504 정답 ④
- ④ 틀림: 입력층을 다층으로 구성한 것이 퍼셉트론이라는 설명은 잘못되었다.
  → 다층 퍼셉트론은 은닉층(Hidden Layer)을 추가한 구조이며, 입력층 자체를 다층화한 것이 아니다.

505 정답 ②
- ② 틀림 : 민감도(TPR)와 거짓 긍정률(FPR)은 서로 비례하는 관계가 아니다.
  → 임곗값(threshold)을 변화시킬 때 동시에 변하긴 하지만, 두 값 사이에는 직접적인 비례 관계가 존재 하지 않는다.
  → 예를 들어, 민감도는 높으나 FPR이 낮은 모형도 존재할 수 있다.
- 민감도(True Positive Rate)는 높으나 FPR(False Positive Rate)은 낮은 경우"는 모델이 양성(Positive)도 잘 맞추고, 음성(Negative)도 잘 구별하는 경우이다.
- AUC 값은 일반적으로 0.5에서 1 사이이며, 1에 가까울수록 분류 성능이 우수한 모델을 의미한다.
- AUC가 0.5 이하는 예측이 오히려 무작위보다 못한 경우로, 양·음성 라벨이 반대로 분류될 수 있다.

506 정답 ②
- ① 틀림: 평가 데이터는 학습에 사용하지 않고, 모델이 학습한 후 성능을 검증하는 데 사용된다. 학습과 평가를 동시에 수행하지 않기 때문에 "데이터 손실이 없다"라는 주장은 맞지 않음.
- ② 맞음 : 홀드 아웃 방식은 전체 데이터를 일정 비율(예: 70:30, 80:20 등)로 임의로 나누어, 하나는 학습용, 다른 하나는 테스트용으로 사용하는 방식이다. 비복원 추출로 랜덤하게 분할하는 것이 일반적이다.

③ 틀림: 미세 조정(hyperparameter tuning)에 사용되는 것은 검증용 데이터(Validation set)이며, 평가 데이터(Test set)는 학습이 끝난 후 최종 성능 평가에만 사용된다.
④ 틀림: 이 설명은 K-겹 교차검증(K-fold cross-validation)에 해당하는 내용이다. 홀드아웃 방식과는 다르다.

507 정답 ④
① 옳음: 부트스트랩은 통계적 추정을 위해 데이터를 복원 추출하는 기법이다.
② 옳음: 복원추출이므로 중복된 데이터가 포함될 수 있으며, 하나의 샘플이 여러 번 선택되는 경우도 있다.
③ 옳음: 일반적으로 원본 데이터와 동일한 크기(n)만큼 복원 추출하여 새로운 학습용 샘플을 생성한다.
④ 틀림: 복원추출의 특성상, 일부 데이터는 한 번도 선택되지 않을 수 있다. 실제로 n개의 데이터에서 n번 복원 추출하면 약 36.8%의 데이터는 선택되지 않을 확률이 있으며, 이러한 데이터는 OOB(Out-of-Bag) 데이터로 분류되어 모형 평가 등에 활용된다.

508 정답 ④
• 로지스틱 회귀에서 회귀계수가 양수이면 예측값은 S자(Sigmoid) 형태의 곡선을 따른다.
• 반대로, 회귀계수가 음수이면 뒤집힌 S자(역 S 형태)의 곡선이 된다.
  → 즉, 회귀계수가 양수일 때 역 S자 형태라고 한 것은 잘못된 설명이다.

509 정답 ①
• ① 분류 분석(Classification Analysis)은 과거에 분류된 학습 데이터를 활용해, 새로운 데이터가 어떤 범주(category)에 속하는지 예측하는 지도학습(Supervised Learning) 기법이다.
• 예: 스팸 메일 분류, 질병 진단, 고객 이탈 예측.
• ②는 회귀분석(Regression Analysis)에 해당한다.
• ③은 군집분석(Clustering)의 정의이다.
• ④는 회귀분석이나 경로분석(Path Analysis) 등 인과 분석 기법의 설명이다.

510 정답 ②
① 옳음: 일반화 오류는 모델이 훈련 데이터에 과도하게 적합되어(overfitting) 새로운 데이터에 대한 예측 성능이 저하되는 현상을 의미한다.
② 틀림: 일반화 오류는 보통 과대적합(overfitting) 상태에서 발생한다.
  → 반대로, 과소적합(underfitting)은 모델이 너무 단순하여 학습 데이터조차 제대로 설명하지 못하는 상태이며, 일반화 이전의 문제다.
③ 옳음: 모델이 지나치게 복잡하면 훈련 데이터에는 잘 맞지만, 실제 데이터에는 오히려 성능이 떨어지는 과대적합이 발생할 수 있다. → 이로 인해 일반화 오류가 증가한다.
④ 옳음: 일반화(generalization)는 학습에 사용되지 않은 새로운 데이터에 대해서도 모델이 일관된 예측 성능을 유지하는 능력을 의미한다.

511 정답 ②
• ② 틀림: 설명은 부스팅(boosting)의 특징이다.
• 부스팅은 잘못 분류된 샘플에 더 많은 가중치를 부여하고, 이를 반복적으로 보완해 가며 강한 예측기를 만든다.
• 반면 배깅(Bagging)은 각 예측기를 독립적으로 훈련하며, 무작위 복원추출(bootstrap sampling)을 통해 다양한 학습 데이터를 생성하여 모델을 앙상블 한다.

512 정답 ①
- ① 틀림 : 부트스트랩은 복원추출이 핵심이며, 중복을 허용한다.
- ② 옳음 : 부트스트랩은 단순 랜덤 복원추출(sampling with replacement)을 반복하여 동일 크기의 샘플을 다수 생성하는 기법입니다.
- ③ 옳음:전체 N개의 샘플 중 하나의 샘플이 적어도 한 번 선택될 확률은 63.2%
- ④ 옳음:위 확률에 의해, 한 번도 선택되지 않을 확률은 36.8% Out-of-Bag (OOB) 데이터로 모델 평가 등에 활용된다.

513 정답 ④
- 카파 통계량(Cohen's Kappa Statistics)은 머신러닝 모델의 성능 평가 지표로, 모델의 예측값과 실제값의 일치도를 평가할 때 우연히 일치할 확률을 고려하여 조정된 성능을 측정한다.
- 이는 단순히 맞춘 개수(예: 정확도)만 보는 것이 아니라, 우연에 의한 일치를 배제하고 모델의 실제 예측력을 평가한다.

514 정답 ①
- F1-Score는 0~1 사이의 값
- 1에 가까울수록 좋은 모델, 0에 가까울수록 성능이 나쁜 모델
- 정밀도와 재현율을 동시에 고려하는 지표로, 특히 클래스 불균형 문제에서 중요하게 사용된다.

515 정답 ②
- ② 틀림:ROC 곡선은 임곗값에 따라 민감도와 특이도 값이 달라지기 때문에, ROC 곡선 역시 영향을 받는다.
  → 즉, 임곗값은 곡선의 모양을 결정하는 핵심 요소이며, 이에 따라 성능 평가도 달라진다.

516 정답 ①
- ① 틀림: TP rate가 동일한 경우, FP rate가 더 작을수록 모델의 성능이 더 좋다.
  → FP rate가 클수록 잘못된 긍정 예측이 많다는 의미이므로, 모형의 성능이 나쁘다는 의미이다.
  → 따라서 "FP rate가 클수록 우수하다"라는 설명은 틀린 설명입니다.

517 정답 ③
- ③ 틀림 : 의사결정나무는 비모수적(non-parametric) 방법이다.

518 정답 ④
- K-medoids 군집화는 K-means와 유사하지만, 중심점을 평균이 아닌 실제 데이터 중 하나(medoid)로 선택하여 군집을 형성한다.
- 이상값(outlier)이나 노이즈에 더 강건하며, 대표 알고리즘으로는 PAM(Partitioning Around Medoids)이 있다.

519 정답 ④
- 입력값들의 가중합을 받아 비선형 변환을 통해 출력값을 결정하는 함수
- 대표적인 활성화 함수: 시그모이드(sigmoid), tanh, ReLU 등 인공신경망에서 뉴런이 활성화 여부를 판단하는 함수이다.

520 정답 ④
- ④ 정규분포에 대한 모수 추정 기법이다. → (틀린 설명)
- EM 알고리즘은 정규분포에만 한정되지 않고, 다양한 확률 모델(예: 혼합모형, 베르누이, 포아송 분포 등)에서 관측되지 않은 변수로 인해 복잡해진 우도함수를 간접적으로 최적화하기 위한 일반적인 추정 기법이다.

521 정답 ②
- 지지도(min sup = 2) 계산
- {a, b, e}: 포함 트랜잭션 {a,b,c,e} → 1회
- {b, c, e}: {b,c,e}, {a,b,c,e} → 2회
- {a, c, e}: {a,b,c,e} → 1회
- {b, c}: {a,b,c}, {b,c,e}, {a,b,c,e} → 3회 (빈발이지만 길이 2)
- 최대 길이 3에서 빈발(min sup ≥ 2)인 것은 {b, c, e}만 해당한다.

MEMO

MEMO

MEMO

MEMO

2026 ADsP 데이터 분석 자격검정 실전문제

초판 인쇄   2025년 9월 24일

지 은 이 | 김 계 철
발 행 인 | 김 계 철
발 행 처 | (주)에이아이 에듀
　　　　　　서울특별시 강남구 영동대로 602, 6층 제이102(삼성동)
　　　　　　전화 070-4007-1867
　　　　　　홈페이지 www.adsp.co.kr
　　　　　　이메일 emhu8640@gmail.com
등록번호 | 제2022-000048호

※ 잘못된 책은 교환해 드립니다.
※ 이책은 저작권법에 의해 보호를 받는 저작물이므로 무단전재와 복제를 금합니다.